新しいスタイルで
チャレンジしてほしい!!

2000年、JR札幌駅北口の駐車場に突如として現れた2階建てのプレハブに
いまでは当たり前だが、電源もWi-Fiも自由に使えて
いろいろなセミナーや勉強会ができるカフェと
博多一風堂と共同開発のラーメン屋、
そして、北海道で初めてのベンチャーキャピタルが入った
自由で、既存の団体の枠を超えた
北海道の未来を信じる企業たちが中心に2年間の熱いプロジェクトが運営された。
それが「札幌BizCafe」だ!

2019年4月末をもって札幌BizCafeは活動を停止することになったが、
その問題意識や情熱、チャレンジ精神は不滅だ!

この本は、単に札幌BizCafeのクロニクルではなく、
高校生や大学生の若い人たち、企業や団体に勤めるビジネス・パーソンたちに
チャレンジのきっかけとなることを願って創った
「アントレプレナーシップとマネジメント入門のハンドブック」なのだ!

JN119138

SapporoBizCafe Entrepreneur & Management Handbook ~New Business from New Style!~

CONTENTS

いまこそ「地方イノベーション」を起こせ

地域経済の自立と活性化を実現すべく、札幌のIT企業らが中心となってスタートした「札幌BizCafe」。20年にわたりその運営を支え続けてきた宮田昌利氏と石井宏和氏の2人と、新潟で106法人からなる一大グループを率い、日本ニュービジネス協議会連合会会長を務める池田弘氏がリモートで鼎談。地方から起こすイノベーションについて熱く語り合った。

宮田昌利 池田弘 石井宏和

宮田昌利
札幌BizCafe B2代表理事
北海道ニュービジネス協議会副会長

池田弘
日本ニュービジネス協議会連合会会長
NSGグループ会長

石井宏和
札幌BizCafe B3代表理事
北海道ニュービジネス協議会理事

MIYATA Masatoshi

みやた・まさとし／1960年釧路市生まれ。1984年学習院大学卒業と同時に東京・神谷町で企画・編集の会社を設立。1988年釧路市に戻り「サンエス・マネジメントシステムズ」設立。2000年サンエス電気通信社長。2004年小樽商科大学大学院商学研究科修士課程修了。北海道ニュービジネス協議会副会長。釧路日米協会会長。

IKEDA Hiromu

いけだ・ひろむ／1949年新潟市生まれ。1968年より國學院大学で神職養成講座を受講。1974年神明宮（新潟市鎮座）の禰宜に就任。106法人からなるNSGグループを創業し、現在、会長を務める。日本ニュービジネス協議会連合会会長。新潟経済同友会特別幹事。2018年早稲田大学大学院スポーツ科学研究科修士課程修了。

ISHII Hirokazu

いしい・ひろかず／1970年広島市生まれ。北海道大学法学部卒業後、北海道発ベンチャー企業のNeethを起業。現在は、地域商社として、販路開拓を基点とした食と農にかかわる企画・商品開発・人材育成を中心に「食と観光を切り口とした地方創生」に取り組む。北海道ニュービジネス協議理事。東京農業大学産業経営学部非常勤講師。

学校設置で地域再生

宮田——池田会長、ご無沙汰しております。

池田——2018年の「第14回JNB（日本ニュービジネス協議会連合会）新事業創出全国フォーラム」は、北海道ニュービジネス協議会（HNBC）の主管で、札幌で開催されました。その際、宮田さんには実行委員長を務めていただきましたね。大変お世話になりました。

宮田——こちらこそ。私の隣にいる石井君もHNBCの理事の一人で、裏方で大いに奮闘してくれました。

石井——お久しぶりです。

池田——石井さんには、交流会で振舞われた食についてコーディネートしていただきましたね。定番も創作も含め、北海道産の食材をふんだんに使った美味しい料理の数々。大好評でしたよ。

石井——ありがとうございます。

宮田——今回は新型コロナウイルス感染拡大防止の観点から、われわれがいる札幌と池田会長の地元・新潟をリモートでつないでの鼎談となります。いつもと勝手が違いますが、よろしくお願いいたします。

池田——本当はお会いして意見を交わしたいところでしたが、こういう時期ですからね。仕方ありませんよ。

宮田——本日は地方からのイノベーション、地方からの日本の変革について議論していきたいと考えています。とにかく東京一極集中、地方へ行けば行くほど疲弊している状況は、人口減少、少子高齢化の社会の中

で加速の一途です。こんな状況で、日本の将来はどうなるのか、地方はどうなるのか、まったく展望が見えてきません。だからといって座して死を待つわけにはいかない。そんな中、池田会長はすでに新潟で「地方イノベーション」を実践されています。

池田——私は、いまも新潟の古町通にある「古町愛宕神社」の宮司です。神社は街中にあるのですが、古町通もシャッターを下ろす店が増えました。昔ながらの店舗がどんどん閉店に追い込まれている。神社の存続すらも危ういのではというくらいの状態でした。古町エリアには、往時7万人が暮らしていましたが、いまはその半分くらい。2つあったデパートも全部撤退しました。地方都市衰退の典型のような地域です。

石井——私も古町愛宕神社を訪れたことがあります。1700年代前半に建てられたという本殿は、その後、増改築がほとんど行われていないと言われていますよね。それだけでも感慨深いものがありました。

宮田——そんな神社の宮司でもある池田会長は、106法人からなる「NSGグループ」の会長でもあります。創業のきっかけは何だったのですか。

池田——私は将来の進路について深く考えた高校在学中に、長男だったこともあり、神社を継ぐ決意をしました。しかし、その当時（1960年代）は、いわゆるドーナツ化によって神社を支えてくれる近隣の氏子さんの数は減る一方。従来のような宗教的活動だけで生活を維持していくのは難しくなっていました。これは神職と同時に事業を行うしかないと考えたのです。

宮田——それが池田会長の地方イノベーションのはじまりになるわけですね。

池田——27歳のときに、神社の敷地の一角に学習塾、カルチャースクール、5カ国後の語学学校、資格取得講座の4部門からなる教育事業を立ち上げました。宮司が起こす事業としては最も適当と思えたからです。寺子屋に代表されるように、昔から寺や神社は読み書き算盤を教える庶民の教育の場になっていた。その例に倣ったのです。

宮田——この教育事業はどんどん規模を拡大していきました。

池田——そうですね。その後、デザイン、コンピューター、医療など、時代の要請に応える学校を次々と開校しました。

石井——いまは何校になるんでしょうか。

池田——全部で34校。うち新潟県内は29校です。専門学校をはじめとして、大学院大学、大学、高等学校、学習塾、資格取得スクールなどを擁しています。さらにはダンスやサッカーといったスポーツスクール、各種社会人スクールなども加わり、幼児から大人まで、あらゆることを学ぶことができる一大教育機関となりました。

宮田——まさに「生涯学習」の場を提供していますね。

池田——当初は、地方イノベーションの活動を支える人材育成を主としていました。ところが、途中で学校経営にはもっと別の効果があることに気づきました。

石井——何でしょうか。

池田——学校ができると、その地域に居住したり、通学してくる人が増えます。地域経済にいい影響を与えるのです。しかも増え

るのは、どこのまちも減少に頭を悩ませている若い世代。つまり、学校の規模が大きくなって、そこで学ぶ人の数が増えることは、そのまま地域の再生活動に大きく貢献するのです。「学校ができてから、まちに活気が出てきた」とよく言われます。

宮田──確かに若者をいかに残すかは、地域再生における勝負の分かれ目ですよね。

池田──集団就職は私の世代からはじまっていて、若者がどんどん東京に出ていきました。あるパーセンテージの若者がいなけれ

ば、その地域は絶対に衰退します。いまも若者は進学のために東京へ行って戻ってきません。地域には有力な中小企業も多くて、経済的にもそこそこ力はある。本来2世、3世たちは地元に戻るべきなんですが、この先、人口減少などで家業の衰退は容易に想像がつく。だから戻ってこない。誰かに譲りたくても後継者もいない。

旦那ファンド

宮田──そういう中で、NSGの学校にはどれくらいの人が学んでいるんですか。

池田──1万2000人ほどです。この数は都会的な感覚で見ると、さほど多くは感じられないかもしれない。でも地域にとっては非常に大きい数字です。これらの学校がなければ、東京などへ流出していただろう人たちが相当数、含まれているからです。私が教育事業へ参入するとき、ちょうど専門学校制度ができました。専門学校をつくることで若者を残せるのではないかと思いました。いまも東京大学を頂点としたピラミッド型の学歴社会が歴然とありますが、当時は「オーナーシェフ」とか「カリスマ美容師」といった職業に注目が集まりはじめた時期でもありました。有名大学を卒業していなくとも、そ

れなりの収入があって、社会からも評価されるスペシャリストになれるという可能性がある。そう考えると、あらゆる職業のスペシャリストを養成する学校をつくれば、若者は新潟に残ってくれる。日本で一番いい学校をつくれば、全国から入学者が来てくれる。そして、オンリーワン、ナンバーワンの人材を育て続ければ、最終的には世界から入学者が来てくれる。

宮田──目標はそれくらい壮大なほうがいいですよね。ロマンがあります。

石井──そのほかNSGグループには、医療・介護・福祉関連、ベンチャー育成や企業再生、スポーツチームのサポートなどの事業をやられていますね。

池田──教育事業で、原則オンリーワン、ナンバーワンの人材を育てるということで、考えられる限りの職種として29種類の専門学校を新潟につくりました。当然、医療・介護系の学校もあります。そうした過程の中で25年くらい前、100床前後の病院経営が非常に厳しい、やってもらえないかという話がきました。学校同様、地域に医療機関は絶対に必要です。そんなことで医療法人を引き継ぐようになったところ、介護事業もやるようになりました。いつしか全国から依頼がくるようになり、現在は病院が4つ、高齢者施設については全国で約100施設を運営しています。

宮田──ベンチャーの育成は。

池田──起業希望者はNSGグループ内からも社外からも公募しています。これが可能

になったのは2006年に開校した事業創造大学院大学の存在が大きい。ここではMBA（経営管理学修士[専門職]）の学位取得ができます。公募で採用した起業希望者とグループ内選抜の一部はこの大学院で2年間学び、起業にチャレンジします。

石井──資金的な援助はあるんですか。

池田──ファンドがあります。こちらはグループ内起業に限らず、広く地域のベンチャー企業を対象にしています。当グループが運営の中心を担い、地域の金融機関や企業経営者から出資を募った「旦那ファンド」や、県も参画している「新潟インキュベーションファンド」など複数のものがあります。一個人、一企業の支援には限界がありますが「地域のために」という思いを持つ人たちが集まることで大きな力が生まれているのです。

地方にこそ必要な地産地消

宮田──池田会長はサッカーJ2「アルビレックス新潟」の運営に創設時からかかわっていらっしゃる。

池田──2018年シーズンからJ2ですが、2004年から13シーズン連続でJ1で戦い続けてきました。新潟には地域密着チームがたくさんあります。女子のサッカークラブ、Bリーグ B1所属のバスケットボールチーム、BCリーグの野球チーム、チアリーディング、スキー、スノーボード、陸上競技のクラブなどです。これらにはすべて「アルビレックス」の名前がついています。トップレベルでしのぎを削る地域のチームがあれば応援したくなるものです。「おらがチーム」として、新潟県だけでなく、他の都道府県に移り住んだ新潟県出身者たちに、スポーツ観戦を通じて郷土愛や地域愛を呼び起こし続ける存在になっている。

宮田──これからの地方に大切なことは。

池田──1つのポイントは地産地消だと思います。日本もグローバル化に巻き込まれてここまできましたが、新型コロナウイルスの出現で、逆に大変なことになっている。そういう中で食料やエネルギーなど、諸々のものを地産地消でやっていけるベースをつくっておけば、世界的なアクシデントに見舞われてもあたふたしないで済む。まさに感染症のようなものが世界を襲えば、行動変容が伴います。向こうから来ることもなければ、こちらからも行けない。そうなるとネット販売です。Amazonや楽天を使ってもいい。地域の特色を生かし、なおかつ世界に通用する産品をつくる。たとえば年間1億円売れる商品をつくる。それが地域に500品あれば500億円です。また、商品は必ずしも製品である必要はなく、ノウハウでもいい。

宮田──商品でも地域でオンリーワン、ナンバーワンを育てていくと。

池田──やはり地域の中で金も回すし、商品も回すという仕組みをつくっておくことは防衛になります。世界で何が起こっても地域はそれなりの生活ができる。とくに日本の一番の産業は食。それぞれの地域には食のいいシーズが山ほどあると思います。

宮田──食は外せませんよね。とにかく食わなきゃ生きていけないんですから。

池田──日本の食産業は約80兆円。自動車産業約40兆円の2倍あります。

石井──今後、世界における食料不足は深刻化するでしょうからね。

池田──細胞を培養して肉をつくるとか、あまった食材を加工して長期保存できるようにするとか、そういう技術を地域でどんどん開発していくのもいい。

石井──私も水と食料とエネルギーは地産地消でいくべきだと思っています。ビジネスも地産地消で、私はミニマムグリットを内需で完結する事業をいかにつくるかということをやっています。ここにこそ地方の残り方があるのかなと思っているん

です。

宮田──地方はどこもそうだと思いますが、国や行政に〝おんぶにだっこ〟の状態にあります。とくに北海道はその傾向が強い。まさに依存体質になっています。脱却しなければならないとわかっていても、なかなかできない。高校などの出前授業で経済について話す機会があるのですが、その中には経営に対して感度のいい子がいます。いずれ

は起業してみたいと素直に思うような若い子たちです。別に全部の高校生が変わらなくても、各学校から1人でもそういう人間が出てくればいいと思うんです。将来、何か面白いことを地域のためにやりたいと思うような若者をつくる。これは地元にいる大人たちの役目です。行政にお願いするようなものでもない。

池田──発想はグローバルに持ちつつ、実践はローカル。そういう視点での情報収集だとか、立ち上げ時のサポート体制を各地域でどれだけつくれるか。ベンチャー自体、失敗するほうが圧倒的に多いわけですから、やはりネットワークとか、信用供与とか、資金調達とか、紹介とか、そういう仕組みを地域で強固につくると、ベンチャークラスターができる可能性は大いにあります。私もNSGグループで、そういうことをずっとやってきた。札幌BizCafeの取り組みも素晴らしい実践例だったと思います。新潟と北海道は共通点もたくさんある。協力できるところは協力し合い、一緒に地域に貢献していきましょう。

新たな北海道開拓へ

舟本秀男 （財界さっぽろ社長）

FUNAMOTO Hideo

寒風吹きすさぶなか、鬱蒼とした原野に入植し、開拓に取り組んでこられた先人の艱難辛苦によって、いまの北海道があります。北海道命名150年の節目を超えたいまこそ、私たちは先人の足跡を学び、新たな北海道を「開拓」していかなければなりません。

私は、北海道開拓のグランドデザインを描いたのは「音羽先生」と呼ばれた江戸時代の経世家・本多利明、およびその弟子で蝦夷地を8回にわたって調査・探検した最上徳内だと思っています。

江戸時代後期の1783年（天明3年）、岩木山・浅間山が相次いで噴火し、その影響で「天明の大飢饉」が発生しました。その後の数年で日本の人口は80万人も減少したそうです。このとき本多利明は『経世秘策』という著書を出し「四大急務」（この事態から抜け出すために急ぎ行われなければならない4つの施策）を発表しました。

第1の施策は焔硝。「焔硝を掘り取り国に益ある事」と言っています。焔硝とは火薬のことで、人力ではなく火薬のエネルギーで河川改修、鉱山掘削、港湾開発等を行えという提言です。焔硝を現在に置き換えれば北海道に豊かに賦存する風力や地熱などの「再生可能エネルギー」でしょうか。

第2が諸金。「金銀銅鉛鉄を掘り取り国に益ある事」とあり、飢饉で国家財政が破綻に見舞われた時期、財政の強化と自立経済の確立を訴えたものです。

2025年を展望してみると、世界の人口は80億人を超えると予想され、エネルギーで6割、食料と水で4割が現時点より多く必要とされます。北海道の自然資産である「風・林・水・菜（農産物）」が自立経済を支え、さらに他地域への供給源になるでしょう。少々横道にそれますが、ここで「風・林・水・菜」についての展望を指摘しておきたいと思います。

まず「風」です。北海道は再生可能エネルギーの宝庫です。世界では化石燃料から再生可能エネルギーへと大きく転換しつつあります。とくに本道の風、すなわち風力発電は日本全体の55％のポテンシャルを有し、送配電線網・蓄電施設を含め一大産業集積地となる可能性を持っています。開拓者を苦しめた雪混じりの強風が、いまや大いなる北海道の自然資産になっています。

「林」はどうでしょう。立ち入る開拓者を拒んだ鬱蒼たる原始林。「蝦夷檜」と言われていた北海道の針葉樹は、いまや直行集成材として用いると70階のビルも建設可能です。このようにさまざまなバイオマス資源の活用が期待されるまでになっています。とくに木材に含まれるセルロースナノファイバーは、髪の毛の1万分の1の細さで鉄の5倍の強度を持ち、強化繊維としてプラスチック系の代替となる可能性があります。本道では、江別の草野作工が取り組んでいます。

「水」です。現在、世界では12億人が清潔な水を飲むことができず、1日5500人の子どもたちが水に由来する病気で命を落としています。この点、北海道では清潔で美味しい水を豊かに手に入れることができます。北海道の水は、今後一層深刻になる日本・世界の水不足を救うことになるでしょう。さらに精密機械生産の洗浄水、農業用水にも最適であり、豊かな森や水産資源を育み続けられます。北海道の水を産業として大いに活用したいものです。

最後に「菜」です。私は農業こそAI、センサー、ロボティックスなど、最新のICTがもっとも現実的・効果的に活用できる分野だと思っています。2018年は「無人トラクター元年」、2019年は「スマート農業元年」と言われています。温暖化による収量増加とともに、自動化とICT活用による大規模化は、農業王国北海道の地位を一層高めることになります。その実現に向け、多くの北海道企業が参画していくべきでしょう。

北海道の絶対的優位性

話を『経世秘策』に戻しましょう。

第3の施策は船舶です。「渡海の船舶を新製あって国に益あること」と、対外交易の活性化を述べています。今後を見通した場合、北極海航路は十分に運用が可能になっています。ヨーロッパから小樽、苫小牧、釧路までは危険を伴う南回りと比べ、その所要距離はほぼ6割です。アイヌ民族は大陸（元・明・清国）と交易して絹織物などをもたらしました。北極海航路で次世代の「北のシルクロード」が誕生することになります。

第4が開発。「属嶋の開業で国に益ある事」で、当時「属嶋」と言われていた蝦夷地を大胆に開発することを提言しています。地球温暖化が急速に進展しているなか、環北極圏の国々・地域が大きく発展すると言われます。そして、その中心となる都市は北緯43度から45度に集中しています。北海道はまさに北方圏経済の拠点としての位置にあります。本多利明は「世界中で栄えている多くの都市は北緯40度辺りに位置し、豊かな農産物をもたらしている」と200年前に喝破しています。

同じく、北海道の地理的優位性を明治の初期から唱え、この場所に天皇陛下の離宮を置くべきと提言したのが、黒田清隆であり、岩村通俊であり、永山武四郎です。岩村と永山は上川に離宮建設を計画しました。上川神社には「上川離宮予定地」の標柱が立っています。

関東から関西・中四国にかけ、首都直下地震や南海トラフ地震は今後30年間で70〜80％の確率で発生すると予測されています。一方、石狩・上川からオホーツク海沿岸にかけては地盤も固く、日本でも地震災害の発生確率が最も低い地域です。札幌は1.6％、旭川は0.55％の確率と言われ、極めて安全な地域です。

離宮を置くということは、いまで言う首都

（ふなもと・ひでお）1943年留萌市生まれ。1966年小樽商科大学卒業後、日本NCR入社。取締役流通システム事業部長、同産業システム部長などを歴任。米国本社に延べ6年間勤務。2000年「舟本流通研究室」代表として流通システム標準化に取り組む。2006年財界さっぽろ代表取締役就任。小樽商科大学経営協議会学外委員、北海道日中経済友好協会副会長。

機能の移転です。首都機能とともに本社機能の分散化・移転も緊急な課題になってくるでしょう。災害リスクが低く自然環境の豊かな北海道は、社会や企業のサステイナビリティ（持続的成長）にとって最適な地域だと、私は確信しています。

海外で活躍した北海道人

また、海外に勇躍し、彼の地の文化や技術を北海道開拓に注いだ先人たちも忘れることはできません。

陸軍中将兼開拓使次官の黒田清隆は1871（明治4）年、横浜を出港し米国に向かいました。後に開拓使大判官となる松本十郎に「自分は大無事にて世界一周し、日本の宝になるような人物を探し求めて帰るつもり」との手紙を残しています。

英国に密航し、その後、米国に渡った森有礼（初代文部大臣）の通訳でユリシーズ・グラント米国大統領と会い、時の農務長官ホーレス・ケプロンを紹介されます。29歳の黒田は北海道開拓の夢を切々と訴え、これに対し68歳と親子ほどの年齢差があるケプロンは、青年のように溢れた理想と気力で来道を決意しました。

ケプロンは同道した地質・鉱山技師のトーマス・アンチセル、測量・建築技師のA・G・ワーフィールドの視察報告を基に以下のケプロン報文を提出します。

「北海道の気候・土壌は農業に適し資源も豊富」「首都として札幌は適切」「機械力の利用を第一とし、諸工場を札幌に開設」「各国から苗木を取り寄せ果実栽培を」「東京と札幌の官園に農学校を設置」――ケプロンの提言に基づき、黒田を中心とした開拓使は1000万円（5年間）の予算を計上し、北海道開拓に取り組みます。

黒田とケプロンが最初に取り組んだのが農学校の設置です。1871（明治4）年に開設された農学校は1875（明治8）年に札幌に移管され、1876（明治9）年にはウイリアム・クラークが教頭（英文名はPresident：学長）として就任します。クラークは9カ月の在任で帰米しますが、2代目教頭として来札したのが20代半ばのウィリアム・ホイラーです。

ホイラーの下で学んだ札幌農学校2期生には、内村鑑三、新渡戸稲造、宮部金吾の著名な人物とともに、築港技術・橋梁工学の世界的権威者である廣井勇の名もあります。北海道遺産「北防波堤」を建造し、港小樽の発展に寄与した廣井勇博士について記述してみます。

廣井数馬（後に勇）は1862（文久2）年、土佐藩（高知県）の下級武士の子として生ま

北海道のシンボルでもある赤れんが庁舎（北海道庁旧本庁舎）

れ、9歳で父と死別し、極貧の生活を送りました。11歳で上京し叔父（明治天皇の侍従）の書生として東京外国語大学・工部大学校予科で学びます。16歳の誕生日を経て、全額官費・生活費支給であることから札幌農学校の二期に入学。姉は「お前も武士の子。『学もしならざれば死すとも帰らじ』の気概を持ちなさい」と勇を送り出したそうです。

1881（明治14）年、卒業後開拓使御用掛となり幌内鉄道の橋梁建設にかかわりますが、この間「守銭奴」と言われながらも貯蓄し、そのお金で米国に渡ります。先輩を差し置いて国費で渡米することを潔しとしなかったのです。米国では陸軍工兵隊技術者としてミズリー川の改修工事に携わる傍ら、その経験を『橋梁建設の解説書』として刊行します。この書は英文で書かれ、名著として米国の各大学で教科書にも採用されました。その後、ドイツに留学し土木工師の学位を得ております。

1882（明治15）年、幌内鉄道（幌内―手宮）が開通し、小樽は石炭の輸送基地になりますが、日本海の荒波で船の接岸が困難な状況でした。そこで必要なのが防波堤です。1890（明治23）年、小樽築港事務所長として廣井が建設の陣頭指揮をとります。

廣井は北海道で豊富に手に入る石灰石を混ぜたコンクリートを用い、そのブロックを傾斜させ設置する工法（斜塊ブロック工法）を開発しました。廣井は誰よりも早く現場に行き、夜遅くまで工事を指揮しました。ある年の暮れ、猛烈な嵐が防波堤を襲い、資材が次々に流される中、廣井は夜を徹しカチカチのカッパを着て祈っておりました。幸いにも防波堤は荒波に耐えたのです。

廣井が設計し建築した「北防波堤」は100年を超えた現在も健在であり、北海道遺産

に指定されています。1919年には日本土木学会の第6代会長となり、多くの人材を輩出していますが、その中には八田與一の名を見出すことができます。八田は台湾南部でダムと排水路を建設し、洪水と旱魃の地を一大農地に変え、台湾の人々からいまも深く感謝されている人物です。

戦後、20年にわたり中国で稲作指導を行い、中国の方々から「洋財神」（ヤンサイシェン：外国からきて富をもたらせてくれた神様のような人）と称えられているのが岩見沢市出身の原正一氏です。

原は、1917年岩見沢の農家に生まれ、北海道帝国大学農学部卒業です。北海道庁や農協で勤務した後、64歳で黒竜江省の寒冷地向け稲作を指導し、85歳で亡くなる直前まで、63回も訪中し各地で農業指導を行いました。

訪問指導先は中国25省・151県に及び、中国での滞在日数は1522日にもなりました。黒竜江省では、従来に比べ14倍の収量をあげるまでになったそうです。

現在も中国全土の50％以上で原方式（畑苗移植法）が実践され、1300万トン以上が増産されました。1998年に訪日された江沢民主席（当時）は、わざわざ北海道を訪れ、原と面談し中国人民の原に対する心からの感謝の気持ちを伝えたとのことです。

「北加伊道」六〇話

舟本秀男／著
定価／本体1850円＋税
財界さっぽろ刊

北海道開拓に尽力した先人たちの偉業を60話にまとめた新たな視点の歴史入門書

札幌BizCafeの問題意識と60年周期表

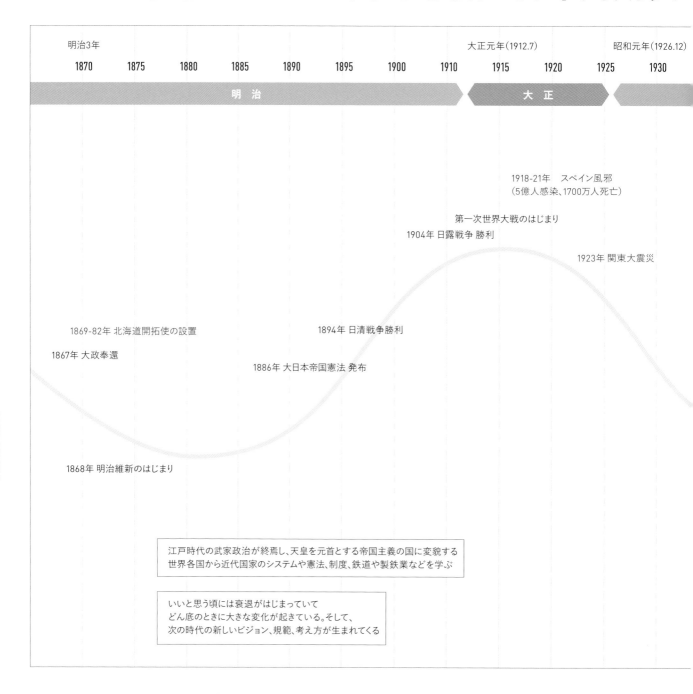

	明治3年									大正元年 (1912.7)			昭和元年 (1926.12)	
	1870	1875	1880	1885	1890	1895	1900	1910	1915	1920	1925	1930	

明治　大正

1918-21年　スペイン風邪
（5億人感染、1700万人死亡）

第一次世界大戦のはじまり

1904年 日露戦争 勝利

1923年 関東大震災

1869-82年 北海道開拓使の設置

1894年 日清戦争勝利

1867年 大政奉還

1886年 大日本帝国憲法 発布

1868年 明治維新のはじまり

江戸時代の武家政治が終焉し、天皇を元首とする帝国主義の国に変貌する
世界各国から近代国家のシステムや憲法、制度、鉄道や製鉄業などを学ぶ

いいと思う頃には衰退がはじまっていて
どん底のときに大きな変化が起きている。そして、
次の時代の新しいビジョン、規範、考え方が生まれてくる

60年ごとに時代のプリンシプルが大きく変わっている

1885年の変動ボトムでは

1867年の大政奉還で260年続いた江戸幕府が崩壊。明治新政府となった。日本は憲法も社会制度もインフラもないところから世界各国を学んで、20年近く混沌としながら近代国家への道を歩むことになった。

1886年に大日本帝国憲法を発布し、富国強兵、廃藩置県、殖産興業を推し進めた。

1915年の変動ピークでは、日清、日露戦争に勝利し、欧米各国のアジアでの植民地戦略に対抗。大日本共栄圏構想をもって軍拡路線を進み、第2次世界大戦へと入っていく。

1945年の変動ボトムでは

原爆投下から終戦を迎え、日本はアメリカの支配下におかれた。明治からの帝国主義から民主主義の国家へと変貌する。1946年に日本国憲法を制定して民主化の道を歩む。

日本は戦後の焼け野原からたくましく復興し、工業化で高度成長期を迎える。自動車、家電で世界の市場へ出ていき「メイド・イン・ジャパン」を広めていく。

1964年の東京オリンピック、1970年の大阪万国博覧会、1972年の札幌冬季オリンピックと復活を図っていく。

1975年の変動ピーク

GDPも伸び、世界第2位の経済大国となる。その後バブル期に入り、不動産投資、証券投資などが加熱する。

1992年バブル経済の崩壊を迎え、1997年の北海道拓殖銀行の破綻というショッキン

1990年代のバブル崩壊から北海道拓殖銀行の破綻を経た1999年。若手企業家たちの「北海道から新しい波を起こさなければ」という問題意識と熱い思いが「札幌BizCafe」を生み出した。

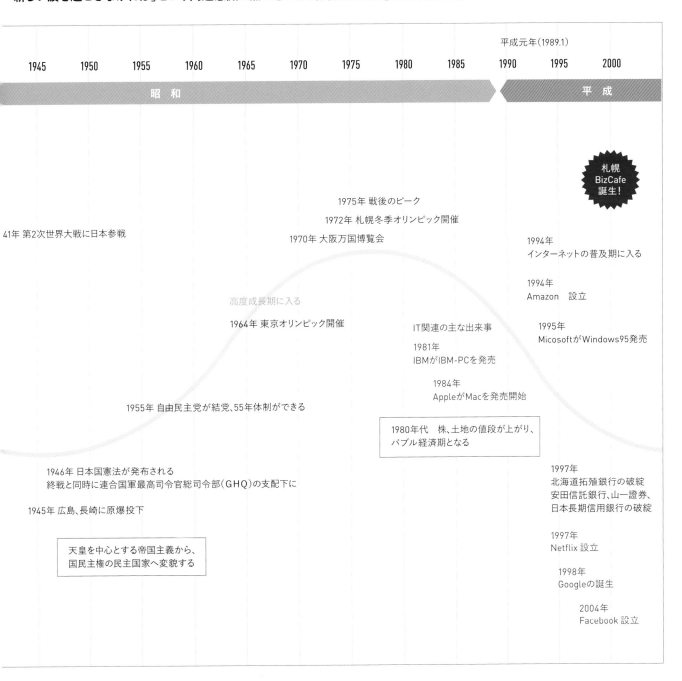

平成元年(1989.1)

| 1945 | 1950 | 1955 | 1960 | 1965 | 1970 | 1975 | 1980 | 1985 | 1990 | 1995 | 2000 |

昭　和　　　　　　　　　　　　　　　　　　　　　　　平　成

札幌
BizCafe
誕生！

1975年 戦後のピーク
1972年 札幌冬季オリンピック開催
1970年 大阪万国博覧会

41年 第2次世界大戦に日本参戦

1994年
インターネットの普及期に入る

1994年
Amazon　設立

高度成長期に入る

1964年 東京オリンピック開催

IT関連の主な出来事

1981年
IBMがIBM-PCを発売

1984年
AppleがMacを発売開始

1995年
MicrosoftがWindows95発売

1955年 自由民主党が結党、55年体制ができる

1980年代　株、土地の値段が上がり、
バブル経済期となる

1946年 日本国憲法が発布される
終戦と同時に連合国軍最高司令官総司令部（GHQ）の支配下に

1945年 広島、長崎に原爆投下

1997年
北海道拓殖銀行の破綻
安田信託銀行、山一證券、
日本長期信用銀行の破綻

1997年
Netflix 設立

1998年
Googleの誕生

天皇を中心とする帝国主義から、
国民主権の民主国家へ変貌する

2004年
Facebook 設立

グな出来事が勃発する。国は「都市銀行は潰さない」と明言しておきながら、北海道は見捨てられた。不良債権問題のどん底で大不景気時代を迎える。

2000年を迎える時代に「北海道から新しい変革の時代をつくるのだ」という問題意識から、期間限定の札幌BizCafeプロジェクトが動き出す。

BizCafeが生まれた頃、われわれの問題意識では、スイスのIMD国際経済経営研究所が毎年発表する国際競争力ランキングに注目していた。

この国際競争力ランキングは下記4つの視点について、それぞれ多くの項目が設けられて算出されている。
① 経済パフォーマンス
② 政府の効率性、社会の制度
③ 企業の効率性、経営者レベル
④ 社会インフラ
1992年、日本の総合ランキングは世界2位だったが、ここをピークにどんどんと落ちていく。1999年には17位となった。その後も順位は下がり続け、2020年の日本は25位である。

かつて世界2位となり、いまもそこから

「少し悪くなった」くらいにしか思っていない日本人は多い。しかし、実態は日本だけが停滞していて、先進各国は成長している。

2005年の変動ボトムでは

悪いことが終わり、新しい規範に則って動き出す時期だが、バブル時代にピークポイントが動いたぶん、ボトムは続く。2007年にリーマンショック、2011年に東日本大震災に見舞われ、デフレスパイラルから逃れることができないまま2020年を迎える。

札幌BizCafeの問題意識と60年周期表

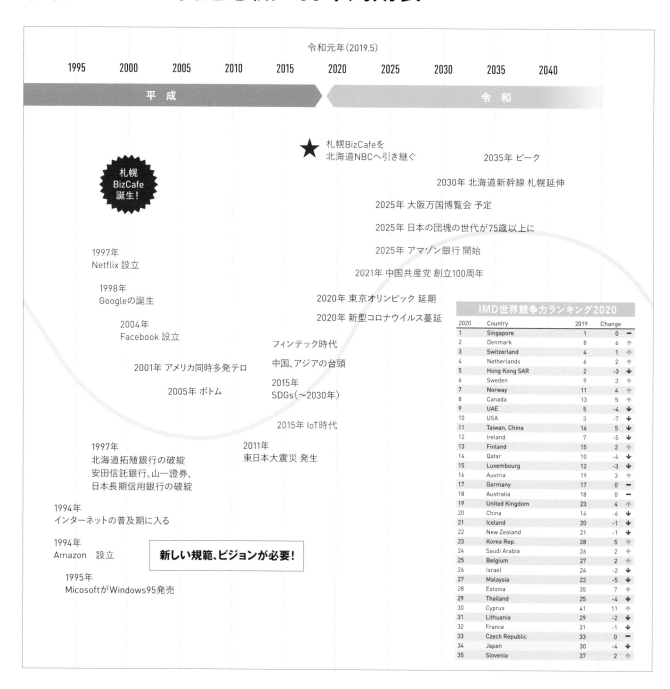

令和元年(2019.5)

| 1995 | 2000 | 2005 | 2010 | 2015 | 2020 | 2025 | 2030 | 2035 | 2040 |

平 成　　　　　　　　　　令 和

★ 札幌BizCafeを
北海道NBCへ引き継ぐ

2035年 ピーク

2030年 北海道新幹線 札幌延伸

札幌
BizCafe
誕生!

2025年 大阪万国博覧会 予定

2025年 日本の団塊の世代が75歳以上に

1997年
Netflix 設立

2025年 アマゾン銀行 開始

1998年
Googleの誕生

2021年 中国共産党 創立100周年

2004年
Facebook 設立

2020年 東京オリンピック 延期

2020年 新型コロナウイルス蔓延

2001年 アメリカ同時多発テロ

フィンテック時代
中国、アジアの台頭

2005年 ボトム

2015年
SDGs(〜2030年)

2015年 IoT時代

1997年
北海道拓殖銀行の破綻
安田信託銀行、山一證券、
日本長期信用銀行の破綻

2011年
東日本大震災 発生

1994年
インターネットの普及期に入る

1994年
Amazon 設立

新しい規範、ビジョンが必要!

1995年
MicosoftがWindows95発売

IMD世界競争力ランキング2020

2020	Country	2019	Change	
1	Singapore	1	0	—
2	Denmark	8	6	↑
3	Switzerland	4	1	↑
4	Netherlands	6	2	↑
5	Hong Kong SAR	2	-3	↓
6	Sweden	9	3	↑
7	Norway	11	4	↑
8	Canada	13	5	↑
9	UAE	5	-4	↓
10	USA	3	-7	↓
11	Taiwan, China	16	5	↓
12	Ireland	7	-5	↓
13	Finland	15	2	↑
14	Qatar	10	-4	↓
15	Luxembourg	12	-3	↓
16	Austria	19	3	↑
17	Germany	17	0	—
18	Australia	18	0	—
19	United Kingdom	23	4	↑
20	China	14	-6	↓
21	Iceland	20	-1	↓
22	New Zealand	21	-1	↓
23	Korea Rep.	28	5	↑
24	Saudi Arabia	26	2	↑
25	Belgium	27	2	↑
26	Israel	24	-2	↓
27	Malaysia	22	-5	↓
28	Estonia	35	7	↑
29	Thailand	25	-4	↓
30	Cyprus	41	11	↑
31	Lithuania	29	-2	↓
32	France	31	-1	↓
33	Czech Republic	33	0	—
34	Japan	30	-4	↓
35	Slovenia	37	2	↑

未だ新しい規範、ビジョンのない日本。だからこそ北海道から次のブレークスルーを!!

2035年の変動ピークに向けては、本来、2020年の東京オリンピック・パラリンピック、2025年の大阪万国博覧会、2030年の札幌冬季オリンピック開催へ向け、大きく発展循環となる予定だが、新型コロナウイルスの時代を迎え、世界的な大不景気に入ることになる。

ここから日本は大きな社会システムの刷新、新しい時代の規範となる考え方、そうしたものがない中では、変革は進まない。

大きな視野で、ダイナミックに、世界の進化のために貢献する企業が北海道から誕生し、大いに活躍してくれることを期待したい。

主にこの20年ほどの間に生まれたGAFA（Google、Apple、Facebook、Amazon）が、2020年7月現在の時価総額で、東京証券取引所一部上場2000社の時価総額よりも大きくなった。

そして、この北海道から

2020年の第1四半期でイギリスでもっとも売れた車はTeslaである。コロナ禍でネットによって新車を買う時代が実際にやってきているのだ。テスラの時価総額が、実際の販売台数ではトヨタ自動車の10分の1ながら、時価総額はトヨタを超えている。

上に最新の「IMD世界競争力ランキング2020」を掲載した。残念ながら日本は34位である。これがいまの日本の世界的な評価なのである。

これからもっと大きな変化が起きるだろう。日本からも、これまでとは違う会社が続々と出てくることを期待したい。そして、この北海道からも!

01

第1章

志 編

すべてのはじまりは明確なビジョンだ！

「何かカッコイイ仕事をしたい」「何かネットで儲かる仕事がしたい」「楽して儲けたい」「幸せになりたい」と思っている人も多いだろう。こうした目の前の出来事や自分のことだけ、自分の生活のことだけを考えていてる人と、「地域社会に貢献したい。とくに医療分野で」「自分ができることで多くの人々の笑顔を増やしたい」「自分のチャレンジで世の中を変えたい」というビジョンを持っている人。この2つの人生には大きな違いがある。その違いは、明確なビジョン、そして、それを司る自分自身の心、「志」の問題だ！すべては「志」からはじまる！！

論 語 RONGO

紀元前（B.C.）6世紀頃の中国で孔子は君子のあるべき姿、人としての生き方を説いた。それはやがて、儒教、儒学として発展し、宋の時代には朱子学、明の時代には陽明学へとつながっていった。そのすべての原点となったのが「論語」である。

人間の徳を説く儒教の基本の書

ま ず、自分の人生だから自分の好きなように生きれば良いんだけれど、せっかく一度しかない人生。山や谷があったとしても、何か充実した、幸せな満足感を持ちたいものだ。

何をするにしても、自分と家族の幸せが大切。でも、それだけではなくて、周りの人たち、一緒に勉強や仕事をする人たちの幸せ、さらには自分の住んでいる地域や社会の進化に、何かしら貢献できたらいいのではないだろうか。

そんな人間の生き方、そして君子、いまでいえば首相から、社長をはじめさまざまな組織や活動のリーダーのあり方などの本質を説いているのが『論語』である。それは孔子（B.C.552〜B.C.479年、春秋時代末期の思想家・教育者）の言葉を孔子の死後に門弟たちがまとめたもので、全20編、1万3000字あまりの書物だ。

儒教とは人の生きる道についての教え、道徳である。人は常に自分以外の他人とともに生き、そこに人として歩むべき道である道徳が生まれる。孔子は道徳を学び、徳を身につけた高い人格を君子と呼び、君子として自己を完成させることが人生の目的であると説いた。まさに「リーダーのための教本」のようなものだ。

孔子はさらに四書五経の中で最古とされる「易経」を解説し「十翼」（繫辞伝、文言伝、象伝、象伝などの易の解説文）を述作して、易道の中正をもって国家人事を行おうとした。

孔子の説いた考え方、儒教思想は孔子の弟子からその弟子に伝わり、教義や学説が深められた。日本書紀では、応神天皇の時代に、百済から2冊の書物が朝廷に献上されたと書かれている。そのうちの1冊が『論語』となっている。そして、これが日本に初めて伝わった書物といわれている。

その後、飛鳥時代には聖徳太子の十七条の憲法にある「和をもって貴しとなす」の語源となったともいわれ、江戸時代には、徳川家康が朱子学（孔子の儒学を宇宙や世界の概念を加えて体系的にした）を官学と定め、論語を武士必読の書とした。そして、明治時代には、明治天皇の勅語「教育勅語」にも反映され、また経済界では渋沢栄一が「論語と算盤」を著すなど、論語は政治家から経済人のみならず、広く日本人に影響を与えてきた。

孔子の生涯は波乱の連続だった！

ここで少し孔子の生い立ちを見てみよう。孔子は釈迦、キリスト、マホメットとならぶ四聖人の一人で、B.C.551年（または552年）に、中国の山東省にあった魯（ろ）の国に生まれた。

父親は軍人だったが3歳のときに亡くなった。貧しい母子家庭の中で育ち、17歳のときには母も亡くした。

孔子は「政治は道徳によって修められなければならない。（徳治政治）君主はそれを行うもの」を理想とした。孔子は優れた能力と魅力を持ちながらも、権力の中枢から亡命生活を送る中で、人の生き方、君主としての大事な思想、資質について、考えを整理し、弟子たちとの対話の中で体系をつくっていったと思われる。

決して、恵まれた境遇から出世し、偉人と呼ばれたのではなく、苦難や苦闘の連続が孔子の人間性に深みや味わいを与えたのではないだろうか。

「儒教」の思想の中心は「仁」

さて、今日の世界を見て、本当に素晴らしい君子がどれだけいるだろうか？

その基準はいろいろあると思うが、自分のこと、自分の立場を守ることに始終する政治家や役人、会社社長のいかに多いことか。トップだけではなく、テレビのニュースに出てくる事件の、何と稚拙で身勝手な振る舞いの多いことだろうか。

いまのわれわれに必要で大切な考え方、基本が孔子の教えにはある。その思想の中心にあるのが「仁」の概念である。

「仁」は最高の徳であり、人を思いやり、慈しむ心。仁がさまざまな場面において貫徹されることにより、おのずと道徳は保たれ、社会が安定すると孔子は説く。論語の中に具体的な章としてまとめられているわけではなく、論語全体に「仁」の教えがいたるところに登場するが、その他にも論語には孔子の哲学の核とでもいうべき徳目がある。それが五常（仁・義・礼・智・信）という徳目であり、そして、忠、孝、悌である。

子曰く、「政を為すに徳を以ってすれば、譬えば北辰の其の所に居て、衆星の之に共うが如し」と。（為政）

孔子がいうことには、「仁徳がある人が政治を行えば、たとえば、北極星が不動の位置にあって、それをとりまく多くの星たちが、全て敬意をもってきらめき集まるが如くに、世の人々は為政者に付き従うものである」

論語で語られる徳目

仁

人は一人では生きられない存在であり、ともに助け合っていくもの。人という字も人が二人いることをあらわし、人と人が互いに相手を思いやり、親しみ合っていることを意味している。孔子はまた「仁とは人を愛することである」と言っている。大きな愛、思いやりの心である。

身近なところでは、家族や恋人、友人たちへの思いやり。仕事や社会活動では、一緒に仕事、活動をする人たちへの思いやりの心である。そして、そこから地域社会への貢献、社会的責任を果たすことにつながっていく。そうした思想が「仁」の中に含まれることである。愛すること、人を尊重することが孔子の教えの核となるものである。

子張、仁に於いて孔子に問う、孔子曰く、「能行五者於天下爲仁矣」（子張が「仁」について孔子に尋ねると、こう言われました。「五つの徳目を実践できたら天下を治める仁者と言える」）

つまり、孔子は「君主は仁者でなければならない」と言い、「仁」を重視した。

義

「仁」に対し、「義」は天の理にかなっている正しいことを行う正義であり、人間としての正しい筋道を進む、厳しい心である。易経に**「利は義の和なり。物を利すればもって義を和するに足り」**（文言伝）とあるように、世の中の「利」とは実りの秋に刀で穂を刈り取ること、取った残りは捨てるということ。これは私情を厳しく断ち切って実を得ることであり、それが「義」である。義があって、社会

の利、利益や進化がもたらされる。

「義」の字は、羊を戈で捌いて天への貢物としたところからきている。後に孟子らの儒学者に引き継がれ、孟子は、仁と義をつなげて「仁義」という思想を確立した。

礼

礼とは、今日でも礼儀、他人への敬意であり、尊卑と長幼の序を表す道徳の基本となっている。孔子の言う礼は、こうした伝統的な礼に仁の要素も加わる。つまり、君子やリーダーは、常に周りへの思いやり、敬意をもって、人に接しなくてはならない。

易経に**「君子もって礼にあらざれば履まず」**（雷天大壮）とあるように、君子が自分の勢いを自制できずに善悪の判断、克己心がなくなると必ず踏み外す、と戒めている。

同様に孔子も、「己に克ちて、禮に復る」と言っている。人を思いやり、自分のコントロールすることが「礼」には必要なのだ。

智

知については、ソクラテスの「無知の知」があるが、孔子も同じことを言っている。（論語内では「知」となっている。）

子曰く、由（ゆう）や、女（なんじ）にこれを知ることを誨（おし）えんか。これを知るをこれを知ると為し、知らざるを知らざると為す、これ知る為り。

「由や、これを知ると言うことはどのようなことなのか教えよう。自分が知っていることを知っていると認識し、知らないことを知らないと明確に認識する。これが物事に対して〝知る〟ということだ」

知識、情報などにあふれる現代でも、素直に知ること、知らないことは謙虚に学ぶべきである。そこから、知に洞察力、分析力をつけて智慧となっていく。知っているのであれば、正しいほうへ向かう行動がなくてはならないと孔子は説いている。

信

信とは信用であり、誠実で人を騙さないことだ。信は個人の道徳的規範であるだけでなく、社会や政治の倫理としても重要なものである。人民の信頼を得られなければ、会社や組織、国家も動かすことはできない。

人からの信用を築くには時間がかかる。

しかし、失うのは一瞬だ。一度失った信用を取り戻すには、築き上げる以上の時間と労力が必要となる。あるいは、二度と取り戻せないことも多い。したがって、必ず約束を守ること。社会の中では、それが口約束でも必ず実行する、嘘をつかない、言い訳をしないという誠実な心と行動が不可欠である。

忠

「君・君主」に対する滅私奉公的な意味もあるが、論語の中の「忠」は君主のみならず、身近な友人などの人間関係の中で用いられ「誠心誠意を尽くす」ことだ。

君主に対する関係で「忠」が用いられることがあるが、それは前提として君主が臣下に対して「礼」を用いているときに限られる。仮に君主が臣下に対して礼を欠くなら、臣下も君主に忠である必要はないとしている。

孝

孝の基本は親孝行である。親に対しては礼を重んじ、敬愛と感謝の気持ちで、笑顔を絶やさず、心配をかけてはならない。とくに心の底からの愛情と尊敬が本当の「孝」だと孔子は説く。親と子の関係が世の中の基本であり、それが礼と敬愛に根ざしていなければ、社会において目上の人と目下の者の関係を築いていくことはできない。

悌

孝と同様に、悌の基本は兄、目上の人を敬う心である。親に対する気持ちと同じように、兄、目上の人に礼を重んじ、敬愛と感謝

君子は義に諭り、小人は利に諭る。（里仁）

「君子はことが正しいことかどうかで判断するが、小人はそれが金になるか、利益になるかで判断する」

君子は周して比せず、小人は比して周せず。（為政）

「君子は広く公平に人と親しむが、小人は利害や感情によって人を選ぶので、広く公平な交際はできない」

君子は和して同ぜず、小人は同じて和せず。（子路）

「君子は道理を見て和合するが、理不尽なことには雷同しない。小人は利を見て雷同し、道理によって和合することがない」

自分にしっかりとした意見がなく、相手の言葉に軽々しく相槌をうつことを「付和雷同」というが、これこそ君子に会ってはならない姿だ。

雷とは「速い」という意味で、雷同とは深くも考えずに「あっ、そうそう。そう思う」という姿勢のことで、信頼されない。

の気持ちで、笑顔を絶やさず、心配をかけてはならない。この「悌」と「孝」が仁のもとだと孔子は説く。

つまり、「孝」と「悌」をベースとした家族の自然な親愛の情愛を、社会一般の普遍的な人間愛であるとしている。家族愛や目上を重んじる考え方はこの時代の封建的な社会の風習が影響しているが、現代の社会においても、人が育つ基盤として家族の絆を見つめ直すことはとても大切なことだ。

君子と小人の違い、君子のあるべき姿とは何か。

子曰く、「政を為すに得を以ってすれば、譬えば北辰の其の所に居て、衆星の之に共うが如し」と（為政）

孔子が言うことには「仁徳がある人が政治を行えば、たとえば、北極星が不動の位置にあって、それをとりまく多くの星たちが、全て敬意をもってきらめき集まるが如くに、世の人々は為政者に付き従うものである」とする。

君子は周して比ぜず、小人は比して周せず（為政）

「君子は広く公平に人と親しむが、小人は利害や感情によって人を選ぶので、広く公平な交際はできない」

君子は義に諭り、小人は利に諭る（里仁）

「君子はことが正しいことかどうかで判断するが、小人はそれが金になるか、利益になるかで判断する」

一生涯が徳を磨く道のようなもの

孔子は自分の人生を振り返りながら、人生について、次のように述べている。われわれも年代ごとの人生のステップアップを描く参考にしたいものだ。

15歳	志学
30歳	而立（じりつ）
40歳	不惑
50歳	立命（知命）
60歳	耳順
70歳	従心

私は、15歳のときには学問で身を立てようと志を立て、30歳のときには自分の立場というものができた。40歳のときには自分の生き方に迷うことがなくなり、50歳のときには天から与えられたおのれの使命を知った。60歳のときには人の意見に耳を傾けることができるようになり、70歳のときには自分のしたいようにしても周囲との調和が保てるようになった。

義を見てせざるは勇無きなり。（為政）

「人間として正しいこと、正義だと知っていてそれをできないのは、勇気がないことだ」と直訳するとそうなるが、つまり、困っている人がいたら、見て見ぬふりをしないで助けることだ、正しいと思ったら、そうすることだ、と言っているのだ。

われわれもそうありたいものだ！

孔子が自分の人生を振り返って述懐したものであり、人生の節目を示すものだ。

われわれも歳を重ねるにしたがって人生の意味を知り、世のため、人のためになることをしていきたいものである。

最後にもう一度、仁の本質について語られている言葉を確認しよう。

「吾、十有五にして学に志す。

三十にして立つ。

四十にして惑わず。

五十にして天命を知る。

六十にして耳順う。

七十にして心の欲する所に従えども、矩をこえず」（為政）

恕 (じょ)

五常と同様に孔子の教えで知られているのは、恕である。これは他者に対して、おのれに対するがごとく対処すること、思いやりのことである。

子貢問うて曰く、一言にして以って身を終るまで之を行う可き者有り乎。

子曰く、其れ恕か。己の欲せざる所を、人に施すこと勿れ。

子貢の「人が一生守るべきことを一言で表すなら何ですか」という問いに、「それ恕か」と孔子が答える。さらに「自分がしてほしくないことは人にするな」と恕の意味を説いた。孔子は一貫して、人への思いやりの重要性をさまざまな立場、状況において説いたのである。

どんなときにおいても、どんな場面においても、どんな状況であっても、そしてリーダーであろうとなかろうとも、自分を磨いて、心を磨いていきたいものである。

論語から朱子学と陽明学

論語が弟子たちによってまとめられたのが紀元前5世紀頃だが、孔子の死後100年ほどで孟子が生まれ、人は誰も生まれながらに善に向かう心を持っている、という性善説を説いた。四端の心を持つことによって、四徳(仁、義、礼、智)を実現し、道徳的な人格を持つことができるとした。

一方、荀子は、人は生まれながらにして欲を満たすために、他人と争う悪い性質をもっているという性悪説を説いた。

人間の欲はそれを満たすものよりも大きく、その富や地位の差を埋めるために、他人と争うことになる。しかし、人間の自己中心的な悪い本性を、後日努力によって礼儀や習慣で矯正することが必要だとしている。

孟子も荀子も目指している世界は同じく、四徳に満ちた社会であるのだ。

朱子学

その後、儒教は漢の時代までの間(紀元前2世紀から紀元後9世紀)、中国の中心的な思想となった。その後、宋(10〜13世紀)の時代には、論語・孟子・大学・中庸の四書が教養の書とされ、宋学という新しい儒教の体系が生まれた。それを大成したのが、朱子(朱熹)である。

その教えは**朱子学**と呼ばれる。

この世界のあらゆるものは「**理**」という根源的な規範、秩序と、「**気**」と呼ばれる常に動き続けているエネルギーや、その陰陽の「気」によって生み出された**木火土金水**の五つの元素により世界が構築されているという「**理気二元論**」が朱子学である。

理と気があってこそ、すべては存在しており、どちらかが欠ければ存在することができない。それが朱子学における世界観となっている。

人間の心は、性(本性)と情(情欲、感情)に分かれるが、情欲や感情に流されない性の部分のみが世界を秩序付けている(性即理)。人間の本質は善だが、気という変動するエネルギーの影響により、悪人もいたりする。それゆえに、人間は努力して朱子学の教えに則り、己を鍛え上げることで人欲を慎み抑え、天の理にしたがうという厳格主義に立つ。理は、社会では国家の秩序や制度となっているから、人は身を修め、家庭を整え、国家を治め、天下を平らかにするということが目標となる。

このような道徳的な社会秩序を重んじる朱子学の教えは、日本では江戸時代に幕府が封建社会を支える武士の道徳として採用した。

陽明学

明の時代(14〜17世紀)には、王陽明が陽明学と呼ばれる実践的な儒教を説いた。彼は朱子学の「理論を重んじ、社会の既成秩序を維持する」考えを批判し、「自分の心が即ち理である」とし、すべて人間の心の中にある感情や思考の働きの中に理があるとした(**心即理**)。

つまり、理は宇宙の中に客観的に存在しているのではなく、生き生きとした人の心の働き、主体的な道徳の能力である良知良能にあるとした(**致良知**)。

また、毎日の生活の中で自己の仕事や使命に最善を尽くすことによって、自分自身の人格を磨くこと(**事上磨練**)が大事だとした。

そして、知識と行動を後から一致させるのではなく、知りつつ行い、行いつつ知るというように、知と行いが一体となった良知の活動を**知行一致**と呼び、奨励した。

この考えは、社会において封建的な朱子学の教えに対し、行動することを重視したもので、朱子学は「知の学問」、陽明学は「心の学問」とも言える。

権威に従い、秩序を重んじる朱子学が統治者に好まれたのに対し、権威に盲従するのではなく、自分の責任で行動する心の自由を唱えた陽明学は、自己の正義感にとらわれ、秩序に反発する思想家に好まれた。

日本においても、大塩平八郎や吉田松陰、高杉晋作、西郷隆盛などが陽明学の影響を強く受けていたと言われている。

経済界では、三菱財閥の創始者である岩崎弥太郎、下のコラムにもある渋沢栄一がおり、その他、東郷平八郎、三島由紀夫、安岡正篤などの信奉者があった。

論語 ｜ RONGO

2021年 NHK大河「青天を衝け」主人公 ＆ 2024年 新紙幣1万円札の顔に決定

実業家

渋沢 栄一 SHIBUSAWA Eiichi

深谷市所蔵

渋沢栄一は1840年、現在の埼玉県の農家に生れた。家業の畑作、養蚕を手伝う一方、幼い頃から「論語」などを学ぶ。27歳のとき、15代将軍・徳川慶喜に随行し、パリの万博を見学するほか欧州諸国の実情を見聞。先進諸国の社会の内情に広く通じた。明治維新となり欧州から帰国後、明治政府に招かれ新しい国づくりに深くかかわる。その後、一民間経済人として「第一国立銀行」を設立。株式会社組織による企業の創設・育成に力を入れた。また、「道徳経済合一説」を説き続け、東京ガス、東京海上、王子製紙、帝国ホテルなど約500もの企業の設立にかかわったといわれる。著書には『論語と算盤』『論語講義』などがある。

易 経 EKIKYOU

> 「最古の帝王学の書」といわれる易経。正しく学ぶことにより、時の変化を知り、禍の兆しを察知し、それを未然に避けることができるようになる。そして、禍を避けるだけではなく、物事を見事に仕上げていく方法も書いてあり、処世の知恵に満ち満ちた実用書なのだ。

監修：竹村亞希子

すべての古典の最初の書

孔子も解説を加えたと言われる『易経』は東洋最古の書物である。易経というと占いのように思われるかもしれない。あらゆる出来事の事象、時における立ち位置、するべきことが書かれているから、これを学ぶと、自分で状況の分析と、するべきことの判断ができるようになるのだ。したがって、古来から君子やその側近たちはこれを学び、治世に役立ててきた。

『漢書芸文志』には、易の作者について「人は三聖を更え世は三古を歴たり」とある。三聖とは、伏羲（ふっき）、文王・周公旦、孔子のこと。伏羲は古代の伝説上、神、賢人と崇められる人物である。この伏羲が陰陽を唱え、周の文王が本文を記し、孔子が解釈書をまとめたといわれている。道理で解説は論語に説かれている考え方が随所に見られるわけだ。

ここでは、易経をわかりやすく解説した全国で講演をしている竹村亞希子先生の『超訳 易経 陽―乾為天―』をベースに説明する。

占いの書、学問の書

『易経』は、四書五経の筆頭にあげられる儒教の経典であり、そして「帝王学の書」、「智慧の書」、「哲学・倫理」という多彩な分野に用いられてきた。

荀子が「よく易を修める者は占わず」と言ったが、これは、よく易を学んだならば、占わなくても先々を知り、行動の出処進退を判断することができるという意味である。勉強すれば、占い師に頼ることなく、自分で自分の立ち位置、なすべきことがわかるようになるということである。それが易経なのである。

易経は、多くの学者によって解釈がなされたことで、占いの書にとどまらず、学問・智慧の書としての側面をもつようになっていった。

易経は、時について説き、そして兆しについて言及している書物で、物事が起こる微かな兆しを示すだけではなく、いかにすれば禍を避けられるかが、書かれている。正しく学ぶことによって、時の変化を知り、禍の兆しを察し、未然にそれを避けるということを実践していけるようになる。

そして、禍を避けるのみならず、物事を見事に仕上げていく方法も書いてあり、処世の智慧に満ち満ちた実用書なのだ。

易の根底にあるのは陰陽の概念

物事には表と裏がある。善と悪、右と左、上と下、プラスとマイナス。1年も春夏秋冬がなぜめぐるのかというと、夏（陽）と冬（陰）が入れ替わり変化すればこそ、循環していくという考え方なのだ。

つまり、易経は宇宙の変化をとらえるために、すべてのものが陰と陽で成り立っていると考えた。そして、互いに相反しながらも、交ざり合おうとして大きな循環を起こし、あらたな進化をする。

陰は--、陽は―という記号（爻）で表される。はじまりに「太極」をおき、そこから陰陽が生じる。太極とは、陰陽に分かれる前の混沌（カオス）とした宇宙のはじまりである。右も左も縦も横もない、有も無もない。そこから陰陽の両極は発生するとして、便宜的に消極を陰、積極を陽として、正反対の特徴に分けた。

＋は陽、－は陰、天と地では天は陽、地は陰、強いは陽、弱いは陰となる。

〈陽〉＋ 天 昼 善 正 動 強 剛 大 日 暑 男
〈陰〉－ 地 夜 悪 邪 止 弱 柔 小 月 寒 女

陰と陽は一体のもの

陰陽の考え方のまず大事なポイントは、陰と陽は別々のものではないということ。これをおさえておくと『易経』が理解しやすくなる。はじめにおいた太極は、大きくは宇宙だが、一つのもの、事象とも考えられる。

一つのものに、陰の面と陽の面があるという考え方である。太極はあらゆるものに置き換えてみることができる。たとえば、自

八卦太極図

順う	止まる	陥る	入る	動く	麗く	悦ぶ	健やか	性質
地（ち）	山（さん）	水（すい）	風（ふう）	雷（らい）	火（か）	沢（たく）	天（てん）	自然
坤（こん）	艮（ごん）	坎（かん）	巽（そん）	震（しん）	離（り）	兌（だ）	乾（けん）	八卦

陰 ■■　　太極（たいきょく）　　■ 陽

『超訳 易経 陽―乾為天―』144ページより引用

然界を大きく陰陽に分けると、天(陽)と地(陰)。手を見てほしい。手を太極として、手の甲を表(陽)とするならば、手のひらは裏(陰)である。甲も手のひらもあって手なのである。このようにさまざまなものを陰陽を分けられる。

一人の人間も正(陽)と邪(陰)の2つの側面を持ち合わせている。長所(陽)だけで短所(陰)のない人などいない。同じく、どんな人にも正と邪の両面がある。天候も晴れれば陽、雨なら陰であるが、ずっと晴れていることはない。

八種類の象(八卦)となる。「当たるも八卦、当たらぬも八卦」と耳にしたことがあるだろう。古代の原型的な易占いはこの八卦で判断していた。

八卦には「乾・兌・離・震・巽・坎・艮・坤」(けん・だ・り・しん・そん・かん・ごん・こん)の名まえがつく。

これらの性質を自然現象にたとえると、「天・沢・火・雷・風・水・山・地」(てん・たく・か・らい・ふう・すい・さん・ち)になる。それぞれが象徴する属性、性質が存在する。

さて、八卦だけでは、時の詳細をあらわす

には大まかすぎるので、八卦太極図をより進め広げて、八×八の六十四卦となる。一つの卦は、三本の爻の八卦を上下二つに重ねた、陰陽の六本の爻で成り立っている。

卦辞はある時の全体像をあらわし、爻辞は六本各爻について記し、変遷を説いている。八卦の属性や形から六十四卦にはそれぞれ、全体的な時の様相を示す名称がついている。六十四卦早見表は、縦の八卦と横の八卦の組み合わせでみる。

たとえば、自然現象からあらわす時を読みとれるものもある。山(艮)と天(乾)の山

易経の三義

「易」は一文字で変易、不易、易簡の3つの意味を持つ。これを「易の三義」という。

変易 森羅万象、すべてのものは一時たりとも変化しないものはない。宇宙は刻々と変化し、時も巡りめぐって一時も休むことはない。

不易 変化には必ず一定の不変の法則性がある。1日は朝、昼、夜と必ず回り、1年は春、夏、秋、冬が順序を違わずに巡ってくる。

易簡 その変化の法則性をわれわれが理解すれば、天下の事象も知りやすく、わかりやすく、人生に応用するのが簡単である。

八卦×八卦＝六十四卦

易経は全部で六十四の卦で構成されている。「卦(か)」というのはある時の様相をあらわし、人生で遭遇するであろう、あらゆる時を示している。六十四卦の象の成り立ちは、まず八卦太極図を見てほしい。

易経に「**この故に易に太極あり。これ両儀を生ず。両儀は四象を生じ、四象は八卦を生ず。八卦は吉凶を定め、吉凶は大業を生ず**」(繋辞上伝)とある。

太極から陰陽2つに分かれ、次に四つ象(老陽・少陽・老陰・少陰)に分かれ、さらに分裂して三本の爻からなる

六十四卦早見表

坤(地)	艮(山)	坎(水)	巽(風)	震(雷)	離(火)	兌(沢)	乾(天)	上／下
地天泰	山天大畜	水天需	風天小畜	雷天大壮	火天大有	沢天夬	乾為天	乾(天)
地沢臨	山沢損	水沢節	風沢中孚	雷沢帰妹	火沢睽	兌為沢	天沢履	兌(沢)
地火明夷	山火賁	水火既済	風火家人	雷火豊	離為火	沢火革	天火同人	離(火)
地雷復	山雷頤	水雷屯	風雷益	震為雷	火雷噬嗑	沢雷随	天雷无妄	震(雷)
地風升	山風蠱	水風井	巽為風	雷風恒	火風鼎	沢風大過	天風姤	巽(風)
地水師	山水蒙	坎為水	風水渙	雷水解	火水未済	沢水困	天水訟	坎(水)
地山謙	艮為山	水山蹇	風山漸	雷山小過	火山旅	沢山咸	天山遯	艮(山)
坤為地	山地剝	水地比	風地観	雷地予	火地晋	沢地萃	天地否	坤(地)

『超訳 易経 陽―乾為天―』149ページより引用

易経 ｜ EKIKYOU

陰陽太極の図

天大畜の卦は、「山の中に健やかな天の気を蓄えるような、大いなる蓄積の時」をあらわしている。また、火風鼎の卦は、卦象が鼎(食べ物を煮るための足つきの鍋)の形をしていることから名づけている。

乾(天)と兌(沢)は、天沢履という卦である。履とは「踏む」の意。「虎の尾を踏む」のことわざの出典の卦。上下が同じ八卦である、乾(天)と乾は八卦の名称と自然現象を組み合わせ、乾為天になる。同じく坤(地)と坤は坤為地となる。

それでは代表的な卦であり、すべてが陽の爻である「乾為天」について見てみる。これはすべてのはじまりであり、上卦、下卦ともに陽の強力な卦である。

龍の成長物語から人生の進化を描く！ 乾為天

易経は難解であると言われるが、すべてたとえ話になっている。龍は王様のこと。現代で言えば会社社長、代表取締役など、組織のリーダーのたとえだ。

龍は想像上の生き物で、現実に存在する生き物ではない。そして古来、龍はめでたいものとされてきたが、なぜ、めでたいのか？

龍には雲がつきものと言われ、龍の絵や置物を見ると、必ず雲と一緒にいる。なぜなら、龍には雲を呼び、雨を降らせる能力があるとされているからだ。恵みの雨を降らせることで、地上の万物を養う生き物として崇められてきたのだ。

じつは、この龍の働きがリーダーの役目を示し、雲はリーダーに従って働く人々を表す。そして「雲は龍に従う」といって、龍が地上の変化を察して、呼びかけると、そこに雲が集まってきて必要なところに恵みの雨をふらせるのだ。

これはつまり、「リーダーは、組織の目的を明らかにして、働くヒトをそこに向かわせ、大きく社会を循環させて貢献することが役目である」と教えている。

リーダーである龍の性格は、穏やかで強く、積極的に前に進む。これは陰陽では「陽」の性格で、もともと龍は陽を象徴するものである。つまり、乾為天は「陽の物語」なのである。龍が尊ばれるのは、その持てる能力であるが、最初からその力があり、発揮されるわけではない。6段階のプロセスを経て、すぐれたリーダーへと成長してゆくのだ。それを見てみよう。

「乾為天」

乾、元亨利貞。

初九。潜龍。勿用。

九二。見龍在田。利見大人。

九三。君子終日乾乾、夕惕(てき)若。无咎。

九四。或躍在淵。无咎。

九五。飛龍在天。利見大人。

上九。亢龍有悔。

用九。見羣龍无首。吉。

乾は、元(おお)いに亨(とお)りて貞(ただ)しきに利(よ)ろし。

初九。潜龍なり。用うるなかれ。

九二。見龍田に在り。大人を見るに利ろし。

九三。君子終日乾乾し、夕べに惕(てき)若たり。厲(あや)うけれども咎なし。

九四。あるいは躍りて淵に在り。咎なし。

九五。飛龍天に在り。大人を見るに利ろし。

上九。亢龍悔あり。

用九。群龍首なきを見る。吉なり。

この乾為天の6段階、つまり6種類の龍をみてみると、

第1段階　潜龍

地中深くの暗い淵に潜み隠れている龍。まだ世の中に認められるような力はなく、地に潜んで志を培う時である。

第2段階　見龍

明るい地上に現れて、世の中が見えるようになり、修養の始まりとして、師を見習って物事の基本を学ぶ時である。

第3段階　乾惕

毎日同じことを繰り返しながら修養に励む時。この時期に技と応用を身につけ、日進月歩の成長をする時。

第4段階　躍龍

修養をおさめ、リーダーになる一歩手前の段階。師匠からの教えに加えて、自分独自の技と見識をもって、いま、まさに大空に昇ろうと躍り上がる時。

第5段階　飛龍

天を翔け、雲を呼び、雨を降らす「飛龍」となる。リーダーとしての力を発揮し、志を達成する。

第6段階　亢龍

高ぶる龍。力が衰え、判断も誤り、我欲と強情が出て、やがて降り龍となる。龍にも引き際がある。

龍のたとえ話になっているが、これは自分たちの仕事、人生、会社、組織、社会に置き換えて考えてみるとよく見えてくる。

易経にはこのように乾為天のようなたとえ話が64通りあり、それぞれに6つの段階を想定している。

自分がいま、どんな状況のどの位置にあるのか、そのたとえ話から知恵を得て、物事に対処していくという知恵の塊が易経なのである。

潜龍は6つの爻の一番下の線の位置にある状態で、順番に上がっていく。われわれの人生においても、この潜龍からはじまって、学生時代、そして、卒業後の就職するくらいまでの時期ではないだろうか。見龍になると社会に出て次第に研修や先輩から教わること、あるいは取引先、顧客との関係からのさまざまなトラブルや経験を経て学んでいく時期と考えられる。この時期に大切なのが「志」を持つことだと思う。自分のこと、そして周りのこと、社会のことに自分らしい、何かをしたい、それを探す時期だ。

やがて、さまざまな経験を経て、失敗に学び、自分を磨いて力をつけ、世の中に大いに役立つ時を待つ。何かのきっかけやチャンスによって、時がきて躍龍となり、飛龍となって、世のため、人のために力を発揮するのだ！

ぜひ、多くの若者には将来、躍龍、飛龍になって、頑張ってもらいたいものだ！

人生には良いことも、悪いことも、何となく混沌とすることも、さまざまなことが起こってくるが、易経の64卦にはそれぞれにこのような6つのシチュエーション、タイミングについて深い示唆がある。そこには何かしらの学びがあり、自分を磨くヒントがある。

この乾為天も、すべてが良いことばかりではない。最後の亢龍は、すべてが陽でも最終段階のステージでは、自分の役割や立ち位置を知り、次の人へ立場を譲り、人を育てたり、世のためのまた違った下支えや奉仕をする時期もあることを教えている。

しかし、世の中には力を持ち、財や影響力を持てば持つほど、引き際を知らず、悲しい最後を迎える経営者や政治家も多いのではないだろうか。そんな視点も持ちながら、易経を読み、社会を見てみることも大切だ。

〈 季節の変化と成長 〉
〈 人生における成長 〉
〈 植物における成長 〉
〈 会社組織における成長 〉
〈 役職と成長 〉
〈 思考と行動における成長 〉

飛 龍
〈 秋 〉
〈 前高年期 〉
〈 実・花 〉
〈 社長 〉
〈 実現 〉

躍 龍
〈 夏 〉
〈 中年期 〉
〈 つぼみ 〉
〈 重役 〉
〈 試行 〉

乾 惕
〈 初夏 〉
〈 壮年期 〉
〈 枝葉 〉
〈 部長 〉
〈 提案 〉

見 龍
〈 春 〉
〈 幼少期 〉
〈 青年期 〉
〈 芽 〉
〈 課長 〉
〈 企画 〉

潜 龍
〈 冬 〉
〈 幼少期 〉
〈 種 〉
〈 社員 〉
〈 アイディア 〉

亢 龍
〈 晩秋 〉
〈 後高年期 〉
〈 枯 〉
〈 会長 〉
〈 再考 〉

易経 ｜ EKIKYOU

おすすめ図書

超訳 易経 陽
-乾為天-

著　者：竹村 亞希子
出版社：新泉社
仕　様：四六判200ページ
定　価：本体1600円＋税
発売日：2020年2月27日

RECOMMEND!

龍が導くリーダーへの道、現代に用いる易経の智慧

〝最古の帝王学の書〟とも言われる「易経」から、龍の成長物語「乾為天(けんいてん)」だけを取り上げて、やさしく易経を解説した超入門書。龍が、潜龍(せんりゅう)、見龍(けんりゅう)、乾惕(けんてき)、躍龍(やくりゅう)、飛龍(ひりゅう)、亢龍(こうりゅう)と、成長していく6つの過程を通して、ビジネスの世界でもすぐに実践できる具体的な智慧を紹介する。変化の法則を知り「時」と「兆し」を察する直観力を養う書でもあり、易経をまったく知らない人にも、これから易経を読んでみたいという人にも、お薦めの一冊。

九星気学 KYUSEI KIGAKU

毎年の暦を買うと書いてある「九星気学」の星の動きを少し自分でも見たりできると、気をつけるべきことや、進めるべきことなどのアドバイスを発見することができる。運勢が良くても、悪くても、その中で気をつけることで、自分らしく、大難は小難に、小難は無難にすることのできる知恵なのである。

監修：佐藤法倰

天下国家の動静から、企業、組織、自分の進むべき道標

九星気学の概要（佐藤法倰先生による）

それではここで「九星気学」の基礎を佐藤法倰先生のテキストから紹介する。

地の移り変わりを十二支と呼び、比較的日常的に使っている。**子、丑、寅、卯、辰、未、午、未、申、酉、戌、亥**——

ちなみに2020年は子年で、文字通りすべてのはじまりの子ども、種の年で、たとえてねずみといわれるが、ねずみのように旺盛な繁殖力、増えるという意味合いもある。

九星気学では、易経と同じく、大極（陽と陰が混沌とした状態）から世の中をつくる5つの根源的な要素が生まれる。十干は、この地上のすべてが持っている性質であることの5つの要素、五行説（木、火、土、金、水）に陰陽の二元説が合わさった陰陽五行説からきている。

木： 木は育ち、生い茂ると枝が伸びてゆく。青々と育って、枯れてゆく。

火： 木が育つと枝が伸び、触れ合って火が起きる。オーストラリアやカリフォルニで起きている大火のシステムと同じである。

土： 木が火で燃えて、灰になり堆積して土となっていく。

金： 土が堆積すると、その中にさまざまな鉱物が生まれる。鉄などの鉱物を代表して金となる。

水： 土の中に金が生まれ、その上に水が貯まる。あるいは、金を取り出しておくと、表面に水滴がつくイメージである。

これら5つの要素をまとめて、五行と呼び、それぞれに陽と陰がある。これらを5×2で十干という。陽を兄（え）、陰を弟（と）と呼ぶ。

十干

木の陽と陰：甲（きのえ）、乙（きのと）
火の陽と陰：丙（ひのえ）、丁（ひのと）
土の陽と陰：戊（つちのえ）、己（つちのと）
金の陽と陰：庚（かのえ）、辛（かのと）
水の陽と陰：壬（みずのえ）、癸（みずのと）

2020年は庚（かのえ）である、この字とよく似た更新の更の意味があり、世の中が改まり一新する、リセットされる、あるいはまったく新しい価値観、考え方が現れる意味がある。これまでの組織や考え方では通用しないことが起きるという暗示もある。

2021年の辛（かのと）は、字の通り、辛いことが多い、更新の延長の年となる。

これら天の動きと大地の動きの周期に応じて、われわれ自身の影響、土地の影響を方位の考え方で3×3の9つの位置に配置したのが九星の考え方である。

自分、土地、そしてその年自体を中心において、東西南北と北東、北西、南東、南西を加えた8つの方位からなる9つの関係が九星の基本である。

定位盤となっている関係性を基本に毎年中心が変わって、9年周期で動いている。つまりわれわれは12年の周期、10年の周期、そして9年の周期という波を受けながら、それぞれの個性と人間力で生きているのだ。

佐藤法倰先生によると、

天の時：十干でみる
地の利：十二支でみる
人の和：九星でみる

2020年は七赤金星中宮の年、つまり真ん中に七赤金星が回ってきた年である。

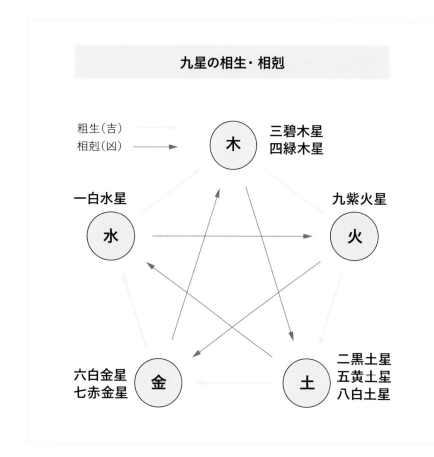

九星の相生・相剋

粗生（吉）
相剋（凶）

三碧木星
四緑木星
木

一白水星
水

九紫火星
火

六白金星
七赤金星
金

二黒土星
五黄土星
八白土星
土

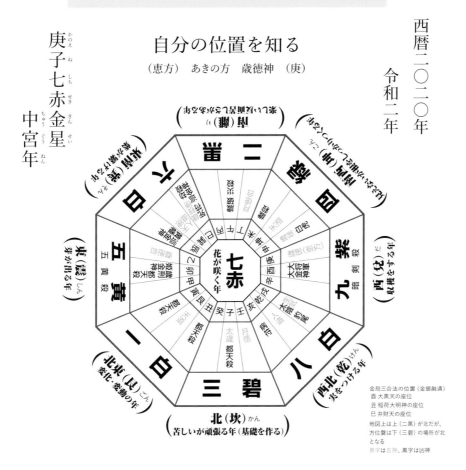

2020年の九星盤

自分の位置を知る

〔恵方〕あきの方 歳徳神 〔庚〕

西暦二〇二〇年
令和二年

庚子七赤金星
中宮年

◎七赤金星が中央に回座して、東に五黄土星、東南（巽）に六白金星、西北（乾）八白土星、西に九紫火星、東北（艮）に一白水星、南に二黒土星、北に三碧木星、南西（坤）に四緑木星が配置される。
◎歳徳（としとく）は、庚（かのえ）方、西にあたり恵方（あきかた）となる。
◎五黄殺・暗剣殺方位は東・西になり、歳破は午（うま）の南方位になるので気を付けねばならない方位となる。

2020年は、庚（かのえ）の子年の影響で物事が一新する、新しいものが増えるという意味がある。

さらに九星では、七赤金星中宮の年ということで、七赤金星の象意から「引退、不足、嘆き、喜び、うるおい、紙幣、金融、経済、口論、不平、趣味、少女、色情、背反」などあり、さまざまな不安要素がある。

七赤金星には「金融」の象意があるが、年盤の真ん中にあり（中宮）、四方八方を塞がられている状態である。

さらに詳しい説明は、佐藤法偀先生の著書や講座で勉強してほしい。

今年の自分の傾向を見る

本命星…まずは自分の「本命星」を知ることからはじまる。自分がどのタイプかを示すのが九星で、本命星は生まれた年によって次の九星に分類される。

〔性格〕

一白水星生：表面は温和で人と親和適合するが、内心は強情「仁」の気質を持ち世話好き、交際家。

二黒土星生：柔順で人のために尽くす。優柔不断で迷いがある。決断力に乏しい。参謀格向く。

三碧木星生：正直ではあるが、感情に走りやすく、誹謗したりする。個性的、行動的、どの星の人より波乱万丈の星である。

四緑木星生：穏やかで争いを好まず、和合の精神があるが、怒ると風が竜巻のようにカッとなる。柔順で聞き上手。目上の人や長上の人の引き立てを受けて成功すること

のほうが多い。

五黄土星生：個性的で意思強固で独断的、白黒をはっきりさせたいタイプ。逆境に陥っても案外たくましい。

六白金星生：負けず嫌いで自我自尊心が強く、融和に欠ける。人の為に尽くし、また人の犠牲の上に立って地位、名誉を得る。

七赤金星生：陽気で派手で享楽的で社交性に富む反面、淋しがりやである。人生の発展性は、異性によりかなり変化する。

八白土星生：意思、自我、自尊心、闘争心が強いが自制心が弱い。争いごとが多く、協調性に欠ける。浮気型で転職、家業をよく変える。

九紫火星生：感情の隆起がはげしく、すぐカーッとなる。自我自尊心が強い。外面は良いが、内面は大変勝気で強気である。

九星気学 ｜ KYUSEI KIGAKU

別表①

令和2年・あなたの干支と九星早見表

九紫火星	八白土星	七赤金星	六白金星	五黄土星	四緑木星	三碧木星	二黒土星	一白水星
1919年 大正8年生 101歳 己未	1920年 大正9年生 100歳 庚申	1921年 大正10年生 99歳 辛酉	1922年 大正11年生 98歳 壬戌	1923年 大正12年生 97歳 癸亥	1924年 大正13年生 96歳 甲子	1925年 大正14年 95歳 乙丑	1926年 昭和元年生（大正15年） 94歳 丙寅	1927年 昭和2年生 93歳 丁卯
1928年 昭和3年生 92歳 戊辰	1929年 昭和4年生 91歳 己巳	1930年 昭和5年生 90歳 庚午	1931年 昭和6年生 89歳 辛未	1932年 昭和7年生 88歳 壬申	1933年 昭和8年生 87歳 癸酉	1934年 昭和9年生 86歳 甲戌	1935年 昭和10年生 85歳 乙亥	1936年 昭和11年生 84歳 丙子
1937年 昭和12年生 83歳 丁丑	1938年 昭和13年生 82歳 戊寅	1939年 昭和14年生 81歳 己卯	1940年 昭和15年生 80歳 庚辰	1941年 昭和16年生 79歳 辛巳	1942年 昭和17年生 78歳 壬午	1943年 昭和18年生 77歳 癸未	1944年 昭和19年生 76歳 甲申	1945年 昭和20年生 75歳 乙酉
1946年 昭和21年生 74歳 丙戌	1947年 昭和22年生 73歳 丁亥	1948年 昭和23年生 72歳 戊子	1949年 昭和24年生 71歳 己丑	1950年 昭和25年生 70歳 庚寅	1951年 昭和26年生 69歳 辛卯	1952年 昭和27年生 68歳 壬辰	1953年 昭和28年生 67歳 癸巳	1954年 昭和29年生 66歳 甲午
1955年 昭和30年生 65歳 乙未	1956年 昭和31年生 64歳 丙申	1957年 昭和32年生 63歳 丁酉	1958年 昭和33年生 62歳 戊戌	1959年 昭和34年生 61歳 己亥	1960年 昭和35年生 60歳 庚子	1961年 昭和36年生 59歳 辛丑	1962年 昭和37年生 58歳 壬寅	1963年 昭和38年生 57歳 癸卯
1964年 昭和39年生 56歳 甲辰	1965年 昭和40年生 55歳 乙巳	1966年 昭和41年生 54歳 丙午	1967年 昭和42年生 53歳 丁未	1968年 昭和43年生 52歳 戊申	1969年 昭和44年生 51歳 己酉	1970年 昭和45年生 50歳 庚戌	1971年 昭和46年生 49歳 辛亥	1972年 昭和47年生 48歳 壬子
1973年 昭和48年生 47歳 癸丑	1974年 昭和49年生 46歳 甲寅	1975年 昭和50年生 45歳 乙卯	1976年 昭和51年生 44歳 丙辰	1977年 昭和52年生 43歳 丁巳	1978年 昭和53年生 42歳 戊午	1979年 昭和54年生 41歳 己未	1980年 昭和55年生 40歳 庚申	1981年 昭和56年生 39歳 辛酉
1982年 昭和57年生 38歳 壬戌	1983年 昭和58年生 37歳 癸亥	1984年 昭和59年生 36歳 甲子	1985年 昭和60年生 35歳 乙丑	1986年 昭和61年生 34歳 丙寅	1987年 昭和62年生 33歳 丁卯	1988年 昭和63年生 32歳 戊辰	1989年 平成元年生（昭和64年） 31歳 己巳	1990年 平成2年生 30歳 庚午
1991年 平成3年生 29歳 辛未	1992年 平成4年生 28歳 壬申	1993年 平成5年生 27歳 癸酉	1994年 平成6年生 26歳 甲戌	1995年 平成7年生 25歳 乙亥	1996年 平成8年生 24歳 丙子	1997年 平成9年生 23歳 丁丑	1998年 平成10年生 22歳 戊寅	1999年 平成11年生 21歳 己卯
2000年 平成12年生 20歳 庚辰	2001年 平成13年生 19歳 辛巳	2002年 平成14年生 18歳 壬午	2003年 平成15年生 17歳 癸未	2004年 平成16年生 16歳 甲申	2005年 平成17年生 15歳 乙酉	2006年 平成18年生 14歳 丙戌	2007年 平成19年生 13歳 丁亥	2008年 平成20年生 12歳 戊子
2009年 平成21年生 11歳 己丑	2010年 平成22年生 10歳 庚寅	2011年 平成23年生 9歳 辛卯	2012年 平成24年生 8歳 壬辰	2013年 平成25年生 7歳 癸巳	2014年 平成26年生 6歳 甲午	2015年 平成27年生 5歳 乙未	2016年 平成28年生 4歳 丙申	2017年 平成29年生 3歳 丁酉
2018年 平成30年生 2歳 戊戌	2019年 令和元年生（平成31年） 1歳 己亥	2020年 令和2年生 0歳 庚子	あなたの生れ年から九星を見つけよう					

2020年の誕生日がきてこの表の満年齢となる。数え年はこの表に1歳を加える。2月節分前に生まれた人は前年が本命星となる。□で囲んだ生れ年の人は2020年の厄（役）年にあたる。四緑木星は、とくに北斗七星の羅睺星につき星祭り（護摩祈願）すると良い。

別表②

月命星早見表	あなたの本命星 ＼ 生まれ月	二月寅	三月卯	四月辰	五月巳	六月午	七月未	八月申	九月酉	十月戌	十一月亥	十二月子	一月丑
	一白水星 四緑木星 七赤金星 ＼の生まれ	八白	七赤	六白	五黄	四緑	三碧	二黒	一白	九紫	八白	七赤	六白
	二黒土星 五黄土星 八白土星 ＼の生まれ	二黒	一白	九紫	八白	七赤	六白	五黄	四緑	三碧	二黒	一白	九紫
	三碧木星 六白金星 九紫火星 ＼の生まれ	五黄	四緑	三碧	二黒	一白	九紫	八白	七赤	六白	五黄	四緑	三碧

九星気学 ｜ KYUSEI KIGAKU

別表①を参照して、自分の生まれ年から本命星を見つけてほしい。

そして、別表の②で、自分の生まれ月と本命星の関係で、月命を見つける。

本命星は、自分の身体、自分全体であり、月命星は、自分の精神、心の状態である。

この比率は、

本命星　60%

月命星　40%

と見てほしい。自分の身体、全体運勢と心の状態をバランスして見てみるといい。

そして、気になる今年の運勢であるが、その傾向を佐藤法俟先生の運勢図で見るとわかりやすい。

2020年の傾向のキーワードをあげる。

一白水星

じっくりと観察し、改革を図る

変化変動年、焦ると失敗

二黒土星

前半は集中主義、(前厄年)となる

歳破強運となる

三碧木星

熟慮、(本厄年)困難期間であるが

常に周りを見定めること

四緑木星

準備を万全に！(後厄年)

人間関係を育む

五黄土星

軌道に乗せる(進出年)

金銭面を見据える

六白水星

前進する年

遠方の知人、友人を仲間に入れる

七赤金星

情勢を見ながら対処(命厄年)

本命星が中宮の年、節目

善い事、悪い事が表面上に

八白水星

有終の美、周囲との協調

後半から衰極へ向かう

九紫火星

暗剣殺、注意、緩やかに衰微

この図を見るとわかるように、運勢(運気)は5年ごとに強弱している。これを九星の循環と呼ぶ。これによって一喜一憂するのではなく、運気の下降しているときには、自分の力量を超えて無理をせず、自分の勉強や精神力を高めることに努めたい。

また運気が強いからと言って、頭に乗ってはならない。謙虚に周りの言葉などに耳を傾け、自分と周りの関係を整えて前に進めるかが大事になる。

運勢の強弱

あなたはどの位置にあたるか！

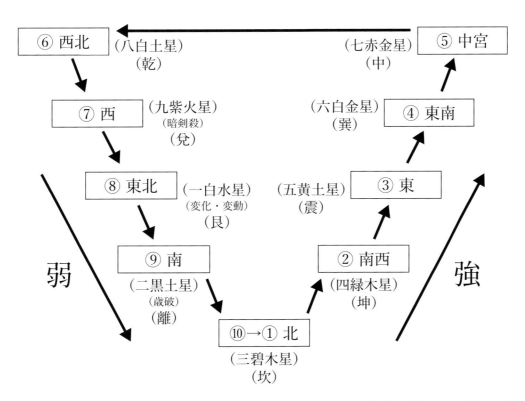

※上図を見ると理解できるように、運勢(運気)は5年ごとに強弱している。これを「九星の循環」という。「新しい計画を実行に移すべきかどうか」を判断する際、今年は積極策か、いや消極策かは、この「九星循環」強弱法をもって知ることができるのである。万事失敗に終わる人とか、いくら努力しても陽の目を見ることができない人に限って、進むべきときに躊躇してそのチャンスを逃したり、とどまるべきときに限って進んでしまったりするものである。

※物事のスタートは①北(坎宮)であり、この時期は計画をしっかりとたて、10年後を見定めるときでもある。

※2021年度の運勢と注意点

参考までに、2021年度の各星の傾向と注意点を特別に佐藤法偀先生にお願いした。

2021年度は六白金星が中宮に入り、穏やか、活動、動いて止まらない意味を持つ星であるところから、極めて独立的な傾向を示しているのが特徴といえる。

昇り詰めたところに長く止まらぬことが肝要。満つれば欠ける、欠ければ満つる、陰陽の法則を生活の中で調節し、余裕を残して積極的に貯え、将来に備えながら、生活する知恵を身につける大切な年でもある。

六白の年は、金銭の星・経済の星である。2021年の動向は経済的に破綻を示しており、種々の工夫と研究を委ね、最適な方法を打ち出さない限り困難が予想される。

一白水星

「前厄年」であり、年の前半は運気が強く、後半は下り坂となるので、万事先手必勝で行動すること。常に業界の動向に目を配り、市場の推移や自社の現状を正確に把握し、適切な経営戦略と方針のもとに実践すること。

二黒土星

9年周期で10年に一度めぐってくる「本厄年」にあたる。運気が停滞するため多事多難で覇気に乏しくなり、経済的にも困窮しやすく、病難、盗難、色難、水難事故に遭遇しやすいので万事に注意。事業面や営業面にもツキがなく、金銭的にも困窮し、運転資金が不足したり、意外な出費に悩まされたりする。将来のための計画や準備の年とする。

三碧木星

「後厄年」西南(坤)の「裏鬼門」に当たるので、年の前半は昨年までの停滞運が尾を引くが、後半より徐々に上昇運に向かい、道が開けてくる。忍耐、根気、労仂、従順、慎重、辛

抱の象意があることから、今年は何事にも、活気に乏しく困難と忍耐の年であることを自覚して、焦らず堅実に基礎固めに努力する。歳破もつくので気迷いや決断力の不足で好機を逃さないようにする。

四緑木星

「活動の年」東霞には、開始、出発、活動といった象意があるので、陽春の気とともに、運気も陽気に転じ、明るい活気に満ちた年になる。したがって諸事敏速な行動が望まれるが、半面、安定性に欠けるので注意が必要。震の年は天地陰陽の気が変動する年でもあり、突発的な出来事や争い事などが生じ、これまでの行為の善悪がクローズアップされ、名声や評判が高まる一方で、悪事も露見するという、両面を備えている。

五黄土星

「順風満帆の年」で運気好調な盛運年を迎えるので、諸事計画達成可能な年である。巽宮には、信用、整う、交際、遠方、喜び等の象意があり、願望達成には遠方の知人や友人の援助、協力がキーポイントとなるので、遠方との関係を大切に、信用第一で積極的に行動すること。新規事業をはじめたばかりの人にとっては、対外的な信用を得る好機の年。

六白金星

「八方見渡す年」で9年周期で10年に一度めぐってくる人生の節目の年なので、過去の生き方や、いままでの生活、行動の結果が評価される過去9年の総決算の年である。2021年は良いときと悪いときの両極端な現象が生じ、努力してきた人には良い結果が、反対の人にはそれなりの結果が出る。表面順調に見えても波乱含みで腐敗、壊乱という土気作用を受ける内部崩壊の年であるため、何事によらず無計画な行動は凶運を招く。

七赤金星

「収納の星に暗剣殺」で西北の乾宮に入ると「収納の星」といわれる充実感のある年だが、2021年は、暗剣殺の凶意を帯びるために凶作用が増幅される年となる。本来は何事に対しても、力強く、自信と勇気にあふれ気力を充実し、積極的に行動する年だが、暗剣殺の凶意を受けているので、諸事慎重に進めることが必要。目先の欲にとらわれず、独断専行を抑え、アドバイスを受ける謙虚な姿勢で人間関係の和に努めること。

八白土星

「満たされた心」で西の免宮に入ると、冬に向けての準備をはじめる時期にたとえられるので、喜びの反面、一抹の不安と寂しさの交錯する年になる。年の前半は心にゆとりが出てくるが、後半からは運気の衰えが見えはじめるので、心を引き締め、軽々しく人の口車に乗らないこと。金運には恵まれるが、順調な生活に気が緩み、支出オーバーになりやすいので、常に収支のバランスに気を配り、倹約と貯蓄に心掛けること。

九紫火星

「表鬼門の変化」。前進する気と後退する気が交錯する、変化の激しい衰運の年で、事業・金運、健康、対人関係等すべての面で変化や支障が生じる。良宮(本北)は物事のはじめであり、終わりである節目のときなので、比較的順調に来た人は警戒年と考え、停滞していた人も物事には性急に手出しをせず、現状維持と慎重さが望まれる年。安全と危険、喜びと不幸の両エネルギーが紙一重で同居していることを念頭に行動をコントロールする。

論語、易経と合わせて、自分を知り、自分を高めるために参考としていただきたい。

仏 教　BUKKYO

紀元前5世紀頃にインドに生まれたブッダが悟りを開いた。その教えはインドから中国を渡って日本に伝わった。そして、その悟りのプロセスは、現代に通じる問題解決のシステムだった。

監修：松村剛志

ブッダの悟りのプロセスを現代の課題解決に活かす！

仏教と聞くと、さらに宗教臭くなってしまうが、ここでは宗教を説くのではなく、ブッダが悟りを開いた思考プロセスと思想を、今日のわれわれの生活、生き方に活かしていくことを学びたい。

ブッダがインド人であったことは、多くの人が知っている。したがって、漢字で見ている経典はブッダが書いたものではない。ブッダは、現在で言えばインドのサンスクリット語を話していて、サンスクリット語で弟子たちが「ブッダはこう言った」と書いていたのである。しかし、不思議なのはそのブッダの教えがインドでは信者が少ないことだ。2011年の国勢調査によるとヒンズー教徒79.8％に対し、仏教徒は0.7％である。三蔵法師が多くの経典をもって中国に戻り、それが日本に渡ってきた。そのブッダの教えは、現在も多くの日本人が信仰する宗教となっているというのに。

インドでは、アショカ王のときに仏教が国教となったが、王の死後、ブッダの教えによって排除されていたバラモン教など、もともとの土着信仰が合わさって、ヒンズー教に取って代わられた。

そのヒンズー教には、**3つの大きな神（ブラフマン、ヴィシュヌ、シヴァ）**がいるが、その一人ヴィシュヌの9番目の化身がブッダだったという考え方で仏教を取り込んでいるのだ。インドは本当に面白い国だ。

ブッダ：悟りにいたった人

それでは、ブッダと悟りのプロセスを見ていこう。

ブッダは、本名をガウタマ・シッダールタといい、ヒマラヤのシャカ族の王子としてルンビニで生まれた。何不自由ない王宮での生活を送っていたが、人間の4つの苦しみ（生老病死）と出会い、29歳のときにすべて

を捨てて出家した。長い修業と苦行から答えを得られなかったが、35歳でブッダガヤの菩提樹の下で瞑想の末に悟りを開いた。

その後、人々の心を救済するため、弟子とともに各地で説法を続け、80歳でクシナガラで亡くなった。

ここでは、仏教の宗教的なことを学ぶのではなく、ブッダが菩提樹の下で悟りを開いたプロセスを、われわれの日常生活やビジネスなどの問題解決の手法として活用することである。

この分野に取り組んで、後述のマンダラ・チャートを開発した松村寧雄先生の「経営に活かす曼荼羅の知恵」（1982年、ソーテック社）を参考にしながら説明していこう。

古代インドの思想背景（梵と我）

紀元前10世紀頃の古代のインドは、バラモン教とカースト制度に基づく社会だった。

カーストには5つの階級があり、バラモン（司祭）からクシャトリア（王族、戦士）、ヴァイシャ（市民）、スードラ（労働者）そしてアチュート（不可触民）となっている。

生まれたときにその階級が決まり、人間がこの世で行った行為（業・カルマ）によって、次の世の生まれ変わりの運命（輪廻）が決まるとされていた。

もう1つの思想として、宇宙のすべての根源に**ブラフマン（梵）**と呼ばれる絶対的な存在があること、そして、すべての生あるものには**アートマン（我）**と呼ばれる不変の自己が存在することという考えがある。

このブラフマンとアートマンが一体であることを悟ることによって、大きな宇宙の根源と一体となり**（梵我一如）**、現世、輪廻の苦しみから解脱することができるとしていた。これに到達したのがブッダである。

苦・集・滅・道（四諦）

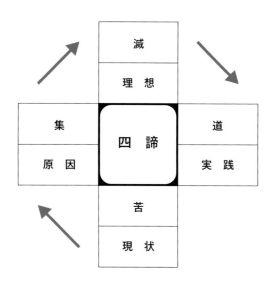

仏陀の悩み（四苦・八苦）

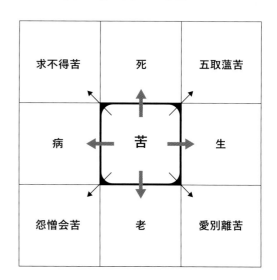

ブッダ：悟りへの道のり

シャカ（釈迦）族の王子として生まれた
ブッダは、物質的には恵まれた生活を送っ
たが、青年になり王宮を抜け出し、世の中の
民衆の生活をのぞき見したとき、人生には
苦悩があることを知った。これが四苦であり
八苦である。

人生の苦しみを取り除くため、ブッダは
29歳のときに出家して修行者になった。はじ
めはヨガ、断食などの苦行を行ったが、悟り
を得ることができず下山。弱りきった身体で
訪れたブッダガヤの菩提樹の下で深い瞑想
によって悟りに到達した。

四諦＝悟りのプロセス

ブッダが悟りを開いたプロセスは4つのス
テップがあり、四諦と呼ばれる。四諦とは、
四つの聖なる真理という意味である。

1. 苦諦：人生は苦しみに満ちている。
2. 集諦：その原因は心に欲望が集まり煩
  悩となっていることにある。
3. 滅諦：煩悩を消滅させれば涅槃の境地
  が訪れる。
4. 道諦：そのためには正しい行い、修行の
  道がある。八正道。

苦 避けられない苦しみ（四苦八苦）

ブッダが垣間見た王宮の外の世界には、

人生に必ずともなう**生・老・病・死**の苦しみ
（**四苦**）があった。私たちは生まれ、やがて老
い、病み、いつかは死でゆく。そして、その苦
難の中を生きなくてはならない。

さらに、愛する人と別れなければならな
い苦しみ（**愛別離苦**）、憎い人とも出会わな
ければならない苦しみ（**怨憎会苦**）、求める
ものが得られない苦しみ（**求不得苦**）、自分
の体（**五陰**）が思うようにならない心身の苦
しみ（**五陰盛苦**）があった。これらが四苦八
苦である。現実の人生はさまざまな苦しみ
に満ちていて、その中で生きていかなくては
ならない（一切皆苦）のだ。

集 苦の原因（縁起、煩悩）

そのような苦しみに満ちた世界で、どうし

悩みの原因（集）

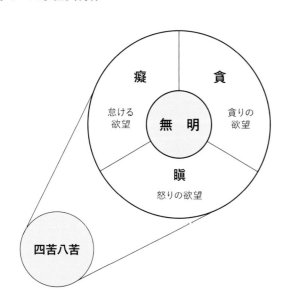

理想の世界（滅）

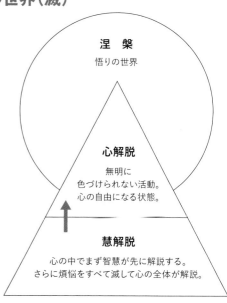

正しい実践(道)

正精進	正 語	正 念
正しい努力	正しい会話	正しい注意力
正 思	八正道	正 業
正しい考え方		正しい行動
正 命	正 見	正 定
正しい規律	正しい見方	正しい瞑想

てわれわれは生きていかなくてはならないのか。どうして、このような苦しみが生まれてくるのだろうか。これらの苦しみの原因を深く分析したのが、集のプロセスである。

一方で、われわれの身の回りに起こることは、苦しみも楽しみも、すべてが永遠に続くことはない。時の流れとともに常に変化し、そして消滅していく(**諸行無常**)。また、この世に生まれたもので、永遠に続く命、不変のものも存在しない(**諸法無我**)。

そして、諸行無常、諸法無我であるこの世は、すべてのものがそれ単独で存在しているのではなく、さまざまな原因や条件(**因縁**)に相互依存しているとブッダは考えた。

因とはその原因であり、縁とはそれに紐付く条件である。因縁があって、もの、ことが生じ、因縁を消せば、それ自体も消滅する。

原因から消滅までの相互的依存関係を**十二縁起**という。つまり因縁がなければ、何も生まれない。苦も生まれないのだ。

諸行無常の人生の中で、われわれは四苦八苦に直面する。そして人は自分の地位や財産が手に入ると、それが永遠に続くことを願う。すべてのものは縁起によって成り立つという真実を悟ることもなく、自分や自分の持ち物に執着する人間の無知を無明と呼ぶ。これが苦しみを生み出す根本原因なのだ。

ブッダは、無明によって人の心の中には欲望の炎が燃えさかっていると教えた。人は欲望の炎に囚われ、逃れられず、そこに争いや憎しみを生み出し、自分を苦しめることになる。この心身を煩わし、悩ませる無明を煩悩とも呼んでいる。集とは欲望が集まって炎のような状態だ。

三毒 煩悩ワースト3

ブッダは、人間が持つ煩悩は108つあると言っている。中でもワースト3となるものが、貪り(貪欲)、怒り(瞋欲)、怠け(痴欲)という3つの煩悩であり、三毒と呼んでいる。これらが人間を苦しめる原因をつくっているということである。

貪(どん):貪欲、自分だけ欲しい、もっともっと欲しい、汚い手を使ってでも欲しい、など。

瞋(じん):怒り、自分だけが特別、他のやつはみな従え、立場の下の人への攻撃性、怒り出すと止まらない、プライドがめちゃくちゃ高い、など。

痴(ち):怠け、何で自分がやらなくちゃいけないの、自分はやりたくない、面倒くさい、破廉恥な行為、麻薬や性欲にふける、など。

こうした気持ちは誰にでもある。これに気づき、いかにコントロールし、自分のことだけではなく、周りの人のため、人と協調、協力していけるかが大事だ。

滅 苦しみが滅された姿、涅槃

このような欲望の炎をうち消し、我執から自己を解放することによって、悟りの境地(涅槃、ニルヴァーナ)に達することができる。涅槃とは、煩悩の炎が吹き消され、心に永遠の平静さと安らぎが訪れた状態である(**涅槃寂静**)。

道 涅槃を実現する道、八正道、中道

ブッダは涅槃を実現する道として、八正道の教えを説いた。

八正道は、八つの正しい修行の道という意味で、真実を正しく見る(正見)、正しく考える(正思)、正しい言葉を語る(正語)、正しく行動する(正業)、正しく生活す
る(正命)、正しく努力する(正精進)、正しい教えを学ぶ(正念)、正しい瞑想をする(正定)である。

定とはマインドフルネスへの道

この八正道の中で、とくにいま注目されているのが定である。定とは、古くからインドに伝わる瞑想法で、心を静めて真理を体得するヨガ(禅定)のことである。ブッダ自身が深い瞑想を通して真理を悟ったのであり、正定において欲望の炎を消滅させて涅槃が実現され、悟りの境地に到達できる。現在では、アップルのスティーブ・ジョブズなどがやっていたことで注目され、マインドフルネスやウエル・ビーイングなどのジャンルで取り上げられている。

そして、日々の生活と修行において、ブッダは快楽におぼれることを戒めるとともに、身体を苦しめる極端な苦行は、精神を不安定にするだけで慎むべきだとした。

人は、欲望なしでは現実に生きられない。ブッダは、過度な快楽と行き過ぎた苦行を避け、適度にコントロールされた欲望で、ほどよく適切な生き方(**中道**)を説いた。

われわれも、四諦(**苦集滅道**)、縁起の教えを学び、中道を守りながら八正道を実践すれば、誰でも真理に目覚めて、ブッダ(覚者)になることができるとされる。

とくに、四諦の問題解決のプロセスはすべてに通じる考え方である。さまざまなの局面で活用できる。それを形にしたのが、松村先生のマンダラ・チャートなのである。

根本仏教の智慧

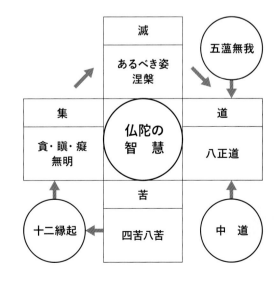

| マンダラチャート |

MANDALA CHART

「マンダラチャート」これは問題を解決し、理想を実現するための3×3の9マスを使った日本発のアイディア・シートである。大谷翔平選手が活用し世界で活躍するように、自分の夢や目標をセットしてみよう！

監修：松村剛志

マンダラチャートとは
日本発の画期的アイディア・シートだ！

ブッダの教えを広めるために書かれたのがお経であるが、読める人や手にできる人は限られていた。より多くの市民に教えを広げるために書かれたのが、寺院などの中にある絵物語であるが、さらに体系的に絵として書かれたものが曼荼羅図である。

前のページにあるブッダが悟りを開いた方法論である四諦（苦、集、滅、道）を並べた図を見てほしい。3×3の9マスを使うと、四諦もより解りやすく説明することができる。

実際の曼荼羅図はさまざまあるが、有名なのはその曼荼羅図を簡単にしたマインドマッピングのようなアイディア・チャートが「マンダラチャート」である。

クローバ研究所の松村寧雄先生が開発した、日本発のアイディア・シートであり、現在は松村剛志社長が世界に広められている。

人生の悩みや問題解決を
マンダラチャートでやってみよう！

事例をあげるとすると、ブッダの問題解決プロセスである四諦をそのまま、このA型チャートに書いて活用してみよう。チャートの書き方に作法などはないし、自由に上から、下から書いてもいい。ここでは四諦の例を使ってみよう。

たとえば、「ダイエットをするけれども、なかなか長続きしない。けれどもダイエットしたい」というお悩みの場合。

A：苦のところに、現状を書いてみよう。「トレーニングやジム通いは最初はやるけど継続できない」「ついつい美味しいものがあると食べすぎてしまう」「付き合いが多く、毎日飲み会がある」「健康食品などを買うが、効果が全然ない」など。

B：集のところには原因を書いてみよう。「何でも最初だけやってみるが、継続力がな

く、また明日からやろうと、自分に甘い」「飲むと食欲が増し、コントロールすることができない。お酒が食欲を抑制する中枢神経を制御させなくする」「習慣づけることができず、何でもすぐにあきらめてしまう。意思が弱い。誰かに定期的にチェックしてもらわないと続かない」などあるかもしれない。

C：滅のところには、あるべき姿、理想の姿を書いてみよう。「10㌔痩せてモテモテになる」「身体が軽くなって、活動的になる」「昔着ていた服が、また着れるようになる」「みんなからかっこよくなった、きれいになったと言われる」など、そうなったときに言われることや、味わえる気持ちをイメージしてみよう。

そして、それを達成するためにするべきこと、**D：道**を考えてみよう。「1日5分だけ、ストレッチとスクワットをやろう」「毎晩、仕事から

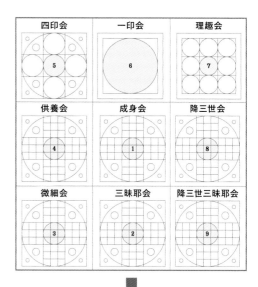

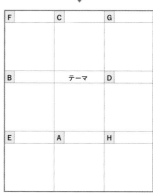

帰宅後、15分、犬と散歩する」「ご近所のジムに入会して、週に最低1回のパーソナルトレーニングをやってみよう」「思い切ってライザップに行ってみよう」「いい機会だから食生活を見直してみよう」「毎日寝る前に15分、瞑想をやってみよう」など、具体的に考えるといい。

そして、空いている欄には補足的な注意事項や思いを成功させたときの、自分のイメージに合う目標とする俳優やモデルの写真、自分へのご褒美の写真などを貼ってみるのもいい。使い方は自由なのだ！

F　人格	C　経済	G　学習
①明るく楽しく元気よく！ ②整理整頓をする ③〇〇氏のビジネスへのファイトと周りの人への心配りを見習う ④継続は力なり	①年間の収入を把握する ②毎月〇万円貯金する ③長男の塾費用、受験・入学の資金を確保する ④ボーナスの半分を住宅ローン返済にあて、返済期間を短縮する ⑤株式投資を控える	①毎月5冊ビジネス書を読む ②週1回の英会話スクールの継続 ③通勤途中のリスニングを継続⇒TOEIC700点目標
B　仕事	今年の目的・役割計画	D　家庭
①売上〇円達成！ ②新企画を月2つ出す ③〇月までにスタッフ1名採用 ④見積もりの迅速化を〇月までに実行（そのためのソフトを検討）	豊かな人生とビジネス	①8月に家族で沖縄旅行をする ②月1回は子どもを連れて実家に行く ③妻⇒家事を手伝う ④長男⇒塾の勉強を見る ⑤長女⇒絵本を読んであげる
E　社会	A　健康	H　遊び
①高校の同窓会幹事を引き受ける ②長男の野球部父母会の役員を引き受ける	①誕生日に健康診断をする ②毎月第2水曜日、歯の治療とクリーニングに行く ③暴飲暴食をやめる ④週2回スポーツジムに通う	①ゴルフは今年中に100を切る！⇒週1回は打ちっぱなしで練習する ②〇〇のコンサートに行く

マンダラチャートA型の活用事例
みんな、これで年度目標を立てている

ここではA型の基本的な使い方で「人生を豊かにするマンダラチャート活用」を紹介しよう。

私たちの人生で大切なものは、とくに社会人になってみると「自分と家族」、そして誇りうる自分の「仕事」である。この2つの充実があって、人生の幸福がある。

そして、生活してゆくためには「お金（経済）」が必要である。そのために仕事をし、やりがいのある人生を送っている。しかし、仕事もお金のためだけにしているのではなく、人生の中で自分の能力の向上や人格、人間力のアップを通じて社会に貢献するとともに趣味の楽しみもなくてはならない。そうした人生を送るためにも健康でなくてはならない。そうということをチャートに落としていくわけだ。

具体的に「2020年、今年の目標」ということで作成してみよう。

9つのマスをAからHまでのA型チャートを用意する。まずスタートは自分自身が心身ともに健康でなくてはならないので、Aに健康と書いて、今年やりたいことを書いてみよう。

A：健康　健康診断、ジムトレーニング、ウォーキング、ヨガ、散歩、瞑想、マッサージ、など
B：仕事　仕事の目標、会社の目標、成長のポイント、業績アップ
C：経済　自分の年収、資産運用、貯金、生命保険、借金の返済計画、学資確保、老後の計画、など
D：家庭　家族との時間、旅行、両親、家族の成長、楽しみ、など

これらが基本の4項目である。

基本はB：仕事とD：家庭の幸せを両立することであり、自分の人生を豊かに幸せに

するためには、健康でお金も豊かであることが大事。これが基本の要素である。

そして、この人生の基本要素を核として、自分を取り巻く社会や自分自身の向上、楽しみも大切である。

E：社会　自分を取り巻く社会に対し町内会、PTA、同窓会でのボランティア活動、など
F：人格　座右の銘、人生理念、論語や易経などを学び、人間力を高めること、座禅、人生修養の活動、など
G：学習　自分の能力向上、資格取得、英語、中国語、経営などのセミナーへの参加、など
H：遊び　自分の好きなスポーツや趣味、楽しいこと、国内、海外旅行、ワイン、キャンプ、釣り、など

仕事と家庭、健康と経済のことをベースにして、自分を取り巻く社会、自分の人格、学習、遊びという人生にとって大事な項目を1枚のチャートで作成し、確認できる。それぞれの項目が単独で存在しているのではなく、自分の人生にとって相互に関係があり、

それぞれに依存関係がある。その上に「豊かで幸せな人生」がある。マンダラチャートはアイデアを「全体」と「部分」の関係性も簡単に把握できるのである。

マンダラチャートにはA型とさらに詳細に落とし込むB型がある

このマンダラチャートには基本のA型と、それをさらにそれぞれのマスに9つのマスに展開したB型チャートがある。

34ジ掲載の「大谷翔平さんのマンダラチャート」はB型による、とても良い例となっていて、多くの方々がそれぞれの形で活用している。

さらに、B型では「人生100年計画」や「自分のトレジャーマップ」など、自分にとってよりスケールの大きな目標作成にも活用できる。もちろん、企業においては、A型で基本経営計画を作成して、さらにそれを細かくB型に落とし込んで1枚ですべてのポイントを押さえる経営計画書を作成している企業も多い。

マンダラチャートを活用して、充実した人生を送っていこう！！

大谷翔平選手が花巻東高校1年時に立てた目標達成表

体のケア	サプリメントをのむ	FSQ 90kg	インステップ改善	体幹強化	軸をぶらさない	角度をつける	上からボールをたたく	リストの強化
柔軟性	**体づくり**	RSQ 130kg	リリースポイントの安定	**コントロール**	不安をなくす	力まない	**キレ**	下半身主導
スタミナ	可動域	食事 夜7杯 朝3杯	下肢の強化	体を開かない	メンタルコントロールをする	ボールを前でリリース	回転数アップ	可動域
はっきりとした目標、目的をもつ	一喜一憂しない	頭は冷静に心は熱く	**体づくり**	**コントロール**	**キレ**	軸でまわる	下肢の強化	体重増加
ピンチに強い	**メンタル**	雰囲気に流されない	**メンタル**	**ドラ1 8球団**	**スピード 160km/h**	体幹強化	**スピード 160km/h**	肩周りの強化
波をつくらない	勝利への執念	仲間を思いやる心	**人間性**	**運**	**変化球**	可動域	ライナーキャッチボール	ピッチングを増やす
感性	愛される人間	計画性	あいさつ	ゴミ拾い	部屋そうじ	カウントボールを増やす	フォーク完成	スライダーのキレ
思いやり	**人間性**	感謝	道具を大切に使う	**運**	審判さんへの態度	遅く落差のあるカーブ	**変化球**	左打者への決め球
礼儀	信頼される人間	継続力	プラス思考	応援される人間になる	本を読む	ストレートと同じフォームで投げる	ストライクからボールに投げるコントロール	奥行きをイメージ

MANDALACHART ｜ マンダラチャート

おすすめ図書
▼
仕事も人生もうまくいく！
【図解】9マス思考
マンダラチャート
著　者：松村剛志
出版社：青春出版社
仕　様：単行本 A5判128ページ
定　価：本体1300円＋税
発売日：2018年11月2日

RECOMMEND!

9マス思考から、無限の可能性が生まれる

米メジャーリーグ、ロサンゼルス・エンゼルスの大谷翔平選手も記していたという「マンダラチャート」。そんな超一流アスリートだけではなく、ビジネスパーソンも取り入れているという。なぜか。思ったことをマスの中に入れていくだけで目標達成の最短ルートが見えてくるからだ。すなわち、マスを埋めることで目標が明確になり、達成のために必要な項目がわかり、コミットしなければいけないことが可視化される。これは仕事にもプライベートにも大いに使える。そんな〝最強ツール〟の活用術を、あますところなく大公開している一冊だ。

マンダラチャート	人生100年計画

テーマ	
作成日	

1.作成する目的

「人生100年計画」は過去を分析し、中期・長期のあるべき姿を描きます。

あなたの不確実な未来が必然になります。
マンダラ人生計画では
「過去は変わる！未来は変わらない！」
「過去の延長に未来はない」ことを提唱しています。現在が幸せな方は過去の出来事が教訓・経験となり、過去の出来事に対する考え方が変わります。また過去を引きずっていれば、その延長で考えてしまうので、未来は変わらないと認識する必要があります。
①現在をプラス思考しましょう→今がチャンス！
②過去を明るく思い出しましょう→過去は今で変わる！
③未来を楽しくイメージしましょう→未来は今が創る！
④毎年見直しましょう→継続は力なり！

2．記述方法

①現在のあなたの世代のエリアの人生8大分野を立案します。
②過去世代を記述 「Aエリアの幼少期〜19歳」の人生8大分野を記述ください。「現在の世代」まで過去エリアの人生を思い出して記述して下さい。
③「Hエリアの100歳」にあなたのあるべき姿を書きましょう。チェックポイントとして「4：家庭」は現在のエリアの人生8大分野の大切な人たちに対し100歳になったお礼を感謝をこめて下の100歳の家庭欄に別途書いて下さい。
④現在の世代から未来に向けて各世代ごとに人生8大分野を立案します。気付きのあった過去の部分も作成します。

3．関連する作成資料

「人生計画」すべての資料になります

中央ブロック（各世代の概要）

F 60代 (60〜69歳) 2031年〜2040年 過去・現在・○未来 【精励期】	C 30代 (30〜39歳) 2001年〜2010年 ○過去・現在・未来 【創造期】	G 70代〜 (70歳〜) 2041年〜2070年 過去・現在・○未来 【成就期】
B 20代 (20〜29歳) 1991年〜2000年 ○過去・現在・未来 【修行期】	人生100年計画 氏名●●●● 私の誕生日 1971年●月●日	D 40代 (40〜49歳) 2011年〜2020年 過去・○現在・未来 【初感期】
E 50代 (50〜59歳) 2021年〜2030年 過去・現在・○未来 【立志期】	A 幼少期〜10代 (0〜19歳) 1971年〜1990年 ○過去・現在・未来 【想見期】	H 100歳 2071年 【完成期】

F 60代ブロック

6 人 格 ①平常心 ②落ち着き ③早寝早起き	3 経 済 ①老後資金 ②冠婚葬祭費 ③年金の確認	7 学 習 ①心の教育 ②坐禅の継続 ③後継者育成
2 ①後継者育成 ②セミリタイア ③集大成	F 60代 (60〜69歳) 2031年〜2040年 過去・現在・○未来 【精励期】	4 家 庭 ①孫との遊び ②墓参り(季節ごと) ③国内旅行
5 社 会 ①地元での活動 ②同窓会 ③経営者との会合	1 健 康 ①PET受診 ②5歳若い姿 ③人間ドック継続 ④ウォーキング	8 遊 び ①月2回坐禅継続 ②温泉旅行 ③ストレッチ運動とウォーキング

C 30代ブロック

6 人 格 ①自立 ②笑顔 ③責任	3 経 済 ①結婚資金 ②ローン月●万 ③定期月●万	7 学 習 ①後継者としての経営の勉強 ②HPスキル ③ビジネス書月2冊
2 仕 事 ①家業に戻る ②セミナー開催 ③財務管理 ④広報	C 30代 (30〜39歳) 2001年〜2010年 ○過去・現在・未来 【創造期】	4 家 庭 ①●歳結婚 ②●歳長男誕生 ③週末の家族サービス
5 社 会 ①新居を会社の近くに構える ②同窓会の参加 ③異業種交流会	1 健 康 ①フィットネス通い ②帯状疱疹 ③2回目のインフルエンザ ④禁煙に成功	8 遊 び ①海外旅行 ②映画鑑賞 ③子供と運動

G 70代ブロック

6 人 格 ①平常心 ②社会にお礼 ③恩返し	3 経 済 ①月●万で生活 ②冠婚葬祭 ③旅行資金 ④年金の確認	7 学 習 ①教育 ②恩返し ③自叙伝製作
2 仕 事 ①完全リタイア ②顧問として教育 ③業界にお礼還元	G 70代〜 (70歳〜) 2041年〜2070年 過去・現在・○未来 【成就期】	4 家 庭 ①孫の成長 ②妻との会話 ③自宅売却
5 社 会 ①地域活動 ②同窓会 ③ウォーキング仲間	1 健 康 ①毎日ウォーキング ②定期健診 ③5歳若い姿	8 遊 び ①ウォーキング ②温泉旅行 ③坐禅の継続

B 20代ブロック

6 人 格 ①好奇心 ②初めての経験を貪欲に吸収 ③自己開示	3 経 済 ①学生時はアルバイト代で月●万 ②月●万貯金	7 学 習 ①法学部でのゼミ ②現代政治 ③ビジネス書月1冊 ④パソコンスキル
2 仕 事 ①大学時代はホテルでアルバイト ②新卒●●社入社 ③修行の期間	B 20代 (20〜29歳) 1991年〜2000年 ○過去・現在・未来 【修行期】	4 家 庭 ①一人暮らしを開始 ②定期的に家族と食事 ③年末年始の帰省
5 社 会 ①サークル活動 ②海外旅行の影響で語学学校に通う ③お祭りに参加	1 健 康 ①睡眠不足 ②インフルエンザ ③トレーニング	5 遊 び ①海外旅行 ②テニス ③城めぐり

D 40代ブロック

6 人 格 ①責任 ②落ち着き ③笑顔	3 経 済 ①教育資金 ②家族旅行の貯金 ③ローンの組み換え	7 学 習 ①経営者としての心構え ②マーケティング ③人材育成
2 仕 事 ①●歳 社長就任 ②新規事業開発 ③海外アプローチ	D 40代 (40〜49歳) 2011年〜2020年 過去・○現在・未来 【初感期】	4 家 庭 ①長男●歳 ②妻 ●歳 ③週末の夕食 ④海外旅行
5 社 会 ①異業種交流会 ②業界の会合 ③マンション組合理事 ④同窓会幹事	1 健 康 ①ダイエット10キロ減 ②人間ドック正常値 ③フィットネス継続 ④腸炎で入院	8 遊 び ①海外旅行 ②出張時の飲み歩き ③筋トレ

E 50代ブロック

6 人 格 ①忍耐 ②継続 ③笑顔	3 経 済 ①教育費 ②ローン完済 ③貯金月●万 ④リフォーム資金	7 学 習 ①AI化の対応 ②採用と教育 ③坐禅関係
2 仕 事 ①事業拡大 ②選択と集中 ③幹部社員の育成	E 50代 (50〜59歳) 2021年〜2030年 過去・現在・○未来 【立志期】	4 家 庭 ①長男大学進学 ②海外旅行 ③週末の夕食
5 社 会 ①異業種交流会 ②業界の会合 ③管理組合理事再任 ④同窓会幹事再任	1 健 康 ①実年齢より5歳若い姿 ②人間ドック2年に1回 ③体重●キロ	8 遊 び ①月2回の座禅 ②海外旅行 ③筋トレ継続

A 幼少期〜10代ブロック

6 人 格 ①性格はおとなしい ②内気な性格 ③真面目	3 経 済 ①小遣いは月●円 ②中流の経済状況 ③親に預けたお年玉はなくなる	7 学 習 ①好きな科目社会 ②嫌いな科目美術 ③水泳が得意
2 仕 事 ①高校生のとき、食堂でアルバイト ②両親の家業の手伝い	A 幼少期〜10代 (0〜19歳) 1971年〜1990年 ○過去・現在・未来 【想見期】	4 家 庭 ①両親、姉、妹の5人家族 ②父親が独立するまでは転勤族
5 社 会 ①少年野球 ②ボーイスカウト ③ボランティア	1 健 康 ①健康優良児 ②小学6年左腕骨折、高校2年鎖骨骨折 ③インフルエンザ	8 遊 び ①小学校 野球 ②中学校 サッカー ③高校 柔道 ④大学 テニス

H 100歳ブロック

6 人 格 ①父親とそっくりな最期 ②安らぎと落ち着き	3 経 済 ①財産整理 ②遺言の執行 ③墓の準備	7 学 習 ①坐禅は生涯継続 ②後継者・後塵の成長を願う
2 仕 事 ①後継者の成長を見守る ②業界の成長を祈る	H 100歳 2071年 【完成期】	4 家 庭 ①家族円満 ②自宅で最期 ③感謝の気持ち
5 社 会 ①地元地域で最期を迎える ②お墓は海が見える場所を希望	1 健 康 ①2足歩行 ②歯は20本 ③ピンピンコロリ ④意識がしっかり	8 遊 び ①ウォーキングを日課にする ②坐禅月2回、自宅でも行う

マンダラチャート ｜ MANDALACHART

本誌70、71ジにマンダラチャートA型と100年計画などに使えるB型の縮小版があるので、A型はA4で、B型はA3、B4に拡大して活用してほしい

エニアグラム
ENNEAGRAM

人間の基本的な性格を9つのタイプでわかりやすく解き明かし、その相互の関係性を図にしてあらわしているエニアグラム。自分を探すことは、自分の良さ、悪さを知ること。そして、同じように他の人のことを知ることが円満な人間関係を築くことにつながる。

監修：鈴木秀子

エニアグラムとは、自分探しと人間関係の深い知恵だ！

古代の中近東で口伝のみで伝えられていた門外不出の知恵であり帝王学がエニアグラムである。エニアとは「9つ」の意味で、グラムとは「図、相関関係図」のことから、エニアグラムとは「人間の9つの性格とその相関関係の知恵」と言える。

スタンフォード大学の心理学者たちが調査研究。実際にアメリカ国内で検証し、「人間には根源的なパワーが9つある」ことを実証したのである。

この当時にスタンフォード大学で教鞭をとっていた聖心女子大学の教授が鈴木秀子先生である。現在はシスター鈴木として、全国で講演をされながら、このエニアグラムの普及や人間の生き方をやさしく説かれている。鈴木秀子先生の「9つの性格」（PHP出版）を参考に概要を説明したい。

エニアグラムを学ぶ目的は2つある

まず「自分」とは、いったい何か？

あらためてこの自問することから「自分探し」がはじまる。これが自分を理解すること（自己理解）になり、自己成長へとつながっていく。

そして、もう1つの目的は、他人を理解することである。自分を理解する作業が進むと、次第に周りの人にも興味がわいてくる。

身近な家族や同僚などと一緒にエニアグラムを学ぶと、お互いの理解が深まってくるだろう。

エニアグラム理解の効用

エニアグラムを理解することで、主に次の3点の面で自分自身に効用がもたらされる可能性が高まる。

・自己理解と自己受容ができる。
・他者理解、他者受容ができるようになり、人間関係がスムースになる。
・人間的な成長ができ、自分をよりよく活かし、自己実現を目指せようになる。

最終的に、私たちは「幸せになる」ためにこの世を生きており、そのためにも「豊かな人間関係」は最も大事なテーマだ。そして、エニアグラムは、その「豊かな人間関係」を築くための有効な実践ツールである。

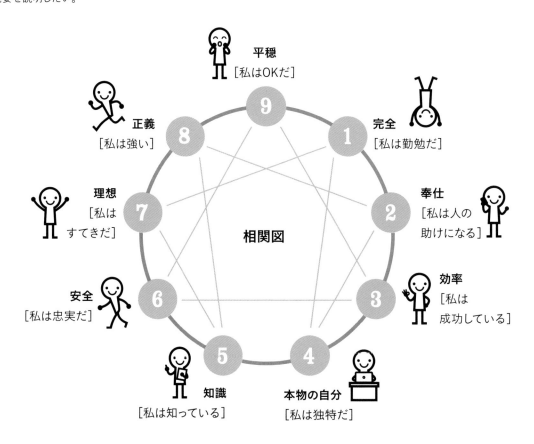

- 平穏 ［私はOKだ］ 9
- 完全 ［私は勤勉だ］ 1
- 奉仕 ［私は人の助けになる］ 2
- 効率 ［私は成功している］ 3
- 本物の自分 ［私は独特だ］ 4
- 知識 ［私は知っている］ 5
- 安全 ［私は忠実だ］ 6
- 理想 ［私はすてきだ］ 7
- 正義 ［私は強い］ 8

相関図

各タイプの特徴

エニアグラムの9つの性格タイプは、それぞれかなり異なった特徴をもっている。しかし、大切なことは、エニアグラムのタイプは、どのタイプが優れているか、劣っているか、または良い・悪いなどの区別はないということである。なぜなら、すべてのタイプの一人ひとりが、かけがえのない大切な存在であるからだ。

タイプ❶〈改革する人〉
THE REFORMER

このタイプの人は、いつも自分の理想に向かって努力する。何事によらず、きちんとしていることが大切で、何か改善しようとする。周りを良くしていこう、自分を向上させようと努力を惜しまず、常に公正と正義を心がけている。

しかし、物事は必ずしもあるべき姿ではないので、その場合、怒りがわき上がる。何をするにしても、もっとよくできるはずなのにと思い、自分を責め、こうしなければ、こうすべきだと考えている。

タイプ❷〈人を助ける人〉
THE HELPER

このタイプは、何か困っている人がいると、すぐにその人のそばに行って手を差し伸べる。親切で、温かく、心細やかなので、困ったり悩んだりしている人にはそうしないではいられない。

しかし、時として相手がそれを拒絶したり必要としないとわかると落ち込み、自分のしたことに感謝されないと怒りがわき上がる。他の人に愛を注ぎ、その代償として自分を愛してもらいたい。

タイプ❸〈達成する人〉
THE ACHIEVER

このタイプの人は、成功することが最も好きで、成功のためには手段を選ばない。明確な目的、目標をもっていて、その達成のためにはどうしたら良いかを常に考えている。自分の周囲の人たちの才能を見抜き、みんなを励まし、リーダーシップを発揮する。

その反面、失敗を極度に恐れるので、成功がおぼつかないものは極力避けようとする面もある。

タイプ❹〈個性的な人〉
THE INDIVIDUALIST

このタイプの人は、ユニークで、創造的で、独創的で、何よりも感動を大切にする。芸術的で、行動的でもある。平凡で人と同じであることを嫌う傾向がある。感受性が鋭く、人の気持ちに対してとても敏感だ。個人主義的で、自己探求的で、自分に対して極めて正直である。

一方で、何かにつけて個人的に受け止め、個人的に発表しようとするため、自分勝手な印象をもたれる。また、グループに入りたがらず、限られた価値観を共有できる人たちとだけ深くつながりたい。

タイプ❺〈調べる人〉
THE INVESTIGATOR

このタイプの人は、物事をじっくりと考え、データを集め、慎重に行動する。いろいろなことを調べる研究者タイプである。何かことを進めるに当たっては、まず思考を使い、情報を重視し、分析する。

しかし、自分から積極的に知識を分け与えたり、自分の考えを表現しようとはしない。自分の興味の対象を追求するあまり、身の回りのことには気が回らず、他のものを犠牲にしても観察し、考え、学び、知識を蓄積し、洞察する。

タイプ❻〈忠実な人〉
THE LOYALIST

このタイプの人は、真面目、誠実であることを大切にし、周りと仲良くしたいという気持ちを人一倍強く持っている。何事に対しても忠実で誠実であり、責任感が強く、互いに支え合う方で、協力的に一所懸命に働く。

何事によらず、誤ったことをしてしまうのではないかという不安があるため、何かのグループに属し、権威ある人物を頼る傾向がある。自分から積極的に物事を決めることはせず、ずるずると結論を引き延ばすきらいが見られる。

タイプ❼〈熱中する人〉
THE ENTHUSIAST

このタイプは、人生を楽しく、明るく過ごしたいという人。熱中した陶酔感を大切にし、いろいろなことをやり、人生には多様性があってほしいと望んでいる。聡明で、明るく、楽しく、未来について計画したり、夢を追うのが大好きだ。

反面、苦しみや辛さをできるだけ回避しようとする。深刻な場面、嫌なことも何となく楽しいものにし、何時も明るく陽気に振舞う。自分を縛り付けることが嫌いで、やや落ち着きに欠けるところがある。

タイプ❽〈挑戦する人〉
THE CHALLENGER

このタイプの人は、自己主張が強く、何事にも第一人者であることを志向する。自分には活火山のような力があるという感じをもっていて、他人には頼らず、正しいと思ったことをどんどん推し進める。本能的な直感が鋭く、簡潔、明快、率直。

物事を決定する力があり、自信が自然に感じられ、弱い者、自分を頼ってくる人を助けようとする反面、対立する人、自分に挑んでくる人を排除する。

力によって周りに影響を与え、人を動かすことを好み、自分の弱さを見せたがらない。不正は断固として許さず、好き嫌いがはっきりしている。

タイプ❾〈平和をもたらす人〉
THE PEACEMAKER

このタイプの人は、落ち着いてゆったりとした安定感がある。内面での静けさを保っていたいので、葛藤や不快な状況は好きでなく、平和に、円満に暮らすことを好み、自分から事を起すよりも、起こってくることに添っていこうとする。

しかし、いったん動き出せば大きな力を発揮することができ、創造的になれる人で、想像力やビジョンがある。

他の人に対する価値判断をしないので、どんな人たちの間でも一緒にいることができる。

さあ、それでは「自分探し」をしていこう。下記の各問にチェックを入れていってほしい。深く考えずに直感的に、リズミカルにチェックを入れて、それぞれのカテゴリーのチェックの数を出してみよう。

1つが際立って多いところもあるし、同じように数個のところが多くなったりする場合もある。

注意事項 !!

深い人類の知恵であるエニアグラムは奥深く、ある意味では「諸刃の剣」と言われている。後で簡単なチェック方法を説明するが、生半可に簡単に人の性格やタイプを決めつけないことだ。ここでは概要の説明であって、入口であることを理解してほしい。詳しくは自分で鈴木秀子先生の本を読んでみること。さらにできる人はワークショップに参加して、しっかりと自分を探してほしい。

あなたのタイプを想定するタイプ別20の質問

TYPE ①

①自分の欠点を改めるために努力する。　□
②物事が、きちんとしていないと、いらいらすることがしばしばある。　□
③時間の浪費と思われることや、つき合ったりすることを避けようとする。　□
④もっとよくやれるはずなのに、しばしば自分も、周囲の人々も責める。　□
⑤小さいミスや欠点でも気にかかる。　□
⑥くつろぐのが下手で、冗談や洒落が簡単に言えない。　□
⑦頭の中で自分の物差を自分にも他人にも当てて批判する。　□
⑧他の人よりも取り越し苦労で、心配性だ。　□
⑨すべてのことに率直で正直でありたいと思っている。　□
⑩ウソやごまかしなど、人の道に外れたことはしたくないと思う。　□

⑪物事は正しくあることが大切だ。　□
⑫することがたくさんあるのに時間が足りず、いつも急き立てられている。　□
⑬自分はどのように時間を使ったか、細かくチェックしてしまう。　□
⑭几帳面で実直だが、小心者だと思う。　□
⑮悪いことは、どうしても許せないと思う、すぐ思い込んでしまう。　□
⑯物事が公正でないと悩み、当惑する。　□
⑰向上心が強く、もっと向上しなければいけないと思っている。　□
⑱他人に認められる前に、まず自分が完全でなければならないと思う。　□
⑲いまの自分も他人もまだ未熟なので、しばしば欲求不満に駆られる。　□
⑳正しいか誤っているか、良いか悪いか、の基準で物事を見ようとする。　□

20

TYPE ②

①自分は多くの人に頼られていると感じる。　□
②他人に奉仕することを大切に感じている。　□
③「他人にとって必要な存在でありたい」といつも思っている。　□
④多くの人々に親近感をもたれていると思う。　□
⑤他人を喜ばせる言葉をかけることがよくある。　□
⑥人が困ったり、苦しい立場に立たされたとき、助けたくなる。　□
⑦好き嫌いにかかわらず、自分の目の前にいる人の世話をしてしまう。　□
⑧人々が慰めと助言を求めて、私のところにやって来てほしいと思っている。　□
⑨人に頼られることはうれしいが、ときどき頼られすぎて重荷に感じる。　□
⑩自分自身のことは後回しにしがちだ。　□

⑪人のためにしたのに、感謝されていないと思うことがときどきある。　□
⑫いつも誰かの〝近く〟にいることを感じていたい。　□
⑬感謝されると思ったのにされないとき、犠牲者になったような気がする。　□
⑭「愛し、愛されることが人生でもっとも大切なことだ」と強く感じる。　□
⑮気持ちと気持ちが通じ合うとき、喜びを感じる。　□
⑯人に尽くすことで、その人の人生に自分が大切な存在でありたいと思う。　□
⑰人が私の力で成長してくれるのがうれしい。　□
⑱困っている人を助けるために、自分の自由な時間をしばしば使う。　□
⑲人が自分を気遣ってくれる以上に、人のために気遣っている。　□
⑳周囲の人々の反応に敏感だ。　□

20

TYPE ③

①いつも何かしていることを好む。　□
②仲間と一緒に働くのが好きで、自分も良い仲間でありたいと感じている。　□
③仕事に対しては、正確で専門的でありたい。　□
④物事の達成には、組織化して、無駄なく効率的にやることを重視する。　□
⑤自分は成功していると、いつも思っている。　□
⑥明確な目標と成果に向かって、いま自分が何をすべきかを知っている。　□
⑦達成表や点数など、自分がやり遂げた実績を示すものを好む。　□
⑧私の物事をなし遂げる行動力を、他人はうらやましがる。　□
⑨他人に対して、自分は成功しているというイメージを与えていたい。　□
⑩自ら決断することを好むが、臨機応変に意見を変えることもある。　□

⑪目標を達成するためには、時には相手に合わせて妥協する。　□
⑫過去の失敗や間違いより、やり遂げたことを感じていたい。　□
⑬自分のしていることが、うまくいっていないと言われるのは大嫌いだ。　□
⑭何かを続けていくよりも、新しく何かをはじめるほうが好きだ。　□
⑮人から説得力があると言われる。　□
⑯自分の仕事、役割を大切に思っており、有能な自分を感じていたい。　□
⑰何事も具体化し、認められるように努力する。　□
⑱他人と相対するときには、多くの成果をあげているイメージが大切だ。　□
⑲物事を達成し、自己主張する人間と思われている。　□
⑳第一印象はとくに大切だ。　□

20

TYPE ④

①多くの人々は、人生の本当の美しさと良さを味わっていないと思う。　□
②自分の過去に強い哀愁を感じる。　□
③いつも自然に、ありのままに振る舞いたいが、それは難しい。　□
④象徴的なものに心がひかれる。　□
⑤他の人は、自分が感じるように深くは感じていない。　□
⑥私がどのように感じているか、他の人にはなかなか理解できない。　□
⑦礼儀正しく、いつも品位を保ち続けたい。　□
⑧自分にとって周囲の雰囲気は大切だ。　□
⑨人生は劇場で、自分はその舞台で演じているような気持ちだ。　□
⑩マナーの良さ、良い趣味は、私にとって大切だ。　□

⑪自分を平凡な人間だと思いたくない。　□
⑫失われたもの、死、苦しみを思うとき、つい深い思いに沈んでしまう。　□
⑬ときどき自分の感情をありきたりに表現したのでは十分でないと思う。　□
⑭感じ方に囚われ感情が増幅し、どこまでが自分の感じ方なのかわからなくなる。　□
⑮人間関係がうまくいかないことに、他人よりも困惑する。　□
⑯自分自身を悲劇の主人公のように感じることがある。　□
⑰何となくお高くとまっていると、人から非難されることがある。　□
⑱感情の起伏が激しいが、どっちつかずだと生き生きした感じがしない。　□
⑲私が演じているという人は、私の感じ方やとらえ方を何も理解していない。　□
⑳芸術や美的表現は、私の感情を表わす手段として非常に大切である。　□

20

エニアグラム入門 | ENNEAGRAM

TYPE ⑤

①自分の感情を表現することは苦手だ。 □
②いつか役に立つものと思って、ため込む傾向がある。 □
③何ということもない会話をするのが苦手である。 □
④総合的にものを見たり、いろいろな意見をまとめるのが得意だ。 □
⑤いきなり人から「いまどう感じているか」と聞かれても答えようがない。 □
⑥日常生活で、プライベートな時間と場所があるとくつろげる。 □
⑦自分が率先して行うよりも、他の人に任せる。 □
⑧自分が直接かかわる前に、他人のしていることを観察する傾向がある。 □
⑨他人を避けて、ひとりでいる時間が好きだ。 □
⑩自分は他の人々と比べて物静かだと思う。 □

⑪自分から他人の方に出向くのが苦手で、頼みごとも言いにくい。 □
⑫問題が起きたら、自分で解決するほうが楽だ。 □
⑬自己主張することが下手だと思う。 □
⑭考えることで問題を解決しようとする。 □
⑮全体を見渡して状況をつかんで判断したい。
　見落としがあれば、軽率にして自分のミスを責める。 □
⑯自分の時間やお金に関してもケチだと思う。 □
⑰支払ったお金に見合うものが得られないときは不満だ。 □
⑱自分でやっかいなことをひき起こすと、自分を〝馬鹿だな〟と思う。 □
⑲話し声が静かなので「大きな声で話してほしい」と言われることがある。 □
⑳人に「与える情報」よりも、人から「受け取る情報」のほうが多い。 □

／20

TYPE ⑥

①常に安全なポジションにいたいと思う。 □
②人の言葉の裏を読む能力には自信がある。 □
③取り越し苦労やいらぬ心配をよくする。 □
④行動の枠組みがあり、その中での位置がはっきりしていると安心する。 □
⑤先の予測できない状況は、不安で怖い。 □
⑥一般的に見れば、忠実な働き者だと思う。 □
⑦基本的に中庸をとる人間である。 □
⑧自分を操作しようとしている人の思いはすぐわかる。 □
⑨物事の否定的な面は敏感に察知する。 □
⑩権威ある存在は、良くも悪くも無視できない。 □

⑪いつでも最悪の事態を想定している。 □
⑫ジョークやユーモアのセンスがある。 □
⑬順調に進んでいても、結果が怖くて、先延ばしにしてしまうことがある。 □
⑭究極的に追い詰められれば、反撃に転じる。 □
⑮なるべく目立ちたくない。 □
⑯自分の問題点を指摘されると攻撃されているような気がする。 □
⑰社会的なルールは、忠実に守る。 □
⑱困っている人や弱者に同情し、支えてあげたいと思う。 □
⑲トップに立つことに興味はあるが、補佐役のほうが性に合っている。 □
⑳信頼する人の思いや考えが推し量れないととても不安だ。 □

／20

TYPE ⑦

①他の人と比べて、人を疑ったり、動機を詮索したりしないほうだ。 □
②何でも楽しいことが好きだ。 □
③物事は、いつも良いほうへ展開していくはずである。 □
④他の人々が、私同様にもっと明るい気持ちでいればいいのにと思う。 □
⑤他の人が、どう思うのかには関心がなく、自分はいつも幸福だと思っている。 □
⑥いつも物事の明るい面を見る。人生の暗い面には目を向けたくない。 □
⑦出会う人にあまり敵意を感じない。 □
⑧ジョークや明るい話が好きで、暗い話は聞きたくない。 □
⑨私は子どもっぽく、陽気な人間だと思う。 □
⑩パーティーなどでは目立ちたがり屋のほうだ。 □

⑪「木を見て森を見ざる」なのは困りもの、物事は広い視野でとらえるべきだ。 □
⑫「良いもの」は、「もっと良く」と強く思う。 □
⑬悲しみは早く忘れよう。 □
⑭何事も、暗い現実に目をつむ ってでも「すてき」と言えるようにしたい。 □
⑮苦労が生む「味わいある人生」より「楽しさいっぱいの人生」を過ごしたい。 □
⑯未来に対して情熱を失うことはない。 □
⑰人々を朗らかにして、喜ばせるのを好む。 □
⑱無理してでも「嫌なこと」はできるだけ避けて通りたい。 □
⑲1つのことに集中するよりも、次から次へと関心が移っていく。 □
⑳自分の子ども時代を幸福なものだったと思い出すことができる。 □

／20

TYPE ⑧

①必要とするもののために戦い、必要とするものを絶対に守り抜く。 □
②他人の弱点をすばやく見つけ、相手が挑んできたら、その弱点を攻撃する。 □
③物事について不満を表明することは何でもない。 □
④他人と対決するのを恐れないし、実際よく対決する。 □
⑤力を行使するのは痛快だ。 □
⑥グループの誰が権力を握っているのか、すぐ見分けがつく。 □
⑦攻撃的で自己主張の強い人間だ。 □
⑧物事がどのようになされるべきかを知っている。 □
⑨自分のやさしく上品で、柔和な〝内的な面〟は、容認も表現も難しい。 □
⑩すぐに退屈する。働いているのが好きだ。 □

⑪仁義と筋を通すことは、私にとって重要な問題だ。 □
⑫自分の権威や権限の下にある者をかばう。 □
⑬自分は竹を割ったようにシンプルな人間だと思う。 □
⑭一般に自己反省や自己分析にはあまり関心がない。 □
⑮自分は順応にくい人間だと思う。 □
⑯よけいな世話をやかれるのが嫌いだ。 □
⑰他人からとやかく言われて、自分を正すのはいやだ。 □
⑱挑戦するものがあるほうがエネルギーが出る。 □
⑲物事をただ成り行きに任せることに抵抗がある。 □
⑳他の人々は、それぞれ自分の問題をつくり出すと考える。 □

／20

TYPE ⑨

①多くの人々は、物事にあまりに力を使いすぎている。 □
②狼狽しなければならないようなことなど、人生にそうあるものではない。 □
③たいていの場合、私は平穏平静だ。 □
④何もしていないときがいちばん好きだ。 □
⑤私は極めてのんきな人間だ。 □
⑥この前、眠れなかった夜がいつだったか思い出せない。 □
⑦多少の差はあっても、ほとんどの人はみんな同じだと思う。 □
⑧通常、物事についてあまり興奮しない。 □
⑨明日まで待てないような、せっぱ詰まった気持ちになることがない。 □
⑩何かをはじめるのに外部からの刺激が必要だ。 □

⑪何事によらず力を浪費するのが嫌だ。物事を行う際、力の節約を考慮する。 □
⑫「そんなことで、わずらわせないでほしい」というのが私の態度だ。 □
⑬私は感情に動かされない冷静な仲裁者だ。 □
⑭中途半端で落ち着かないことが嫌いだ。 □
⑮通常もっとも抵抗が少ない道を選ぶ。 □
⑯自分が安定した人間であることを誇りとしている。 □
⑰人々を落ち着かせるために、相手に合わせて行動しようとする。 □
⑱自分自身をそんなに重要な人間だと考えていない。 □
⑲人の話を聞いたり、注意を払ったりするのが苦手だ。 □
⑳「座れるのになぜ立つ、寝ていられるのになぜ座る」という考え方に賛成だ。 □

／20

われわれを突き動かす「囚われ」について

私たちが普段接する人々には、それぞれ個性がある。正義感の強い人、行動力のある人、好奇心の旺盛な人、社交的な人などいろいろである。

しかし、人はだれでも魅力や能力と同時に、欠点や短所を持っている。「何でいつもあんな強い言い方をするんだろう」「何であんな簡単なことを決断できないんだろう」「何で自分のことなのに周りのことを気にするんだろう」──あなたの周りの上司、同僚、後輩などの言動を見れば、いくつもの問題点を指摘することができるだろう。

しかも、さまざまな問題点は苦境に置かれたときほど強調される傾向がある。普段は包容力があり、温厚で面倒見のいい上司が、プロジェクトの先行きに不安感が出てくるにつれ、部下のあら探しや、責任転嫁としか思えない言動に始終するというケースはままある。

心にゆとりがあるときには、われわれはさまざまな行動をとることができる。仕事が順調で人間関係が好ましい状態で、健康や私生活に問題がないなら、他者を思いやることも、広い視野からものを見ることも、新しい価値を受け入れることも容易なのだ。しかし、苦境に陥った場合、その行動や心情は、非常に限定されたものになる。しかも、その行動や心情は好ましくないものになりやすく、じつはこのときの姿が、より自分の本質を反映しやすいのだ。

「各人が生まれもっている素晴らしさ」である本質から生じる、このような悪い傾向を強める原動力を、エニアグラムでは「囚われ」と呼ぶ。この「囚われ」を知ることがもう1つの重要なテーマとなる。各タイプの本質から生まれる活性化した良い部分と、この「囚われ」自体が各タイプ独特なものであるので、自分を知る、他者を知る道標ともなるのだ。

参考までに、各タイプの「良い状態のとき」「悪い状態のとき」の比較表をつけるので、前のページの結果にプラスして、自分のタイプをチェックしてほしい。

ここでは、エニアグラムという「自分探し」のスタートの紹介であるが、それぞれの人生を通じて、自分を探して、自分を大切に成長させていくこと、もう一方で他者を理解し、豊かな人生をお互いに送れるようになっていってほしい。

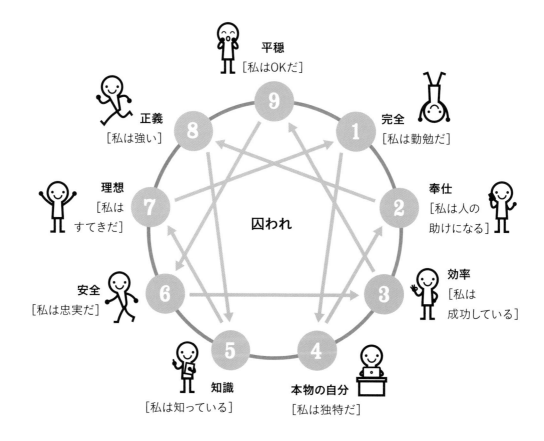

	良い状態のとき	悪い状態のとき
type **1** 「改革する人」 THE REFORMER	批評眼が鋭い・理想に向かって努力する・整理能力がある・克己心がある・正直・社会性に富む・努力家・精度が高い	神経質・片意地・独り善がり・押し付けがましい・嫉妬心が強い・道徳を振りかざす・融通がきかない・小心
type **2** 「人を助ける人」 THE HELPER	愛情細やか・適応力に富む・行動力がある・心が広く温かい・親切・情報収集力がある・思考に柔軟性がある・勘が鋭い	お節介焼き・他人に対して操作的・八方美人・嫉妬心、独占欲が強い・被害者意識が強い・論理性に欠ける・節操がない・独り善がり
type **3** 「達成する人」 THE ACHIEVER	明確な目標がある・能率が良い・自立心が強い・積極的・明るい・行動力に富む・勉強家・チームプレーが得意	自己中心的・スタンドプレーが多い・不誠実・生意気・冷たい・自慢好き・自己過信・過度の競争心
type **4** 「個性的な人」 THE INDIVIDUALIST	創造的・ユニーク・感受性が豊か・ロマンチスト・芸術的・洞察力が鋭い・人を忍耐強く支える・センスが良い	感情の浮き沈みが激しい・自分勝手・独善的・すぐに引きこもる・嫉妬心、独占欲が強い・自分の想いにこだわりすぎる・依存的被害者意識が強い
type **5** 「調べる人」 THE INVESTIGATOR	分析力に優れている・聡明・忍耐力がある・独立独歩・冷静沈着・視野が広い	極端に消極的・知性への慢心・他人行儀・知識にこだわりすぎる・順応しない・愛想がなさすぎる
type **6** 「忠実な人」 THE LOYALIST	温かい・情愛深い・忠実・誠実・洞察力に優れる・面倒見がよい・論理的で聡明・責任感がある・ユーモアやウイットに富む	感情が不安定・極度に保守的・詮索好き・自己不信が強まる・被害者意識が強い・疑い深い・怒りっぽい・決断力がない
type **7** 「熱中する人」 THE ENTHUSIAST	行動力がある・自立心が旺盛・困難にくじけない・発想力に富む・明るく楽天的・集中力がある・好奇心が旺盛・ロマンチスト	考えにまとまりがない・無責任・自己陶酔的・集中力がない・忍耐力がない・怒りっぽい・場当たり的・協調性がない
type **8** 「挑戦する人」 THE CHALLENGER	勇気がある・本能的直観力に富む・独立心旺盛・パワーにあふれている・正義を重んじる・率直で飾らない・面倒見がよい・自信にあふれている	ケンカ腰・柔軟性がない・鈍感で無礼・人を人とも思わない・猜疑心が強い・傲慢で生意気・命令的・自己中心的
type **9** 「平和をもたらす人」 THE PEACEMAKER	協調性に富む・平和と調和を保つ・偏見をもたない・穏やかで寛大・人の気持ちを理解できる・忍耐力がある・飾らず自然・動揺しない	自信がない・面倒臭がりで怠け者・消極的・不勉強・ずぼらで無神経・意地っ張り・ことなかれ主義・現実逃避的

おすすめ図書

9つの性格 エニアグラムで見つかる「本当の自分」と最良の人間関係

著　者：鈴木秀子
出版社：PHP研究所
仕　様：文庫343ページ
定　価：本体713円＋税
発売日：2004年1月6日

新しい自分になるための方向を教えてくれる"地図"。

すべての人は9つのタイプに分けられる──世界各国で科学的に検証され、日米の一流企業では人事研修にも採用されている「エニアグラム」。2000年以上の歴史をもつ神秘の人間学だ。人間は、9つの本質の中の1つを与えられて、この世に生を受けるという。自分のタイプを知り、こだわりや恐れから解放されれば、自らの能力と個性を最大限に生かすことができる。また、相手のタイプを知り長所と短所を見極めれば、その人に合った対応の仕方がわかる。エニアグラムがもつ高度な知恵は、新しい自分になるための方向を教えてくれる"地図"だ。

RECOMMEND!

NAPOLEON HILL

ナポレオン・ヒル

PICKUP PERSON

ナポレオン・ヒル
Napoleon Hill

SUCCESS STORIES!

BUSINESS 2020

アメリカでは、いかにビジネスや人生で成功していくかの成功哲学を
小さいときから教育している。代表的な成功プログラムを紹介する。

アメリカの成功哲学

論語から仏教まで、古くからの中国、インドの思想、哲学から人生を豊かにする考え方を学び、マンダラチャートまできた。欧米からはエニアグラムを紹介したが、次にビジネスの最先端を開いていくアメリカの成功哲学について紹介したい。

「求めよ、さらば与えられん。探せよ、さらば見つからん。ノックせよ、さらば扉は開かれん」(Ask, and it will be given to you; seek, and you will find; knock, and it will be opened to you.)【The Gospel According to Matthew, 7:7-8】

キリストの教えの中にこの有名な言葉ある。ただ何かを待って、漫然と毎日を過ごしていてはいけない。自分の幸福を実現するためには、自分から扉をノックしなくてはならない、という意識、積極的心構え、ポジティブ思考がアメリカ人には強いのではないだろうか。

新しいビジネスはアメリカからはじまっているものが多い。現在でもGAFA(Google, Apple, Facebook, Amazon)はもとより、多くのビジネスモデルが生まれている。その中の積極的心構えやビジネスで成功する目標設定プログラムの1つに「ナポレオン・ヒルの法則」がある。

ナポレオン・ヒルとは？

1908年、ナポレオン・ヒルは駆け出しの雑誌記者時代に、鉄鋼王アンドリュー・カーネギーと出会う。カーネギーの要請で万人が活用できる成功の秘訣の体系化に着手。カーネギーの尽力もあり、著名な500人以上の各界成功者から体験をヒアリングした。ヒルは成功者に共通している考え方や習慣を

調査し、20年の歳月をかけ成功プログラムとしてまとめた。

現在は15〜30の法則があるが、以前は凝縮された5つの法則であった。ここでは、この5つの法則をベースに紹介しよう。

成功者に共通する考え方、習慣

成功者たちの境遇や育った環境は決して恵まれていなかったことが多いということだ。貧しさや差別的な仕打ちを受けて育ちながらも、成功者の多くは人を恨むのではなく、目の前のできることを一生懸命やる、家族のために忍耐を重ねて辛い労働をも受け入れて頑張っていることが多い。

平均的な人々と違うのは、そうした厳しい環境下でも、成功者は熱烈な願望や夢を持ち続けたということである。
「いつか家族のために冬でも温かい家を持ちたい」「幼い兄弟のために学校へ行かせてあげたい」「病弱な母親のために病院に入れて安心させ、最高の治療を受けさせてあげるんだ」──という純粋で協力な思いを失うことがなかったのだ。

われわれの多くは比較的恵まれた環境で育ってきているのではないだろうか。そして、「何かいいことはないのかなあ」「いつか家を持ちたいなあ」「わりと楽で、ある程度のお金があって、休みが取りやすくて、倒産などの心配のない仕事だといいなあ」──というような、ある意味、ぼやけた願望で暮らしている人が多いのではないだろうか。

成功者は、明確な燃えるような願望、かなえたい夢を熱烈に抱いている。そして、「いつか」ではなくて「いつまでに」こうなりたい、こうしたい、そのためには「いま、これをする」というように、とても明快なのである。

それらをまとめた次の5つのポイントがナポレオン・ヒルによって初期に提唱された「成功の法則」である。

ナポレオン・ヒルの5つの成功法則

1.明確な目標をもつ。
2.その目標の最終期限を決めて、それまでのスケジュールを立てる。
3.差し出す代償を決める。
4.マスターマインドをもつ。
5.以上の事柄を紙に書いて、毎日朝夕に声を出して読む。また書く。

これを毎日朝夕、欠かさずやることが大事であるのだ。そして、毎日できることをやる、行動の習慣もつけることが不可欠である。思考、熱意、行動である。

自分の字で書くこと、声に出すことというのは、その段階で1つの形になっているのだ。実現の第一歩なのだ！

それを続けることで、自分の潜在意識と呼ばれる領域にインプリントされていく。

大切なことは！
■思考すること

自分や自分以外の人たちが幸福となっていくために、やるべき目標を明確化し、イメージすること。

■熱意を持つこと

自分が心から欲すること、なりたいこと、自分の夢を思い、ワクワクすること。

■行動すること

毎日、その目標や夢に向かって、できることを何か1つでも、先延ばしせずに、いま行動できることをすぐにやる、という習慣をもつこと。

言われてみれば、当たり前のことばかりだが、これをやっていない人が以外に多いのだ。毎日続けることで、自分の中の意識からより深いところにある潜在意識にだんだん蓄積されていく。

それが、神とも、天とも、仏ともいう無限の力につながって、偉大な自己が実現していく有効な成功プログラムなのである。

1 明確な目標をもつ

自分のやりたいこと、なすべきことがはっきりしたら「それは何のために」「何をするのか」、そして「どうなりたいのか」をはっきりと宣言することだ。
例)自分はコロナやいろいろな感染症の研究者となって、新たなワクチン、治療薬の開発に携わり、世界のために貢献したい！
例)私はこの地域の将来のために、志のある若者を学校という場で育て、これからの変化や国際化に対応した人材を教育していくのだ！
等々、それぞれの立場で、考えてほしい。

2 その目標の最終期限を決めて、そこまでのスケジュールを立てる

目標が決まれば、さらにそれをいつやるのか、いつまでに(最終期限)やるのかを明確に決めよう。いつかそうなりたい、ではいつまでも実現しないで終わる。その最終期限に向けて、いまからどのように進めるのか、スケジュールを立ててみよう。
例)今年の事業計画目標を達成するために、新たなチャレンジを含めて、残り半年、毎月新規開拓を5件ずつ達成してみよう。そのためには、〜しよう！
例)来年の春の大会優勝に向けて、メンバーの肉体的向上とチームワークを強化するために、〜のプログラムを実行しよう。それとこれまでのメンタルの弱さも〜で強化していこう。そのために、〜というスケジュールでいこう！

3 差し出す代償を決める

成功するためには、いままでの自分を変えるために、これまで当たり前にやっていた習慣や嗜好品、お金の使い方を見直して、それをやめることにする。あるいは、〜というボランティア活動を人知れず行う、などを決める。これは、自分で自分にそれを本気でやるのか、やらないのかを決めることになる。成功したら、やめていたことをまたやるかやらないかは、自分でそのときに決めればよい。
これは日本でも昔から「〇〇断ち」と言って、〇〇になるまで、大好きな酒やタバコをやめるとか、ゴルフをやめるなど、自分の好きなものを控えて、その分の時間や労力を目標に近づけるために使うということと同じである。
お金も時間も、自分の欲望もコントロールしないで成功はないということだ。

4 マスターマインドをもつ

マスター(師匠)、マインド(心)、つまり自分にとっての〝心の師匠〟を持つことだ。ひとりでは、自分に負けてしまうこともあったり、自暴自棄になったりすることもある。いつも自分のそばにいて叱咤激励してくれる人がいるかどうかだ。いつも厳しいことも言ってくれる親友や家族、先輩、先生という存在も大事なのである。

5 以上の事柄を紙に書いて、毎日朝夕に声を出して読む、また書く

いつも自分の目標が見えるところに「いつまでに、何を、どうするのか！」と明確に書いて、それを読むたびにそうなったときの自分の喜びや達成感、周りからの称賛などのイメージしながら朝夕、毎日声に出して読むことである。
そして、たまに時間をみつけて、自分の手帳、ノートなどに改めて書くことである。
書くというのは、自分の考えを手を通して形にする、つまり「考えを結晶化する」ことなのだ。そして、自分の心のなかにそれが当たり前になってくるように、いつもイメージやそのときの感情をだんだんと明確にしていくことである。

たとえば、毎年甲子園へ出場して上位に入る常連校の野球部では、明確に「自分たちが次の夏の大会では優勝する。間違いなく優勝するのは俺たちだ！」と明確な目標、スケジュールを心に刻んでいる。どこにも負けないくらい練習し、一日も休むことなく、全員で優勝するための努力を差し出している。 監督、コーチが完全にマスターマインドとなり、単に厳しいのではなく、それぞれの個性を活かしたアドバイスを出して、成長させている。

そして、すごいのが、優勝旗をもって甲子園に入場している写真に自分たちの顔写真をはめ込んで、いつも見えるところに貼っているのだ。そして、試合で負けているときも「俺たちが負けるはずはない。逆転だ！」とみんなが思い、本当に逆転するのだ。

それくらい「イメージ」と「声」と「書くこと」は大切だ。多くの人は、一度書いただけ、毎日は見ないし、声にも出さない。読まないことが多いのではないか。是非、実践し継続してもらいたい。

おすすめ図書
▼
思考は現実化する

著 者：ナポレオン・ヒル
訳 者：田中孝顕
出版社：きこ書房
仕 様：単行本610ページ
定 価：本体2200円＋税
発売日：1999年4月1日

なぜ「あなた」が、いまの「あなた」なのかを教えてくれる

原題は『The Think and Grow Rich Action Pack』。全世界で7000万部を売り上げたとされる超ベストセラー。著者は、鉄鋼王カーネギーが見込んだ500人にインタビューし、20年間にわたり彼らが成功していく過程を子細に分析。そこに共通する「思考」と「やりかた」を体系的にまとめた。人は自分が思い描いたような人間になるという。すなわち、確固たる願望を持つこと、断じてあきらめないこと。他方、彼らが持っていた負の面をいかに克服したのかにも目を向ける。どれもわかりやすい事実であるだけに、逆に心にずっしりくる。

RECOMMEND!

第1章 志編

すべては志、熱意、「心」からはじまる！

論語からは人として持つべき徳について紹介した。自分のことだけではなく、自分と同じように周りの人のこと、世の中のことを思いやり、役立つことを思うことである。

論語から朱子学、陽明学が生まれて引き継がれているが、是非、自分を磨いて、渋沢栄一のように日本を徳がある豊かな国へと導いてほしい。

易経は時、そして兆しについて説いている。学ぶことによって、時の変化を知り、禍の兆しを察し、未然にそれを避けることができ、そして、物事を見事に仕上げていく方法も書いてある。処世の智慧の宝庫である。折に触れて学び、自分が兆しや変化を感じられるようになってほしい。

九星学はこれも深く学ぶと「天の時、地の利、人の和」を自ら知ることができる。九星と干支によって年、月の流れを見るだけではなく、自分の状態、そして人との調和の組み合わせなども知ることができるので、これも学び役立ててほしい。

仏教からマンダラチャートの教えも、学びを深めて、豊かな人生を送る考え方、そしてチャートに課題やアイディアを書きながら、人生や企業の事業の発展の姿を描いてほしい。

エニアグラムは自分探しと人の協調の知恵である。人は一人では生きていけない。より多くの人との協力やつながりで、豊かな人生を送れるようになってほしい。

ナポレオン・ヒルの成功の法則は、とことん活用して、成功者がどんどん出てくれることを念願したい。

いずれにしても、たった一度の自分の人生を豊かに、楽しく、幸せなものにすることだ。そのためには、思いっきりワクワクする仕事をすることである。お金や生活のために仕方なくする仕事ではない。自分のため、家族のために、世のため人のために、良い仕事をして、そして、満足いく所得、待遇、環境も手に入れてゆく。

人間力をつけること！

そのためにも、まず人間力をつけることだ。論語からはじまった一連の紹介は、そのための一部でしかない。自分で自分の「心」を磨いていってほしい。こうした学習は一生涯続いていくものだ。自分探しであり、自分磨きの旅のようなものだ！

今回は誌面の関係で書けなかったが、最近のマインド・フルネスなどで注目されている瞑想やヨガ、速読法などの能力開発などにもトライしてほしい。

宗教ではないが、日本の神道、古事記、日本書紀にある日本の神話も今回は書けなかったが、そうした学びの中から、日本の聖地である伊勢神宮、出雲大社、そして北海道の北海道神宮などを回り、すがすがしい、日本人として生まれてよかったと思うような大自然の景観にも触れて、その「気」を吸っていただきたい。

すべては志を持つことと、心を磨く、自分の人格を高めることが大事ではないだろうか。そして、自分の中にある心からの声や直感に耳を傾けることだ。こうした勉強によって直感力が磨かれる。易経にあるように、自分で変化や状況にどのように対応するべきなのかが、ひらめくようになってくるのだ。

いま日本に必要なのは、高い志をもった、前向きに行動する人間ではないだろうか。

実際に、自分で考えて、小さくとも行動し、挑戦を続けていく人間があまりに少ない。この現状を打破して、自分からうねりを起こすような、自分から変化をつくり出していくような人たちが、どんどんと出てくる北海道にならなければいけない。明治維新が西日本から大きなうねりをつくったように、**今度は北海道から新しい時代のうねりを起こし台風の目となって大空を飛び回るような人間が出てくると信じてやまない。**

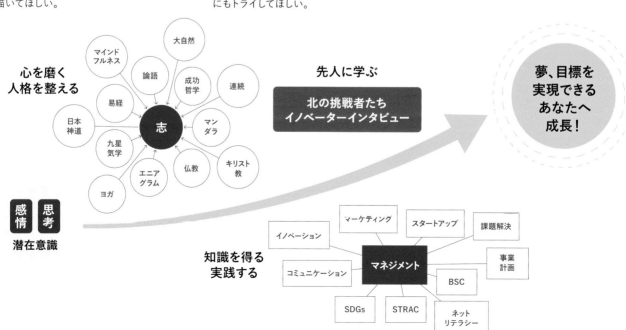

「何のために」「何をしたいのか」
ワクワクするような夢や願望を持とう！

心の中には陽と陰があったり、思考と感情があったり、そして自分がまだ気がついていないパワーが備わっていたりする。いわゆる「潜在意識」である。思いが湧いてきたらそれを整理するための有効なツールがマンダラチャートである。自分で書いて、読む。手帳に書いたり、小さなカードにまとめたりして、いつも胸ポケットに入れて、必要なときにそれを見て読む。そうしていくことで、やがて自分の潜在意識にどんどんとつながっていくのだ。

ここではＡ型チャートを使って、まとめてみよう。

まず真ん中のマスに、たとえば、今年の自分の目標、ＢとＤのところに自分が人生で一番大事なもの、仕事（勉学）と自分と家族を置く。仕事なくして人生の幸せは実現できない。自分らしい仕事で成功することと、自分と家族の幸せを同時に達成するためである。

Ｂに自分の仕事（勉学）の充実や今年の目標を記入してみよう。

Ｄに自分と家族のために、大切な時間のくつろぎや、旅行、一緒の趣味や行楽などを書いてみよう。家族にしてあげたいことでもいい。

このＢ（仕事・勉強）とＤ（自分・家庭）を達成するには、Ａの健康とＣのお金、資産を考えることが必要だ。家族が生活し、幸せにするためにはお金が必要だ。資産としての家や車などのほか、貯金、保険、様々のものが必要である。

人生の基本はこのＡからＤの４つである。
さらに、充実豊かになってゆくためには、Ｆの人格形成、Ｇの学習である。
Ｆには論語から易経などの五常のような徳をひそかに積んでいきたいものだ。世界観、人生観など、ナポレオン・ヒルにもあったマスターマインドを持つことも大事だ。
Ｇの学習は自分の能力アップ、スキルアップである。英語力、コミュニケーション力、プレゼンテーション力、そして、第2章で紹介するマネジメントなどの正しい知識をつけていくことである。

そして、私たちのまわりの地域社会、仲間たちとの関係性も大事だ。無理をする必要はないが、いわゆる世間との良好な関係も大事だ。

最後は、遊びと楽しみが大事！

仕事や家族とも離れた自分の楽しみもあるだろう。テニスやゴルフ、スキーなどのスポーツや音楽、文学や映画、コンサート、ワイン、旅行、思うだけでわくわく、ニヤリとするような楽しみがなくては、人生は楽しくないよね！（笑）

こうしてつくった自分のマンダラチャートを、何度つくってもいい。いろいろなテーマだったり、あるいは問題解決のヒントを掴むために活用したり、その書き方は自由で、決まりがあるわけではない。

まず、自分で描くこと、書くこと、声に出してみること。そして、何よりも大事なのは、それに向かって、行動することである。

小さくとも、いまできること。小さくとも毎日必ず続けること。そこからはじまる！

例）大学３年生が年初に書いた今年の目標マンダラＡ型チャート

F 人格	C お金・経済	G 学習
人生を豊かにするための人生観や世界観を磨くために何をするか、小さなステップでもいいので書いてみよう！ 例） 年上の方や社会人の方の話を自分から積極的に聞くようにする。両親への感謝を忘れない（ありがとうを口にする）。	お金や資産のことで、成し得たいことや気を付けたいことなど、考えてることを書いてみよう！ 例） 家庭教師のアルバイトと、単発のイベントアルバイトで8月までに10万円（両親との旅行用）、1月までに20万円（卒業旅行用）、3月までに30万円（自分の生活用）を貯金する。	英語力やコミュニケーション力、プレゼンテーション力など自分の能力アップ、スキルアップしたいことを書いてみよう！ 例） 英語力アップ　ＴＯＥＩＣ800点 就職時の面接、卒業論文発表のためにプレゼンテーション力を上げる
B 仕事・勉強	自分の夢・目標	D 自分・家庭
自分の仕事や勉強の今年の目標や充実したいことを書いてみよう！ 例） 就職活動と並行して卒業論文を8月中に完成させて、学業以外の時間を充実させる。	自分のなりたいもの、欲しいもの、手にしたいこと、何でもいいので書いてみよう！ 例） 来年の卒業後は、世界的なコンサルタント会社「マッキンゼー・アンド・カンパニー」に就職する！	自分や家族のための時間をどう使うか、何をしてあげたいかなど、思いつくままに書いてみよう！ 例） 就職が決まったタイミングで、両親を感謝旅行に温泉へ連れて行く。 卒業前に、仲間と卒業旅行でアメリカ西海岸に行く。
E 地域・社会	A 健康	H 遊び
自分にかかわりのある地域社会、それに周りにいてくれる仲間たちに、何ができるか、何をしたいか書いてみよう！ 例） 4年時の夏休みに、地元介護施設でのボランティアに参加する。仲間と卒業旅行の計画を立てる。	何をするにも身体が資本、自らの健康を維持するために何をするか、些細なことでもいいので書いてみよう！ 例） 週末5㌔のランニングを継続する。 6時間以上の睡眠時間を確保する。 体脂肪率12％を死守する。	思うだけでワクワクするようなこと、ニヤリとしちゃうような楽しみを書き出してみよう！ 例） 7月までに彼女をつくる！ 8月に彼女と海デートをする！

補足 ｜ **四霊：麒麟 ／ 鳳凰 ／ 霊亀 ／ 応龍**

麒麟

鳳凰

四霊とは、『礼記』に出てくる霊妙な四種の瑞獣中国神話に現れる伝説上の霊獣であり、あるいは四神と呼ばれるものである。

麒麟（麟、りん）・鳳凰（鳳、ほう）・霊亀（亀、き）・応龍（龍、りゅう）を言う。

麒麟は徳のある治世者や王が仁のある政治を行うときに現れる神聖な生きものとされている。2020年のNHK大河ドラマ「麒麟がくる」は、その麒麟がどの武将のもとに現れるか、どの武将が仁政をおこなうのかがテーマの物語である。

余談であるが、孔子がまとめたとされる

古代中国の歴史書「春秋」では、聖人不在の泰平ではない時代に麒麟が現れた（仁徳の治世者の時代にしか出てこないのに）が、麒麟を知らず気味悪がって人々が大事にしなかったことに孔子は落胆し、一体この世と人々は何と愚かなものであるか、と筆をおいてしまうという、いわゆる「獲麟」の記をもって終了している。孔子の死後、人々は「じつは、孔子自体が麒麟であったのではないか」と、その死を嘆いたといわれている。

鳳凰は麒麟と並んで双璧をなす。鳳凰は「聖徳をそなえた太子の出現を待って世に現れる」といわれる霊鳥で、霊水のみを飲み、その卵は不老不死の霊薬といわれている。

霊亀は蓬莱山という山を甲羅の上に持つ巨大な亀である。亀は1000年以上生きると強力な霊力をもち、未来の吉凶を予見する力があるという。霊亀も巨大化し、霊力を持つといわれている。

応龍は天地を行き来することができ、「易経」に龍の話があったように、雲を呼び、大地に雨の恵みを降らせ、また、自分に水を蓄えて雨を降らせる能力があるとされている。

応龍のいる地には雨が多いのに、それ以外の場所は旱魃に悩むこととなったと言われている。

大空を悠々と飛び回り、世の中に恵みを与えるように飛ぶ、そんな龍になりたいものだ！

霊亀

応龍

02

第 2 章

マネジメント
入門編

どんな組織でも目的を果たすために
必要なのがマネジメントだ!

この章ではマネジメントの基本的な考え方をドラッ
カーやコトラーなどから紹介し、簡単なプロジェクトの
進め方や計画の立て方を学ぶ。企業内の新規プロジェ
クトや、さまざまなイベントなどに役立ててほしい。さら
に、新しい経営理論や組織論、経済論など、がどんどん
アップデートされる昨今であるが、その理論や手法は自
分たちの目的、目標を達成するための道具であり、手段
に過ぎない。経営に正解はない。自分で考え、行動し、
直感を磨いて、信じる道を進んでほしい。

Wikipediaより

Peter
DRUCKER

ピーター・ドラッカー

ドラッカー入門

ピーター・F・ドラッカーは、東西冷戦の終結、転換期の到来、社会の高齢化をいちはやく見抜くとともに「分権化」「目標管理」「経営戦略」「民営化」「顧客第一」「情報化」「知識労働者」「ABC会計」「ベンチマーキング」「コアコンピタンス」など、主なマネジメントの理念と手法を考案し、発展させてきた。いまやマネジメントなくして現代経営学は成り立たない。そんなドラッカーの神髄に触れる。

> **企業の目的は、顧客の創造である それを達成するために企業は 2つだけの基本的な機能を持つ。 それがマーケティングと イノベーションである。**

「マネジメントの発明者」にして「現代経営の父」とも呼ばれるドラッカーの「マネジメント 基本と原則」【エッセンシャル版】から企業の定義とマネジメントの役割について考えたい。

企業とは何か

企業の目的の定義は1つしかない。それは、**顧客を創造**することである。市場をつくるものは、顧客の欲求であり、欲求の先に、市場と顧客が生まれる。

顧客が価値を認め購入するものは、財やサービスそのものではない。財やサービスが提供するもの、すなわち効用である。

企業の目的は、顧客の創造である。

それを達成するために企業は2つだけの基本的な機能を持つ。

それがマーケティングとイノベーションである。

マーケティングとイノベーションだけが成果をもたらす。

マーケティング

マーケティングは顧客からスタートする。現実、欲求、価値からスタートする。

「われわれは何を売りたいか」ではなく「顧客は何を買いたいか」を問う。

「われわれの製品やサービスにできることはこれである」ではなく「顧客が価値ありとし、必要とし、求めている満足がこれであ

る」と言うことである！

イノベーション

マーケティングだけでは企業としての成功はない。

企業が存在しうるのは、成長する経済のみである。あるいは少なくとも、変化を当然とする経済においてのみである。そして、企業こそ、成長と変化のための機関である。

イノベーションすなわち新しい満足を生み出すことである。

経済的な財とサービスを供給しなければならない。企業そのものは大きくなる必要はないが、より良くならなければならない。

生産性に影響を与える要因
①知識
②時間
③製品の組み合わせ
④プロセスの組み合わせ
⑤自らの強み
⑥組織構造の適切さ、活動間のバランス

利益の持つ機能とは何か
①利益は成果の判定基準である。
②利益は不確定性というリスクに対する保険である。
③利益はよりよい労働環境を生むための原資である。
④利益は、医療、国防、教育、オペラなど社会的なサービスと満足をもたらす原資で

ある。

事業とは何か
自社をいかに定義するか

あらゆる組織において、共通のものの見方、理解、方向づけ、努力を実現するには「われわれの事業は何か。何であるべきか」を定義することが不可欠である。

われわれの事業は何か

企業の目的と使命を定義するとき、出発点は1つしかない。顧客である。

顧客は誰か

「顧客は誰か」との問いこそ、個々の企業の使命を定義するうえで、もっとも重要である。

顧客はどこにいるか。何を買うか

「顧客はどこにいるか」「顧客は何を買うか」を問うことも重要である。

われわれの事業は何になるか

「顧客、市場、技術に基本的な変化が起こらないものとして、5年後10年後に、いかなる大きさの市場を予測することができるか。いかなる要因がその予測を正当化し、あるいは無効とするか」

①市場動向のうち、もっとも重要なものが人口構造の変化である。
②経済構造、流行と意識、競争状態の変化によってもたらせる市場構造の変化も重

> ❝「顧客は誰か」との問いこそ
> 個々の企業の使命を定義するうえで
> もっとも重要である。
> 「顧客はどこにいるか」「顧客は何を買うか」を
> 問うことも重要である。❞

要である。
③「今日の財やサービスで満たされていない欲求は何か」

われわれの事業は何であるべきか

「われわれの事業は何になるか」
「われわれの事業は何であるべきか」との問いも必要である。

われわれの事業のうち何を捨てるか

新しい事業の開始の決定と同じように重要なこととして、企業の使命に合わなくなり、顧客に満足を与えなくなり、業績に貢献しなくなったものの体系的廃棄。

■事業の目標
目標は具体的にしなければならない。

マーケティングの目標
①既存の製品についての目標
②既存の製品の廃棄についての目標
③既存の市場における新製品についての目標
④新市場についての目標
⑤流通チャネルについての目標
⑥アフターサービスについての目標
⑦信用供与についての目標

イノベーションの目標
①製品とサービスにおけるイノベーション
②市場におけるイノベーションと消費者の行動や価値観におけるイノベーション
③製品を市場へ持っていくまでの間におけるイノベーション

経営資源の目標
企業が実績をあげるうえで必要とする3種類の経営資源についても、目標が必要である。
1）土地＝物的資源
2）労働＝人材
3）資本＝明日のための資金
これら3つの経営資源を確保しなければならない。

生産性の目標
生産性の向上こそ、マネジメントにとって重要な仕事の1つである。

社会的責任の目標
企業が社会に与える影響について自ら徹底的に検討し、目標を設定しなければならない。

費用としての利益
「どれだけの利益が必要か」達成のためには大きなリスクを伴う。
努力、すなわち費用が必要となってくる。利益が企業の目標を達成するうえで必要となってくる。
利益とは、企業存続の条件である。

目標設定に必要なバランス
目標を設定するには3種類のバランスが必要である
①利益とのバランス
②近い将来と遠い将来との間のバランス
③他の目標とのバランス

実行に移す
具体的な目標、期限、計画……目標は、実行に移さなければ目標はでない。

■戦略計画
①リスクを伴う起業家的な意思決定を行う
②その実行に必要な活動を体系的に組織する
③それらの活動の成果を期待したものと比較測定する
という連続したプロセスである。

マネジメントの判断力、指導力、ビジョンは、戦略計画という仕事を体系的に組織化し、そこに知識を適用することによって強化される。

マネジメントの方法

マネジャーとは何か
組織の成果に責任を持つ者である。
命令する権限ではなく、貢献する責任である。

マネジャーの仕事
マネジャーには、2つの役割がある。
①部分の和よりも大きな全体、すなわち投入した資源の総和よりも大きなものを生み出す生産体を創造すること。

②あらゆる決定と行動において、ただちに必要とされているものと遠い将来に必要とされるものを調和させていくこと。

マネジャーに共通の仕事は5つである。

①目標を設定す
②組織する
③動機づけとコミュニケーションを図る
④評価測定する
⑤人材を開発する

マネジャーとして根本的な資質は真摯さである。

■マネジメント開発
マネジャーは育つべきものであって、生まれつきのものではない。
明日のマネジャーの育成、確保、技能について体系的に取り組まなければならない。

■自己管理による目標管理
目標管理の最大の利点は、自らの仕事ぶりをマネジメントできるようになることにある。
自己管理は強い動機づけをもたらし、最善を尽くす願望を起こさせる。

組織の精神
組織の良否は、成果中心の精神があるか否かによって決まる。
成果中心の精神を高く維持するには、配置、昇格、昇進、降級、解雇など人事にかかわる意思決定こそ、最大の管理手段である。

真摯さを絶対視して、初めてまともな組織といえる。

マネジメントの技能

意見の対立を促す
意思決定における第一の原則は、意見の対立を見ないときには決定を行わないことである。

意見の相違を重視する
ある案だけが正しく、その他の案はすべて間違っていると考えてはならない。自分は正しく、他の人はまちがっていると考えてもならない。

行動すべきか否か
①行動によって得られるものが、コストやリスクよりも大きいときには行動する。
②行動するかしないかいずれかにする。二股をかけたり妥協したりしてはならない。

意志決定の実行
意思決定の実行を効果的なものにするには、決定を実行するうえで何らかの行動を起こすべき者、逆に言えば決定の実行を妨げることのできる者全員を、決定前の論議のなかに責任を持たせて参画させておかなければならない。

コミュニケーション4つの原理
コミュニケーションについて4つの基本を知っている。すなわち、コミュニケーションとは、①知覚であり②期待であり③要求であり④情報ではない

①コミュニケーションは知覚である
コミュニケーションを行うには「受け手の知覚能力の範囲内か、受け手は受けとめることができるか」を考える必要がある。

②コミュニケーションは期待である
受け手が期待しているものを知ることなく、コミュニケーションを行うことはできない。

③コミュニケーションは要求である
コミュニケーションは、それが受け手の価値観、欲求、目的に合致するとき強力となる。逆に、それらのものに合致しないとき、まったく受けつけられないか抵抗される。

④コミュニケーションは情報ではない
コミュニケーションにとって重要なものは、知覚であって情報ではない。

以上までが、企業の定義とマネジメントの役割についてのポイントである。
下記「おすすめ図書」を是非一読し、さらに理解を深めていただきたい。

ドラッカー入門 | PETER DRUCKER

おすすめ図書
▼
**【エッセンシャル版】
マネジメント 基本と原則**

著　者：ピーター・F・ドラッカー
訳　者：上田惇生
出版社：ダイヤモンド社
仕　様：単行本302ページ
定　価：本体2200円
発売日：2001年12月14日

RECOMMEND!

「変化」のときこそ「基本」を確認しなければならない
ビジネス界にもっとも影響力をもつ思想家として知られるドラッカーが、自らのマネジメント論を体系化した大著『マネジメント――課題、責任、実践』のエッセンスを、初心者向けに一冊に凝縮した本格的入門書。マネジメントの仕事とは実践であり、成果を出すことであると明確に規定するドラッカー。そのためにマネジメントが果たすべき使命と役割、取り組むべき仕事、さらには中長期的に考えるべき戦略について、具体的に解説する。組織で働く人に、新しい目的意識と使命感、そして、勇気を与える書。

おすすめ図書
**チェンジ・リーダーの条件
みずから変化をつくりだせ！**

著　者：ピーター・F・ドラッカー
訳　者：上田惇生
出版社：ダイヤモンド社
仕　様：単行本294ページ
定　価：本体1980円
発売日：2000年9月1日

RECOMMEND!

生き残れるのは、チェンジ・リーダーとなる者だけ
今日のような先行き不透明な時代にあって、変化は常態である。変化はリスクに満ち、正直こわいものだ。だが、この変化の先頭に立たない限り、企業は生き残れない。それは、銀行だろうが、病院だろうが、大学だろうが同じだ。いずれにせよ、急激な構造変化の時代に生き残れるのは、自ら変革の担い手となる〝チェンジ・リーダー〟だけである。いかに機会とすべき変化を識別し、行動に移すのか。世界のトップマネジメントたちが傾聴するドラッカーの深い知恵を、手軽に身につけられる一冊。

STRATEGIC MQ ACCOUNTING

戦略MQ会計

ドラッカーの言う通り事業を定義することは、顧客を知り、顧客の欲求に答えるところがスタートだ。そして、その定義からビジネスの基本計画づくりがはじまる。ここでは、それをシンプルにわかりやすく解説する戦略MQ会計の手法を学ぶ。

監修：西順一郎

STRATEGIC MQ ACCOUNTING ｜ 戦略 MQ会計

事業とは何か
自社をいかに（再）定義するか

前頁でドラッカーが言う通り、既存企業にとっても、ベンチャー企業にとっても、自分たちの事業を定義することは、とても重要なことである。

あらゆる組織において、共通のものの見方、理解、方向づけ、努力を実現するには「われわれの事業は何か。どのように社会に貢献していくのか」を定義することが不可欠である。

まず、顧客の視点から「顧客が求める商品・サービス」を持つこと、持っていること。そして、「顧客は何が求めているのか」をよく知ることである。

事例で考える！
あるラーメン店のケース

これらを理解するために、簡単な事例をもとに考えてみよう。

その店は小さなラーメン店で、札幌・ススキノの激戦区で細々と営業している。ススキノには何百というラーメン店があり、どこも個性を競い合っている。

ここのラーメンは「釧路ラーメン」で、ちぢれ細麺に鶏ガラ＋カツオ出汁のあっさり醤油味が売り。立地はススキノの少し外れのビルの一角で、大将1人とアルバイト1人でやっている。オープンして1年、午前11時から午後9時までの営業で、日曜祝日休み。1日平均50人が来店し、平均1人客単価600円。月々の家賃（20万円＋水道光熱費10万円）、自分の給料を払うのがやっとの状態だ。

事業の定義を顧客の視点で考える
提供するのは「モノ」だけではない

この店の事業の定義は「釧路ラーメンが食べられる店」ということになるが、飲食業の基本は旨さ。顧客の欲求は「おいしいラーメンが食べたい」だ。

しかし、それだけではない。単純に「空腹を満たしたい」という顧客もいれば「美味しいものを食べた満足感を得たい」「ちぢれ麺の食感を堪能したい」「とんこつや激辛ばかりではなく、あっさりしたラーメンが食べたい」「チャーシュー麺で元気をだしたい」「釧路のラーメンが札幌で食べられる」等々、ラーメンの味のみならず、さまざまな価値観が存在しているだろう。

そう考えるとこのラーメン店の事業は、第一義的には「あっさり醤油の釧路ラーメンの提供」であるが、「釧路ラーメンの普及」という側面もあるだろうし、「釧路ラーメンの美味しさによる顧客への満足感、幸福感の提供」という定義もできる。

企業の目的は顧客創造

ドラッカーは「企業の目的の定義は1つしかない。それは、顧客を創造することである」「市場をつくるものは顧客の欲求であり、欲求の先に市場と顧客が生まれる」と言っている。

来店者が1日50人というのは、顧客を創造していないといえる。企業の使命は、顧客の欲求に応えると同時に、まだ顧客が体験していないような欲求も含めて創造することなのだ。

ドラッカーは言う。

「企業の目的は、顧客の創造である。それを達成するために企業は2つだけの基本的な機能を持つ。それがマーケティングとイノベーションである。マーケティングとイノベーションだけが成果をもたらす」と。

市場調査とマーケティングについては、後のページで紹介するので、それぞれが読んで理解を深めてもらいたい。

簡単にマーケティング考えると、市場には3C（自分の店、競争他店、顧客）がある。それぞれの状況を調べることからはじまる。そのうえで、PEST分析、SWOT分析などを行ってみることだ。ここではSWOT分析をしてみる。

このラーメン店のSWOT分析

S：強み。自分のラーメン店としての強みは何か。あっさり。鶏ガラスープ。ちぢれ麺など。

W：弱み。全然知られていない。ビルの近くを通る人しか知らない。メニューが貧弱。店が古くて汚い感じ。周辺に競合店が多いなど。

O：機会。健康ブーム。オーガニックブームで自店が波に乗れる可能性がある。釧路ラーメンという新ジャンルが注目される可能性もある。

T：脅威。競合他店の影に隠れてしまう。釧路ラーメンの認知度が低い。若い人はこってり、激辛嗜好が強いなど。

こうした分析などによって、市場の中での立ち位置を明確にしていく。マーケティング・プロセスも後ろのページにあるので、それを参考に考えてみてほしい。

広報戦略を立てることで、費用をかけずにSNSの活用で自分から発信したり、優待

SWOT分析の4要素

S trength 強み

自分のラーメン店としての強みは何か。
あっさり。鶏ガラスープ。ちぢれ麺など。

W eakness 弱み

全然知られていない。ビルの近くを通る人しか
知らない。メニューが貧弱。店が古くて汚い感じ。
周辺に競合店が多いなど。

O pportunity 機会

健康ブーム。オーガニックブームで自店が波に
乗れる可能性がある。釧路ラーメンという
新ジャンルが注目される可能性もある。

T hreat 脅威

競合他店の影に隠れてしまう。
釧路ラーメンの認知度が低い。若い人はこってり、
激辛嗜好が強いなど。

クーポンやタイムセールの案内をだしたり、店舗カードを周辺の店に置かせてもらうなど、確実なマーケティング戦略もある。

ラーメン店のイノベーションとは

もう1つがイノベーションである。では「ラーメン店におけるイノベーション」とは一体何だろうか。

前項ドラッカーのページの生産性を参考にすると、

①製品の組み合わせ
②プロセスの組み合わせ
③自らの強み

がある。

単に、あっさり醤油ラーメンだけではなく、味のバリエーションを増やす、トッピングを増やすなどの対策が考えられよう。さらに踏み込んで、少し濃い味のたれの「つけ麺」を考えてみるとか、サイドメニューとして

餃子、野菜炒め、チャーシュー混ぜご飯などを考えてみるのもいいかもしれない。すなわち①の製品の組み合わせである。

あるいは視点を変えて、大将ひとりで対応できる時間帯と、混雑時の対応を精査することで生産性をアップさせたり、繁忙時のアルバイト確保や家族の投入なども検討する必要がある。②のプロセスの組み合わせだ。

また、差別化戦略として、徹底したオーガニックにこだわるのもいいだろう。

③の自らの強みでいうと「釧路」である。釧路という新鮮な魚が集まる土地柄から、地元で生産される魚醤や、ブランドでもある歯舞の昆布醤油など、地域の特性を生かした安心・安全な素材でラーメンを提供することなどが、この店にとってのイノベーションになる。

こうした一連の検討によって、事業の目標を再度設定し直すことになる。

新たな事業目標と計画策定に有効な「戦略MQ会計」

戦略MQ会計は西順一郎氏が提唱している戦略用語である。今回は西氏のご厚意で、著書『利益が見える戦略MQ会計』（かんき出版）からMQ会計の極意を紹介させていただく。

会計は図形で考える。簡単な例題がある。「売上げが100億円で、仕入れが10億円、経費が80億円、利益が10億円」のモデルを図解すると、次のようになる。（図1）

ここで、不景気になって売上げが20％落ちたらどうなるのか。

それぞれ数字が20％落ちると、売上げ80億円、仕入れ8億円、粗利72億円となる。一方で、経費は固定費だとすると、売上げが増減しても変わらない。ここでは80億円のままである。粗利72億円から80億円を引くと、利

図:1 売上高100億円の会社の利益は10億円

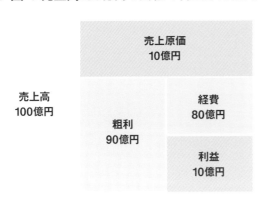

売上高 100億円	売上原価 10億円	
	粗利 90億円	経費 80億円
		利益 10億円

図:2 売上高が20%ダウンした場合

売上高 80億円	売上原価 8億円	
	粗利 72億円	経費 80億円
		利益 ▲8億円

図:3 MQ会計表の基本形

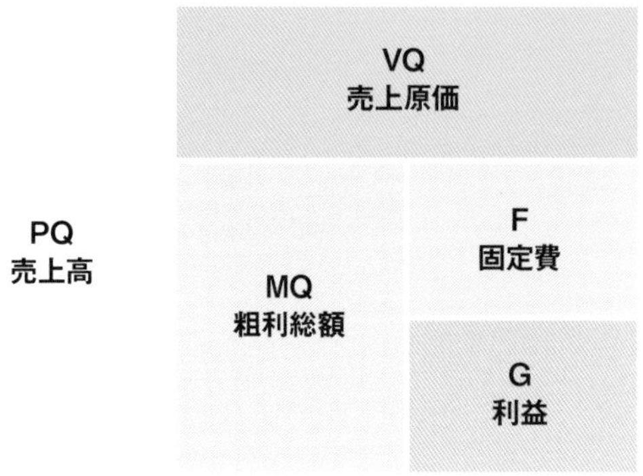

PQ 売上高	VQ 売上原価	
	MQ 粗利総額	F 固定費
		G 利益

図:4 利益は「MQとF」の関係で決まる

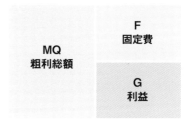

MQ 粗利総額	F 固定費
	G 利益

MQ ＞ F　黒字会社
MQ ＝ F　損益分岐点
　　　　　　トントン
MQ ＜ F　赤字会社

益は▲8億円ということがわかる。（図2）

　この関係を、わかりやすく展開したのが戦略MQ会計だ。これはMG（マネジメント・ゲーム）の開発者である西氏によって1971年から1981年にかけて考案された。

　基本の考え方が4つあり、情報の4つのキーワードだ。

　S＝Simpleであること
　T＝Totalであること
　U＝U-attitude 相手中心主義
　V＝Visualであること

　それがこの戦略MQ会計表に生かされている。

戦略MQ会計の企業方程式！

P：価格（Price）
V：原価（Variable cost＝変動費）
Q：数量（Quantity）
F：固定費（Fixed cost）
G：利益（Gain）
PQ：売上高（P×Q）
VQ：売上原価（V×Q）
MQ：粗利総額（M×Q）

　これを表すと四畳半の部屋のようになる。（図3）

　重要なのが「利益は粗利総額と固定費のバランスで決まる」ということだ。（図4）

　図にあるように

MQ ＞ F　　黒字会社
MQ ＝ F　　損益分岐点
　　　　　　　トントン
MQ ＜ F　　赤字会社
ということになる。

　ここで前ページのラーメン店の例に戻る。

　Pは平均単価で600円、Vは仕入れ単価で40％だとすると240円。

　Qは1日50人として25日営業で月1250人の来店。

　そうすると、PQは月75万円。

　VQは240円×1250食で、月30万円。

　MQは75万円－30万円で月45万円。

　Fは固定費で、家賃光熱費で10万円＋5万円、アルバイト代10万円で計25万円。

　手元には20万円しか残らない。これが店主の月の給与となる。

　図5にあるように、単価×数量つまりP×QでPQが決まり、MQとFの関係でGが決まる。

　西氏が提唱する「企業方程式」は次の通りである。

$$PQ = VQ + F + G$$

　これを展開すると、

$$P = (VQ + F + G) / Q$$
$$V = (PQ - F - G) / Q$$
$$Q = (F + G) / (P - V)$$
$$F = PQ - VQ - Q$$
$$G = PQ - VQ - F$$

　となる。

**MQ会計を利用した
ラーメン店改善計画の例**

　それでは、このMQ会計表を使って改善計画を立ててみよう。

　やはり改善のポイントは、店主の給与アップとなるような経営計画の立案である。

　給料月20万円を月50万円にするには、どうしたらいいのか。考えてみたいと思う。

　Gのアップの方程式

$$G = PQ - VQ - F$$

図:5 ラーメン店のケースのMQ会計（1カ月あたり）

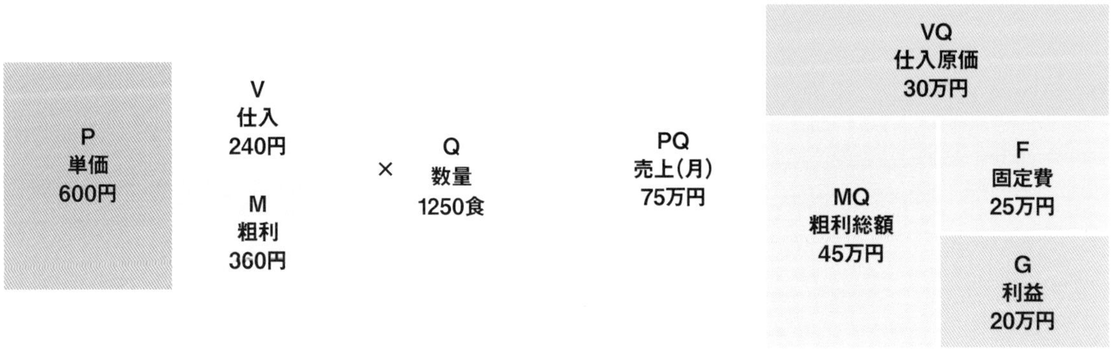

P 単価 600円	V 仕入 240円 M 粗利 360円	×	Q 数量 1250食	PQ 売上(月) 75万円

PQ 売上(月) 75万円	VQ 仕入原価 30万円	
	MQ 粗利総額 45万円	F 固定費 25万円
		G 利益 20万円

図:6 利益Gをアップさせる要因

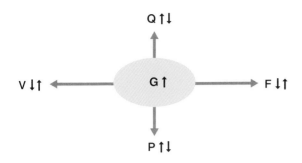

Gをアップさせるには、企業方程式からG＝PQ－VQ－F

少し整理してG＝（P－V）Q－Fなので、まずPアップ、Vダウン、Qアップ、Fダウンを考えてみよう。

Pアップ

平均単価Pが600円のままではなく、イノベーションであったような海苔、味玉100円などのトッピングメニューの追加・充実、味にバリエーションを加える。

夜のメニューに餃子やメンマ、チャーシューの炙りなどを加え、アルコール類の注文を増やすことで平均単価を600円から700円に上げ、やがて800円を目指す。

Vダウン

仕入れ先の変更や仕入れの工夫、売上げの推移を見ながら自家製麺機の導入などを検討する。現在の仕入率40％の5％ダウンを図り、35％をキープする。

Qアップ

来店者が1日平均50人では少なすぎるので、休憩時間にポスティングやネットの書き込みなどの告知広報活動やマーケティング戦略を立て直す。店内の清掃、POPや内装の見直しもお金をかけないでコツコツと続ける。思い切って、昼の営業をやめて、夕方から深夜までの営業時間の変更や顧客ニーズをもう一度検討してみる。あっさりラーメンの「シメのラーメン」で新たな需要を見込めるか、試行錯誤が必要かもしれない。

いずれにせよ1日の来店者50人を70人に伸ばす戦略を立てる。

Fダウン

家賃は難しいが、一度交渉してみることも必要だ。調理プロセスの見直しなどでガス代などの水道光熱費を下げる。アルバイトの必要な時間や混み具合の統計データをとって、実際に必要な時間や曜日に集中させる。日曜日は休日だが家賃は発生している。その日を信頼できる人にレンタルして収益を上げるなど、固定費の減額を考え、月3万円の圧縮を図る。

これらは1つの例であるが、事業は翌月からの変化を見ながら、また試行錯誤を繰り返しながら展開していくことが必要である。

うまくいけば、図7のような結果となり、月に50万円近くが手元に残るようになる。だんだんと利益が出はじめると、面白いくらいに儲かる可能性がある。

これは、架空の例題であるが、シンプルにイメージできるのが、戦略MQ会計の優れた点である。

企業は〝生きもの〟

いずれにせよ、企業はナマコのような〝生きもの〟なので、単にP／、V＼、Q／、F＼の4つの戦術を考えるだけでなく、その逆のP＼、V／、Q＼、F／を考えることも重要である。そのためには図書を読むだけではなく、MG（マネジメントゲーム）を実際にやり、動態的（ダイナミック）に学ぶことが必要である。

戦略MQ会計 — STRATEGIC MQ ACCOUNTING

図:7 ラーメン店の改善計画のシミュレーション例

P 単価 700円	V 仕入 245円	×	Q 数量 1750食	PQ 売上（月） 122万円	VQ 仕入原価 43万円	
	M 粗利 455円				MQ 粗利総額 79万円	F 固定費 25万円
						G 利益 54万円

INTRODUCTION TO MARKETING

マーケティング入門

マーケティングとは「商品企画から販売までの全過程」のことで、商品を開発し、市場に展開し、儲けをつくり、常に勝ち続けるために何をすべきかという、これらすべてのプロセスをマーケティングと呼ぶ。

監修：西根英一

マーケティングも進化し、企業、組織を進化させる

マーケティング理論の進化の変遷

マーケティングは、企業などの組織が行うあらゆる活動のうち「顧客が真に求める商品やサービスである価値をつくり、その情報を届け、顧客がその価値を効果的に得られるようにする」ための概念であるとされているが、時代とともにその定義や理論は、さまざまに進化している。「近代マーケティングの父」フィリップ・コトラーが名付けた「マーケティング1.0」から見ていく。

マーケティング1.0（1900〜60年代）

コトラーによると、モノ（製品・商品）を中心にした「マスマーケティング」の時代だ。1900年代の初めは、大量生産、大量販売の時代で「大量に安く生産し、販売する」ことに重きが置かれていた。このとき使われたのが、4Pモデルである。どんな製品を（Product）、どこで（Place）、いくらで（Price）、どのように（Promotion）売るかという生産供給サイドからのフレームワークであった。

マーケティング2.0（1970〜80年代）

1970年代に入り、FAなどで大量に安価なモノの生産が効率よく行われ、似たような商品が市場にあふれ出した。消費者（買い手）はそれらの商品から自分のニーズや好みによって「商品を選別する」時代に入った。これがマーケティング2.0であり「顧客志向のマーケティング」である。

このとき使われるフレームがSTP分析で、顧客をどのようなセグメントに分け、どのターゲットに、どのようなポジショニングで他者と差別化するかが、大事なテーマとなっている。

マーケティング3.0（1990〜2000年代）

1990年代、さらにモノがあふれ、モノが売れない時代に入る。インターネットの普及、グローバル化などによって、商品や企業の取り組み、とりわけ社会的貢献をしているかどうかなど、消費者の目は製品の機能や価格のみならず、その企業が自然環境問題、教育問題、人権問題などへの社会的責任やCSR（企業の社会的責任）を果たしているか

で、企業を評価するようになった。

マーケティング3.0では社会貢献などの製品の背景を評価する「価値主導のマーケティング」となる。

マーケティング4.0（2010年以降）

2010年代になると「環境にいい」「社会のためになる」製品が増えた一方で、スマートフォンなどでのソーシャルメディア時代となり、消費者の購入プロセスに大きな変化が出てきた。それは心理学者アブラハム・ハロルド・マズローの「自己実現の欲求」にあるように、顧客が「なりたい自分」「あるべき姿」を発見して、それを達成することを目的とするマーケティング手法だ。これをコトラーはマーケティング4.0「消費者実現のマーケティング」としている。

さらにコトラーは「5A理論」を展開している。5Aとは、顧客の視点をカスタマージャーニー（顧客の旅）にたとえ、Aware（認知）、Appeal（訴求）、Ask（調査）、Act（行動）の購買行動で終わらず、Advocate（奨励）を加えた5つのステップで、顧客の思考、行動、感情を理解しながらマーケティングを行うものだとしている。最終的に顧客からの信用を得て、ブランドのファンとして他者に推奨してもらうようになることが鍵となる。

この項では、一般的なマーケティングの概要を紹介しながら、ヘルスケア・マーケティングの専門家である西根英一先生のアドバイスとコメントをいただく。

マーケティングの神様　Philip Kotler

Wikipediaより

フィリップ・コトラー（Philip Kotler、1931年生）は、アメリカ合衆国の経営学者（マーケティング論）。ノースウェスタン大学ケロッグ経営大学院教授。顧客のセグメンテーション・ターゲティング・ポジショニングを説くSTP理論や、マーケティングの4Pにpeople（人）・processes（プロセス）・physical evidence（物的証拠）を加えた7P理論などが有名。時代とともに変遷するマーケティングの概念を平易で具体的に説明していることなどから「近代マーケティングの父」「マーケティングの神様」と評される。

マーケティング・プロセスの5つのステップ

マーケティング・プロセスは、一般にR-STP-MM-I-C、の5つのステップで説明される。

1 Research（調査）

まず、市場環境の動向、消費者の意識調査、競合他社の動向、規制の緩和や新たな規制などの社会変化、技術革新、まったく違う領域からの新規参入者の可能性など、さまざまな動向を調査し、状況を正確に把握することが大切である。そのうえで、自社と自社製品の強み・弱み、可能性とリスクを把握しなくてはならない。そこで環境分析（PEST分析）、市場分析（3C分析）、そしてSWOT分析（要因分析）が行われる。これらについては次頁で詳しく説明。

2 STP（Segmentation,Targeting,Positioning）

STPマーケティングは、コトラーの提唱した代表的なマーケティング手法の1つ。効果的に市場を開拓するためのマーケティング手法のこと。マーケティングの目的である、自社が誰に対してどのような価値を提供するのかを明確にするための要素「セグメンテーション」「ターゲティング」「ポジショニング」の3つの頭文字をとっている。

セグメンテーション（segmentation）＝市場における顧客のニーズごとにグループ化する。市場をセグメントする。さまざまな角度から市場調査し、ユーザー層、購買層といった形であぶり出し、明確化していく。簡単に言うと切り口という意味。

ターゲティング（targeting）＝セグメント化した結果、競争優位を得られる可能性が高い、自社の参入すべき市場セグメントを選定する。選定には、複数のセグメンテーション軸を組み合わせて行なうことが一般的である。その際には、ターゲットの経済的価値（市場規模、成長性）やニーズを分析することが重要となる。

ポジショニング（positioning）＝顧客に対するベネフィット（利益）を検討する。自らのポジションを確立する。そのためには、顧客のニーズを満たし、機能やコスト面での独自性が受け入れられるかがポイントとなる。

3 Marketing Mix（4P分析：Product, Price, Place, Promotion）

4P分析は、マーケティング学者であるエドモンド・ジェローム・マッカーシーが1960年に発表した考え方で、企業視点で以下の4つのマーケティング要素で構成されている。

Product……製品、サービス、品質、機能、デザイン、ブランドなど
Price……価格、割引、支払方法
Place……チャネル（流通経路）、流通範囲、立地、販売形態
Promotion……販売促進、広告宣伝、広報、Webサイト、SNSなど

この4つの要素から分析を行い、消費者や市場に自社の製品を効率的に届けるための戦略を導き出す。

4 Implementation（実行）

マーケティングミックスにより、検討されたマーケティング戦略を実施する。実施後は、計測可能なKPIを用いて、マーケティング施策の効果を測定し、評価・改善を行う。想定していた成果を得られない場合もあるが、一喜一憂せずに、絶えず、PDCAを繰り返すことが大切だ。近年では、オンライン・マーケティングを併用し、AIやビッグデータの活用なども重要となっている。

5 Control（管理）

一定期間を定めて、市場展開におけるさまざまな課題などを管理し、初期の事業の目的を達成することである。実際の現場、市場からのフィードバックを活かして、状況に応じて必要な修正を加え、事業を成功に向かわせる。

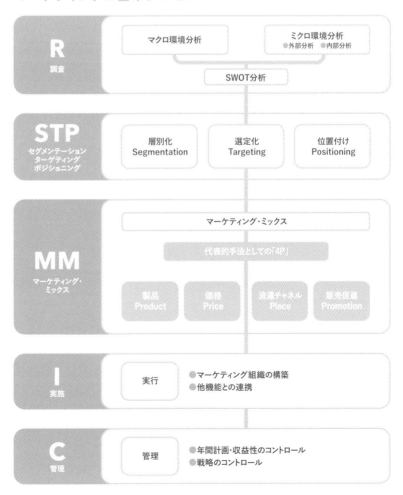

マーケティングの基本プロセス

R 調査
マクロ環境分析　ミクロ環境分析 ◉外部分析 ◉内部分析
SWOT分析

STP セグメンテーション ターゲティング ポジショニング
層別化 Segmentation　選定化 Targeting　位置付け Positioning

MM マーケティング・ミックス
マーケティング・ミックス
代表的手法としての「4P」
製品 Product　価格 Price　流通チャネル Place　販売促進 Promotion

I 実施
実行　◉マーケティング組織の構築 ◉他機能との連携

C 管理
管理　◉年間計画・収益性のコントロール ◉戦略のコントロール

マーケティング・プロセスの最初のR（Research）が大事！！

市場の分析

現状の事業を維持するためにも、また新規プロジェクトを進めるためにも、最初のステップは現状を正確に把握することである。孫子の兵法に「敵を知り、己を知れば、百戦して危うからず」とあるが、敵も己もいる「市場」環境を知ることからはじまる。

市場には、いわゆる3Cが存在していると言われている。「マッキンゼー・アンド・カンパニー」の経営コンサルタントだった大前研一氏が自著『The Mind of the Strategist』（1982年）の中で3C分析を提唱し、世界的に広く知られるようになった。

3C分析

Company（自社）＝たとえば、北海道、さらに札幌市を市場として考えたときに、札幌の市内には自分の会社、組織があり、事業活動を行っている。自社の売上高、利益額（収益力）、社員数、主要顧客（数）、社歴、技術者（資格、数）、表彰歴、業界におけるシェア、ポジション、など自社の分析も大事になる。

Competitor（競合他社）＝また、市場には自社と同様に事業を展開している競争相手が多数存在している。自社と同様に、それぞれの比較を行う必要がある。

Customer（顧客）＝そして、市場には消費者が存在していて、その総和がマーケットのボリュームとなる。現在の顧客数や取扱高、潜在的な需要など、地域エリアごと、業種別、年齢構成や規模ごとなど、多様なデータを日頃から収集しておく必要がある。

最近では、この市場の中に3Cだけではなく、自社にとっての協力者という意味でCo-operator（協力者）のCを加えた「4C分析」という見方もある。

PEST分析

PEST分析はコトラーにより提唱された。自社を取り巻いているマクロ環境が今後どのような形で自社に対して影響をおよぼすのかをあらかじめ把握、分析するためのマーケティング分析だ。

PEST分析は「Politics（政治的要因）」、「Economy（経済的要因）」「Society（社会的要因）」「Technology（技術的要因）」という4つの環境要因を洗い出して分析することから、それぞれの英単語の頭文字を取ってPEST（ペスト）分析と呼ばれている。

これらの要因をプラス要因、マイナス要因で振り分けることで、この後に行うSWOT分析の外部要因（機会と脅威）として使うことができる。

市場の3C

最近では、＋Cooperator　協力者

PEST分析

Politics　政治的要因
税制変化（増税・減税）、国際政治動向（条約、貿易問題）、法律、法改正（規制・緩和）、政治、政権交代、政治団体、公的支援制度（補助金・助成金）など

Economy　経済的要因
景気動向、消費動向、物価変動、経済成長率、雇用情勢、賃金動向、為替、株価、金利、原油価格など

Society　社会的要因
人口数（増加・減少）、人口構造（高齢化・少子化）、人口密度、世帯構成（核家族化・単身）、流行、文化、サブカルチャー、ライフスタイル、世論、社会問題（事件・犯罪・環境問題）、風潮など

Technology　技術的要因
イノベーション、技術開発、ITインフラ整備、IoT、人工知能（AI）、ビッグデータ、代替技術、特許権（取得・消滅）、新エネルギーなど

SWOT分析

SWOT分析とは、外部環境や内部環境を強み（Strengths）、弱み（Weaknesses）、機会（Opportunities）、脅威（Threats）の4つのカテゴリーで要因分析するものだ。

目標を達成するために意思決定を必要としている組織、個人のプロジェクト、もちろん、ビジネスの場面においても、事業環境変化に対応した経営資源の最適活用を図ることができることから、多くの組織で利用されている。

SWOT分析

クロスSWOT〜戦略的に事業分析するために

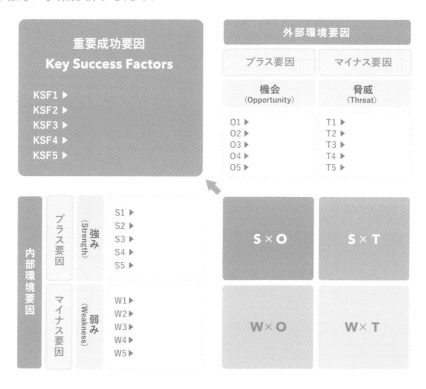

作図：西根英一

マーケティング入門 | INTRODUCTION TO MARKETING

クロスSWOTまでするのがルール！
分析の精度が高いほど戦略の確度が上がる

COMMENT

話題のビジネス書を読み漁り、マーコム（マーケティングコミュニケーション）の理論を脈絡ないまま「知識」として豊富にもっている方は世の中にたくさんいますが、「知識」を「知恵」に変えて実務に生かしている方はほんのわずかです。

数学の公式だけ知っていても、公式に何を当てはめればいいのかがわかっていないと解答はつくれません。それと同じ。マーケティング分析の脈絡を整えてくれる公式の1つが、クロスSWOTです。

客観的に環境を観るPEST分析と主観的に市場を視る3C分析、これらはいわゆる〝検査〟の段階。要因分析とされるSWOT分析が〝診断〟段階。その後の〝治療〟を決定するのがクロスSWOTです。

検査だけして結果を見ずにいたら、どんなことが起こるかは……ご想像の通りです。

西根英一（株式会社ヘルスケア・ビジネスナレッジ 代表取締役社長、事業構想大学院大学 特任教授）

製品を提供する側から見たマーケティング4P、さらに7P

4P分析

4P分析とは、マーケティング・プロセスのMM（マーケティング・ミックス）の柱となっている。

- Product（プロダクト：製品）
- Price（プライス：価格）
- Place（プレイス：流通）
- Promotion（プロモーション：販売促進）

つまり「どのような製品を、どのような価格で、どの流通経路で、どのように販促していくか」を分析する。

Product

品質、デザイン、ブランド名、パッケージ、サービス、アフター保証までを含めて製品としたときに、分析のポイントは「顧客は何を求めているか」「製品はニーズをどう満たすか」「製品を通して提供できるメリットは何か」「売れている他社の商品の特徴、利点は」「自社の差別点は何か」というような観点がある。そのうえで、自社の製品を既存の市場の中でどう位置付けるか、そして価格も大きくかかわってくる。

Price

価格を決定する過程では「顧客が購入してくれる価格なのか」「製品価値との整合性はあるか」「顧客が適正な利益を得られる価格であるか」ということが検討される。

Place

製品をターゲット層に確実に届けるためには「どのような形で製品を市場に流通させるのか」ということが重要である。流通経路や販売する場所が含まれる。店舗販売で

4Pと7P

4P
- Product 製品
- Price 価格
- Place 流通チャネル
- Promotion 販売促進

Physical Evidence 物的証拠
- 物の配置
- 素材
- 形・ライン
etc…

Process プロセス
- 方針と手順
- 生産スケジュール
- 教育
etc…

People 人
- サービス提供者
- 顧客
- その他スタッフ
etc…

7P
▼
マーケティング・ミックス

顧客とアイコンタクトをとろう！ 顧客が視ているのはモノでなく、きっとコト

COMMENT

マーケティング戦略においては、顧客体験（CX＝カスタマー・エクスペリエンス、UX＝ ユーザー・エクスペリエンス）モデルに適合することが大事と言われますが、一体何をすればいいのか、わからない方も多いことでしょう。

人の欲求には5つの段階あるとアブラハム・マズローは言いました。とてもわかりやすく言うと、ベースから上に向かって、生存欲求、生活欲求、所属欲求、承認欲求、自己実現欲求の順。この段階が異なると、互いに視線を合わせることができないように、商材が提供する価値と顧客が求める価値の段階がズレていると、顧客体験モデルに不適合の状態になります。

顧客体験モデルを実装するためには、まずは顧客の欲求段階を知り得なければなりません。欲求段階によって、何をもって購入するかのキメ手（KBF：Key Buying Factors）が異なるからです。また、ヘンリー・マレーは社会的動機づけと称して、意思決定のきっかけや行動の継続理由を紹介しています。ワクワクする感じっていうのも人によって向きが異なるわけです。つまり、顧客は階段のどこにいて、どっちを向いているかということを知ることが大事なのです。

一般に「ニーズ」と言われるものには、顕在化しているニーズと潜在化しているアンメットニーズがあります。商材が提供する機能的価値は、ダイレクトに顧客が抱えている課題に向けられ、おもに顕在化しているニーズに応えます。商材の視点からすれば、顧客の目的行動を獲得したことになりますが、さらに、潜在化しているアンメットニーズに応えるためには、商材は機能的価値だけではなく情緒的価値を備えなければならないのです。

そのために、顧客のココロの底をすくうような定性インタビュー調査を行います。顧客体験、それは五感の記憶や情動の記憶の中にこっそり隠れています。

西根英一（同）

マーケティング入門 ｜ INTRODUCTION TO MARKETING

顧客サイドの4Cからも見る

あれば、自社店舗、コンビニ、百貨店など形態は多岐にわたり、立地や店舗数も勘案する必要がある。また、スマホから拡大しているネット通販のように、受注から販売までをインターネット上で完結させる方法もある。「ターゲット層に確実に製品を届けることができる流通形態になっているのか」という観点でその妥当性を分析する必要がある。

Promotion

市場の顧客ニーズに「いかに製品を認知してもらうか」ということだ。製品がどれほど優れていても認知されていなければ意味はなく、売れない。認知してもらったうえで、さらに購入してもらえなければ、企業に利益は生まれない。

代表的な例としては広告やCMがあるが、この他にイベントの実施やSNSによる発信、メルマガの送付などもプロモーションの1つ

の手法となっている。「情報を確実にターゲット層に届ける」という観点から、発信メディアや市場に流す情報、そしてプロモーションにかける予算を検討する必要がある。

コトラーは、急速に進む産業のサービス化に対応するために、4P分析の4つの要素にさまざまなサービスの特性や特質を考慮した「People（人）」「Processes（プロセス）」「Physical evidence（物的証拠）」という3つの要素が加えて「7P分析」を提唱した。

4C分析による両サイドからの分析

1993年、ノースカロライナ大学のロバート・ラウターボーン教授は4P分析が売り手である企業サイド視点であることを指摘し、買い手である生活者サイド視点の4C分析を提唱した。これによって、両サイドからの視

点で分析がなされるようになった。この4C分析は以下の4つのマーケティング要素で構成されている。

Customer Value（顧客価値）＝「製品によって、顧客が受ける価値はどのようなものか」

Customer cost（顧客コスト）＝「価格によって顧客が費やす費用、購入の手間、時間はどれくらいか」

Convenience（顧客にとっての利便性）＝「流通や販路が、顧客にとって入手しやすいか」

Communication（顧客とのコミュニケーション）＝「顧客が望む情報を届けているか、顧客の声が届いているか」

「顧客サイド」の視点をメインに考えるマーケティングが4Cで、これと4P、7Pを両方から見て、戦略を考えていくことになる。

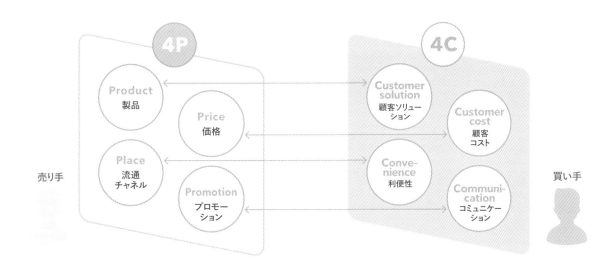

おすすめ図書

『ヘルスケアビジネスの図本 ヘルスケアビジネスの要件を満たすための50の開発目標』

著　者：西根英一
出版社：ヘルスケア・ビジネスナレッジ
定　価：本体2000円＋税
発売日：2020年2月6日

50個の開発目標でヘルスケアビジネスを構築

「図をみて、文をよみ、思考をたのしむ」というコンセプトの〝図本（ずぼん）〟。著者はマーケティング戦略とコミュニケーション設計が専門で、事業構想大学院大学特任教授も務める西根英一氏。ヘルスケアビジネスの要件を満たすための50の開発目標をHealthcare-business Development Goals（HDGs）としてまとめた。ヘルスケア分野での新事業を構想している人や起業を目指す人、また自治体などで健康施策に携わる人には、とくにオススメ。ただし、本書は西根氏の公式オンラインショップ（https://healthcare.official.ec/）のみの限定発売。

INTRODUCTION OF BALANCED SCORECARD

バランス・スコアカードの導入

加藤郁夫：(横浜国立大学成長戦略研究センター連携研究員、経営学博士)
吉川武男：(横浜国立大学名誉教授、エジンバラ大学客員研究員)

監修：加藤郁夫

1. バランス・スコアカードの概要

バランス・スコアカードは、ハーバード大学ビジネススクール教授のロバート・S・キャプランとコンサルティング会社を経営するデービット・ノートンが1992年にハーバード・ビジネス・スクールの機関誌『ハーバード・ビジネス・レビュー』に発表した論文がもとになっている。一般的に学術論文は、何らかのテーマに対し、数年をかけ研究され、解決方法を探るものである。彼らの論文も1992年以前に存在していた企業経営に関する諸課題に対する貢献を目的として研究され、成果として公表したものである。

米国では、1980年代に入ると貿易赤字が問題となりはじめ、1980年代後半にかけて自動車を中心に、日本に対する貿易赤字が拡大していた。原因はドル高だが、そればかりでなく、日本製品の品質の良さと低価格は魅力的で競争力が高く、米国企業は変革を余儀なく求められたのである。日本における経営管理手法の代表は、トヨタ自動車の「トヨタ生産方式」が有名であり、中でも「カイゼン」は世界中の経営者の目を引いたのである。したがって、バランス・スコアカードも、日本の経営者には日本企業の経営管理手法とどことなく似ていると感じられるであろう。

また、当時の米国では、年金基金のような巨額の資金を運用する投資家の投資分析方法にも変化が表れはじめ、人権や環境問題のような企業の社会的責任への取り組みを、株式投資などを行う際の投資判断基準に取り入れるミューチュアルファンドが台頭するようになったのである。米国の企業経営者は、日本的な経営管理手法を取り入れ、効率的に利益を追求するばかりでなく、自社の企業活動が地球環境にダメージを与えていないか、従業員に対して人種差別をしていないか、女性やマイノリティーを積極的に雇用しているかなど、利益以外の貨幣換算できない企業価値に対しても、配慮せざるを得なくなったのである。この流れは、現在のSDGsへの取組へと進展している。

したがって、管理会計においては、貨幣換算できる会計情報ばかりでなく、非貨幣的な会計情報を取り入れ、管理する業績評価システムが求められていたのである。

バランス・スコアカードは、非定量的な情報を、飛行機のコックピットや自動車のカーナビのように、企業経営を具体的なマップとして見える化し、定量的な情報へと結びつけることが可能となることが特徴である。つまり、バランス・スコアカードは、企業経営や行政や病院経営におけるナビゲーターの役割を果たし、ビジョンと戦略をアクション・プランに落とし込み、総力戦で成長力と競争力をつけ未来を切り拓く、戦略志向のナビゲーション経営ないし行政システムであるということになる。

● **図表1　バランス・スコアカードの基本モデル**

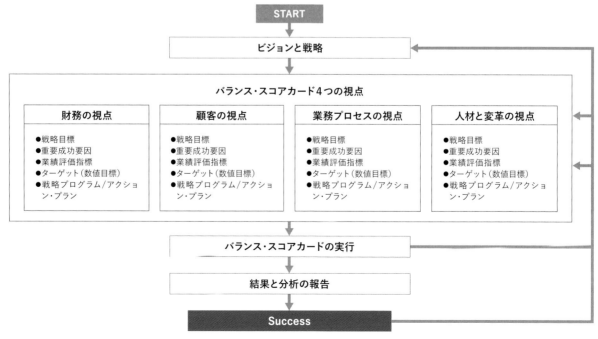

（出所：吉川（2013）、19ページ、図表1-8を基に加藤作成）

2. バランス・スコアカードの構築

　バランス・スコアカードの構築にあたっては、ひな形のようなものがあるわけではなく、また企業内部の経営管理手法なので、他の企業のものを真似るだけでは意味がない。そこで吉川(2013)は、バランス・スコアカードの作成にあたり、ワークシートを用いたバランス・スコアカード構築のための7ステップによる実践的なモデルを開発している(以下吉川モデル)。吉川モデルによるバランス・スコアカードの構築手順を示す(図表2)。

　以上の手順により構築されるバランス・スコアカードは図表4のようになる。

● 図表2　バランス・スコアカードの構築のための7ステップ

STEP1	ビジョンと戦略の策定	①理念等の確認
		②外部環境分析
		③内部環境分析
		④ビジョンを設定
		⑤SWOT分析(外部)
		⑥SWOT分析(内部)
		⑦戦略を設定
STEP2	重要成功要因分析による視点の洗い出し	最低20個列挙し、How to、Whyチェックを利用して確認し、最終的に戦略目標を決定する。
STEP3	戦略マップの作成と戦略目標の設定	第3ステップ最終確認として、戦略マップの作成と各視点および戦略目標間の因果関係(How to、Why)分析する。
STEP4	重要成功要因の洗い出し	最低20個列挙し、How to、Whyチェックを利用して確認。最終的に重要戦略要因を決定する。
STEP5	業績評価指標の設定	誰にもわかりやすく、明確に。戦略目標やターゲット(数量目標)やターゲット(数値目標)の達成度を測定・評価できるもの。
STEP6	ターゲット	①中・長期計画と整合性を保ち、設定する。
		②年度予算を反映させて設定する。
		③設定するターゲット(具体的数値目標)は、チャレンジ精神に満ちた意欲的な数値目標を設定する。
		④ここで故意に達成しやすい数値目標を設定し、これを達成した者が得をするような状況は絶対に避ける。
STEP7	アクション・プラン(実行施策)	掲げた戦略目標やターゲット(数値目標)を確実に実現する具体的対策ないし実行施策を考えることである。したがって、既存の経営管理プログラムと協調するのも一案である。例えば6σ、JQA、ISO、TQM、ABC、ABM、BPR、CRM、SCM、MOT、JIT、目標管理、生産管理、IE活動、及び各種の原価管理プロジェクト等と、うまく協力する形で戦力プログラムないしアクション・プラン(実行施策)を作成する。

（出所：吉川(2013)、186-188ﾍﾟを参照し、加藤作成）

バランス・スコアカードの導入　｜　INTRODUCTION OF BALANCED SCORECARD

3. バランス・スコアカードの視点

各視点間には、目的と手段の関係があることを、上から「それを達成するためにはどうするの？」と問いかけるHow toチェック、下からは「どうしてそのようなことをするの？」と問いかけるWhyチェックにより確認する。バランス・スコアカードは作成したら終わりではなく、運用しないと意味がない。定期的にフィードフォワードすることでカイゼンを施し、ビジョンの達成に向かっているかどうかを確認する。バランス・スコアカードは、図表1で示した基本モデルの通り、PDCAそのものであるといえる。バランス・スコアカードの運用におけるカイゼンは企業によってまちまちであるが、戦略マップに関しては、毎日カイゼンを施す場合もある。

● **図表3　視点間の因果関係**

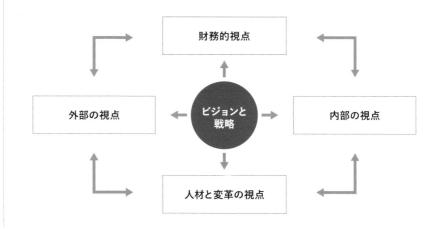

(出所：吉川（2013）、11ページ、図表1-3を基に加藤作成)

● **図表4　バランス・スコアカードの構築**

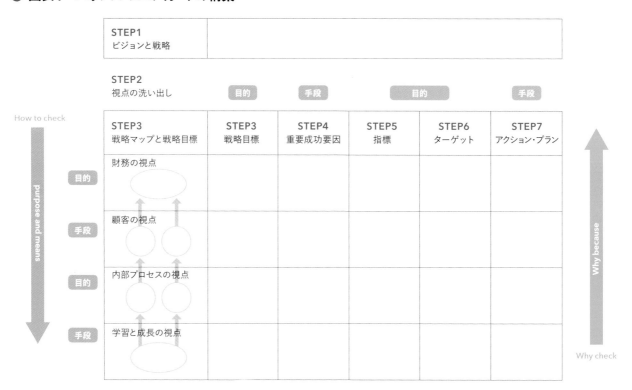

(出所：吉川（2013）、29ページ、図表1-12を基に加藤作成)

おすすめ図書

バランス・スコアカード

著　者：吉川武男
出版社：生産性出版
仕　様：単行本216ページ
定　価：2640円
発売日：2013年11月1日

企業価値を創造する戦略的マネジメント・システムを学ぶ

いまやバランス・スコアカードは、企業、行政、病院などにおいて、戦略的な経営に不可欠なものである。関係者全員を目標であるビジョンに向けて果敢に挑戦させる。結果として卓越した組織へと生まれ変わる戦略経営時代の革新的マネジメント・システムだ。新たな企業価値の創造にも、競争力や成長力をつけることにも役立つ。著者は横浜国立大学名誉教授の会計学者。専門分野は、原価計算および管理会計。そんな第一人者が、バランス・スコアカードの基本的な考え方から構築のためのステップを解説する。

4. サウスウエスト航空の例

　サウスウエスト航空は米国の格安航空会社である。1967年、エア・サウスウエストとして、アメリカ合衆国テキサス州で設立され、1971年に3機のボーイング737を使用して運航を開始した。その後、航空自由化政策（ディレギュレーション）とともに自力で路線網を少しずつ拡大。いくつかの格安航空会社を買収することでも路線規模を拡張し、全米に路線網を持つ大手航空会社となった。徹底した人件費以外のコスト削減等が図られ、収益率は他社より高い。1973年以来、米国の景気の動向にかかわらず黒字運営を続ける全米で数少ない航空会社の1つである。

　サウスウエスト航空は、バランス・スコアカードを経営に取り入れていると公表しており、ユニークなアクション・プランは、とても参考になる。バランス・スコアカードの作成過程までも公開しているわけではないので、わかる範囲で示してみる。（図表5）

Step1 ビジョンと戦略の確定
①理念の確認
②、③サウスウエスト航空の外部および内部環境分析
　●外部環境分析
　・1978年：航空自由化法成立
　・1990年代：湾岸戦争
　・2001年：同時多発テロ。航空会社の二極化が進む
　●内部環境分析
　・型破りな低価格運賃と上質のサービスで、経営トップから従業員一人ひとりに至るまで、全社員一丸となって自分たちの掲げた目標に向かってチャレンジし、米国生粋のサクセス・ストーリーをつくり上げた。

　・徹底した人件費以外のコスト削減等が図られ、収益率は他社より高い。
　・従業員一人当たりの生産性が高い。
　・経営方針の1つとして「社員第一、顧客第二」を掲げている。
④ビジョン：目標利益の確保効率的経営、と仮定する。
⑤、⑥SWOT分析の実施
⑦戦略：効率的な経営

Step2 視点は4つ
・財務の視点
・顧客の視点
・業務プロセスの視点
・人材と変革の視点

● 図表5　サウスウエスト航空のバランス・スコアカード

戦略マップ：効率的経営	戦略目標	重要成功要因	業績評価指標	ターゲット（数値目標）	アクション・プラン（実行施策）
財務の視点　利益性の向上　低コスト　売上拡大	●利益性 ●低コスト ●売上拡大	●市場の評価 ●少ない機種 ●顧客の拡大	●株価 ●飛行機のリース・コスト ●1座席当たり売上高	●30% ●20%アップ ●10%アップ	●低コストで売上増強
顧客の視点　定刻の離着陸　低価格	●定刻の離着率 ●低価格	●スケジュールを守る ●常連客の確保	●定刻の離着率 ●顧客定着率	●30分以内 ●90%以上	●業務の品質管理と顧客定着率アップのプログラム開発
業務プロセスの視点　稼働時間のアップ	●実稼働時間のアップ	●時間の厳守	●定刻の着陸率 ●定刻の離陸率	●90%以上 ●90%以上	●サイクルタイムの最適化
人材の変革の視点　地上クルーのチームワーク	●地上クルーのチームワーク	●従業員のモチベーション ●教育	●地上クルーの持ち株比率 ●地上クルーの教育訓練	●第1年度70% ●第3年度90% ●第5年度100% ●年4回以上	●ストックオプション ●地上クルーの教育訓練

（出所：吉川（2013）、32ﾍﾟｰｼﾞ、図表1-14を基に加藤作成）

ⅰ Robert S. Kaplan, David P., N. (1992), The Balanced Score Card: Measures that drive performance, Boston, Harvard Business Review, Jan.-Feb., 71-79. (本田桂子訳(1992)『新しい経営指標〝バランスト・スコアカード〟』、『ハーバード・ビジネス・レビュー』、4－5月号、81－91ﾍﾟｰｼﾞ、ダイヤモンド社)
ⅱ バランス・スコアカードのSDGsへの適用については、以下の論文を参照。Kato, I., T. Yoshikawa and L. S. Yee (2017), A Study on an Evaluation Method of an Investment of a Firm for SDGs using the Balanced Scorecard, Reitaku International Journal of Economic Studies Vol.25, December 2017, pp. 15-24.
ⅲ 吉川武男(2013)『決定版バランス・スコアカード』、生産性出版。

㈱アドバンス北海道事業（湯の川Endeavour、乙部Guild Endeavour）のケース

このプロジェクトは、健康食品を全国で展開している（株）アドバンス（本店・長野県佐久市、白井博隆社長）による新規事業として、北海道函館市の湯の川温泉街にクラフトビールの製造・販売と直営のレストランの運営を行うものである。

2018年、函館湯の川ブリュワリー（函館市湯川町1-26-24）開業（Endeavour）。

そして、2号店として2019年、乙部追分ブリュワリー（爾志郡乙部町字館浦686-2）が開業した（Guild Endeavour）。

乙部町ではレストランの他に、ここで採水される天然水のボトリング工場を町から払い受けてミネラルウォーターの製造・販売も行っている。「Gaivota」という商品名で現在全国に販路を伸ばしている。

この事業での企業理念は「調和・自然なる調和、自然との調和」を掲げた。

オープン後、さまざまな問題点などが出てきた際に、その課題解決として導入したのがバランス・スコアカードであり、横浜国立大学の加藤郁夫博士と吉川武男名誉教授が相談に当たった。

ここでのヒアリングで出た検討すべき課題は以下の通りである。

①売上高を高めたい。高品質を保ちつつも、コストは抑えたい。

②全体の利益率を高めたい。

③従業員のモチベーションを高めたい。

また、湯の川店周辺はまだ観光や地場の産業などあり、ある程度の事業規模を保っているが、乙部店に課題が見つかった。そこで市場分析のSWOT分析を活用した。

①外部環境分析
環境の厳しさ。
・乙部町は町面積の81%が山林で、周辺地域を含む人口が少ない。
・積雪が深く、冬季の営業が厳しい。

良い部分。
・ビール事業は6次産業化としての出口を

2号店として乙部町にオープンしたGuild Endeavourの内部

担っており、そこに行政、メディアなどが評価をしてくれている。

②内部環境分析
まだクラフトビールには顕著な特色を打ち出すことはできていないが、乙部の農家との連携で、ホップや大麦をオーガニック栽培し、最終的には乙部産のミネラルウォーターを利用して、地産地消のオーガニック原料といったパッケージを検討することは将来の可能性を広げるものである。

ただし、まだ役職員全員との意識の共有ができておらず、そのことが障壁となり、それぞれの実行力が発揮されていないという点も指摘された。今後、役職員各人のスキルを高める必要がある、などのことがわかってきた。

ビジョン、戦略の策定と共有

ヒアリングを進めながら、課題となる問題点がある一方で、それぞれが事業の可能性を感じていることもわかった。

函館・湯の川にあるクラフトビールを楽しめるレストランEndeavourの外観

● SWOT分析

S trength 強み

- クラフトビール
- 乙部町：自然環境（町の81%が山林。ブナの広がる乙部岳とそれらを水源とする姫川の清流）により水の美味しさが特徴
- 乙部：ミネラルウォーター工場併設のブリュワリーで醸した店内醸造クラフトビールを提供
- Gaivotaが「北のハイグレード食品セレクション」に選ばれた

W eakness 弱み

- 乙部町：周辺地域を含む人口が少ない事による集客の不安定
- 店を代表する名物料理が完成していない
- ミネラルウォーター製造の「命水乙部ボトラーズ」において販売展開のできるネットワークが未整備
- 湯の川店：厨房が狭く作業効率が悪い。スタッフが減った中で厨房が1人のケースもあり。雪かき等どう対応するか

O pportunity 機会

- 地方の特徴的な景観を生かした外国人観光客の増加
- ハラル認証等を取得し、海外マーケットの開拓

T hreat 脅威

- 内部の意識と実行力（乙部町でのホップや大麦をオーガニック栽培し、最終的には天然水、オーガニック原料といったパッケージが未完成に終わった場合は、信頼性を失い評価が下がる）
- 乙部店：冬季の積雪による来店機会の減少

そこで、みんなで共通の目標、ビジョンをつくる意見交換の場をつくってみた。

ビジョン
調和を重視し、自然からの恵みを自社のスペシャルティと位置付け、自らをブラッシュアップしていく持続可能な企業を目指す。

調和戦略
1.自然との調和
2.お客さまとの調和
3.自分や仲間、そして、すべてのステークホルダーとの調和

4.SDGsを事業に取り込み、SDGsが目指す豊かで健康な社会に貢献する

SDGs目標12：生産者も消費者も、地球の環境と人々の健康を守れるよう、責任ある行動をとろう。

こうした合意形成からバランス・スコアカード（BSC）の手法を使って、それそれを具体的に落とし込み、役職員全員で共有できるようにすることとした。

BSCの4つの視点

1.財務の視点
2.顧客の視点
3.業務プロセスの視点
4.人財と変革の視点

4つの視点の関係は「黒字の確保」に向けて、図1のようになる。
そして、BSCを何度も継続的にチェックすることによって、下記のようなイメージでビジョンを実現するようになっていくのだ。
ここからは実際にバランス・スコア・カードで課題を展開してみる。それぞれの事業、プロジェクトで活用をしていただきたい。

● 図1　戦略マップ

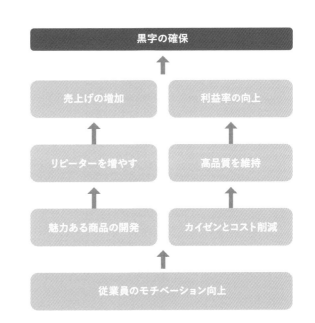

● 図2　戦略の実行を通してビジョンの実現を4つの視点で明確にする

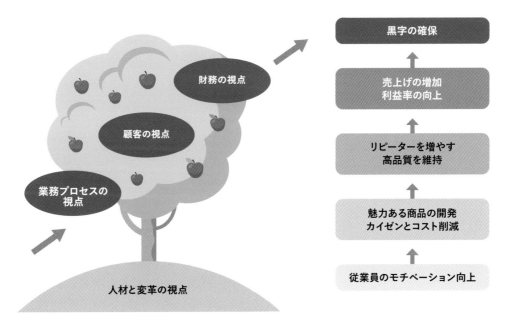

（出所：吉川（2013）、22ジ、図表1-9を基に加藤作成）

図3は、これまでの議論を一覧できるシートである。これがBSCのすべての基本となっている。

戦略マップ

ここではビジョンとその展開の戦略マップの関係を4つの視点で確認する。

戦略目標

ビジョン・戦略マップから項目を確認する。このケースの場合、とくに重要なのが黒字の確保、リピータを増やす、である。

重要成功要因

戦略目標を成功させる鍵となる要因である重要成功要因（KFS：Key Factor for Success）を確認する。この場合、顧客の拡大、名物料理の完成、などである。

業績評価指標

重要成功要因への取り組みを図る数値目標である業績評価指標（KPI：Key Performance Indicator）を決める。

掲げた目標を達成していく上でそれを定点的にチェックするためには数値化できる目標をつくることが大切である。この場合は、顧客増加率、売上増加率などである。

ターゲット（数値目標）

業績評価目標の実際の数値を決めることであり、これを毎週、毎月などの目標として測定を続ける。

アクション・プラン（実行施策）

実際の各部門、各人の行動を落し込んで行動することが大事である。

このBSCをベースにして、毎週、毎月のチェック作業を行う。

ポイントは以下の通り。

● 図3 バランス・スコアカード（週または月単位）

戦略マップ：調和を重視し、自然からの恵みを自社のスペシャルティと位置付け、自らをブラッシュアップ	戦略目標	重要成功要因	業績評価指標	ターゲット（数値目標）	アクション・プラン（実行施策）
財務の視点 黒字の確保 売上の増加 / 利益率の向上	1.黒字の確保 2.売上げの増加 3.利益率の向上	1.顧客の拡大 2.名物料理の完成 3.SWOT分析を徹底的に分析して弱みを克服し、脅威をチャンスに変える	1.顧客増加率 2.売上高増加率 3.利益率	前月比10%以上	1.乙部店：平日のランチの集客 2.海外マーケットの開拓（ハラル認証の検討） 3.乙部店：知識の統一（フォーマット化） 湯の川店：業務の見える化
顧客の視点 リピーターを増やす / 高品質の維持	1.リピーターを増やす 2.地元の顧客を増やす 3.接客態度のカイゼン	1.乙部店：100％乙部産素材 2.地元の人が来ても楽しめるメニュー構成 3.迅速な料理を笑顔で提供	1.リピーター増加率 2.地元の顧客比率 3.提供時間の短縮	1.90%以上 2.80%以上 3.5分以内	1.湯の川店：季節のビール 乙部店：イベントの検討 2.湯の川店：ビールの昼飲み客を増やす 乙部店：白老の和牛 3.すぐに出せる料理の考案
業務プロセスの視点 魅力ある商品の開発 / カイゼンとコスト削減	1.業務の効率化（カイゼン） 2.コスト削減 3.高品質を維持	1.乙部店：検品体制確立 湯の川店：マルチタスク 2.①ゴミ削減（必要なものを必要な量だけ買う）②こまめな節電、節水③後でやるをなくす 3.笑顔で新鮮な食材の提供	1.業務カイゼン率 2.コスト削減率 3.鮮度	1.90% 2.30%以上 3.10%	1.湯の川店：①同じ食材を使い形を変える②複合機の導入 2.乙部店：提案BOXの設置 湯の川店：プラスチック削減①瓶のリターナブル（10%ボトル）②ステンレスストロー 3.乙部店：ハサップの取得
人材と変革の視点 モチベーションの向上	1.モチベーションの向上 2.変革能力の強化 3.持続可能性にかかわる価値の増強（SDGs）	1.従業員を大切にする 2.休憩時間を利用して相互信頼を高める 3.全方向まんべんのない調和を確認	1.モチベーションの向上度合い 2.相互信頼度 3.SDGs研究会	1.90%以上 2.90%以上 3.月1回	1.乙部店：従業員の誕生会やランチパーティー 2.乙部店：水の飲み比べ（コーヒー、紅茶との相性調査） 3.女性が主役を担う部分を増やす（新メニューの開発等）

● 図4 バランス・スコアカードの結果の報告と分析（翌週または月）

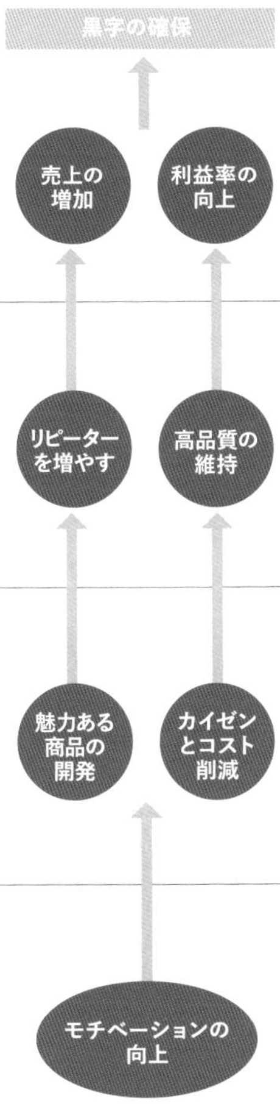

戦略マップ：調和を重視し、自然からの恵みを自社のスペシャルティと位置付け、自らをブラッシュアップしていく持続可能な企業を目指す	業績評価指標	ターゲット（目標）	ターゲット（実績）	アクション・プランの実施状況
財務の視点 黒字の確保 売上の増加 利益率の向上	1.顧客増加率 2.売上高増加率 3.利益率	前月比10%以上	1.前週比： ％ 2.前月比： ％ 3.前月比： ％	1. 2. 3.
顧客の視点 リピーターを増やす 高品質の維持	1.リピーター増加率 2.地元の顧客比率 3.提供時間の短縮	1.90%以上 2.80%以上 3.5分以内	1. ％ 2. ％ 3. 分以内	1. 2. 3.
業務プロセスの視点 魅力ある商品の開発 カイゼンとコスト削減	1.業務カイゼン率 2.コスト削減率 3.鮮度	1.90% 2.30%以上 3.100%	1. ％ 2. ％ 3. ％	1. 2. 3.
人材と変革の視点 モチベーションの向上	1.モチベーションの向上度合い 2.互信頼度 3.SDGs研究会	1.90%以上 2.90%以上 3. 月1回	1. ％ 2. ％ 3. 回	1. 2. 3.

・実績値のチェックと報告
・アクション・プランの実施状況のチェックと報告

　実際のバランス・スコアカードは図4である。このカードに今週はどうだったか、数値はどうかなどを、みんなで確認し合う。誰が悪いとか、個人の問題ではなく、みんなで現状を共有し、話し合うことが大切だ。

　吉川名誉教授によると、それをバランス・スコアカードに**フィードバック**ばかりではなく、**フィードフォワード**（前に前進する方向へ進める）ことによってカイゼンや新たな目標、アクション・プランが生まれてくる。

　ここでのポイントは以下の通り。
・アクション・プランを実行することが、目標とする数値ターゲットに結び付いているか（業績のカイゼンに結び付いているか）をチェックする。
・業績カイゼンに結び付いていなければ、原因を追究し、必要に応じアクション・プランを見直す。

　大事なことは、目標などが共有され、実績などの数値の達成に関してみんなが意識を持つこと。そして、実際にアクション・プランを実行することがもっとも大切なのだ。

　実行なくしては目標も計画もただのお題目に過ぎない。このバランス・スコアカードをみんなで議論し、確認し、カイゼンを考えること、そして、みんなでそれぞれが役割を果たしていくことが事業活動なのだ。

　このように自分たちで意見を出し合いながら、価値を共有し、ビジョンへ向かっていく組織をつくることにバランス・スコアカードは威力を発揮するのである。

F		C		G	

B		テーマ	D	

E		A		H	

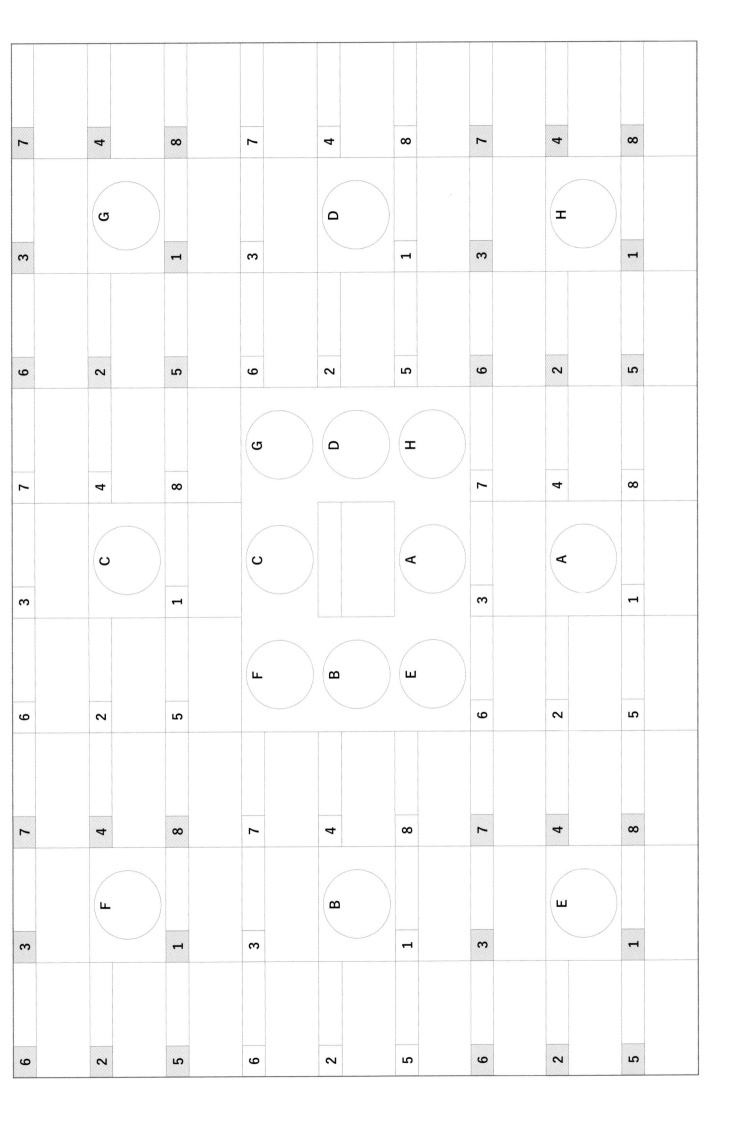

SDGs

SDGs（エスディージーズ：Sustainable Development Goals＝持続可能な開発目標）とは、2001年に策定されたミレニアム開発目標（MDGs）の後継として、2015年9月の国連総会で採択された「持続可能な開発のための2030アジェンダ」にて記載された2016年から2030年までの国際目標だ。持続可能な世界を実現するための17のゴール・169のターゲットから構成され、地球上の「誰一人として取り残さない」ことを誓っている。

持続可能な開発目標（SDGs）達成に 向けて日本が果たす役割

2015年9月の国連総会で採択された「誰一人として取り残さない」持続可能で多様性と包摂性のある社会の実現のため、2030年を年限とする17の国際目標が、いわゆるSDGsである。これに向けて日本としても、国内実施・国際協力の両面において、以下の3本柱を中核とする「日本のSDGsモデル」の展開を加速化していくこととなった。

1.SDGsと連動する「Society5.0」の推進
2.SDGsを原動力とした地方創生、強靱かつ環境に優しい魅力的なまちづくり
3.SDGsの担い手としての次世代・女性のエンパワーメント

ビジネス
▶企業経営へのSDGsの取り込み及びESG投資を後押し▶「Connected Industries」の推進▶中小企業のSDGs取組強化のための関係団体・地域、金融機関との連携を強化。科学技術イノベーション（STI）▶STI for SDGsロードマップ策定と、各国 のロードマップ策定支援 ▶STI for SDGsプラットフォームの構築 ▶研究開発成果の社会実装化促進▶バイオ戦略の推進による持続可能な循環 型社会の実現（バイオエコノミー）▶スマート農林水産業の推進▶「Society5.0」を支えるICT分野の研究 開発、AI、ビッグデータの活用

地方創生の推進
▶ SDGs未来都市、地方創生SDGs官民連携プラットフォームを通じた民間参画の促進、地方創生SDGs国際フォーラムを通じた普及展開▶「地方創生SDGs金融」を通じた「自律的好循環」の形成に向け、SDGsに取り組む地域事業者等の登録・認証制度等を推進

強靱なまちづくり
▶防災・減災、国土強靱化の推進、エネルギーインフラ強化やグリーンインフラの推進▶質の高いインフラの推進。循環共生型社会の構築 ▶「大阪ブルー・オーシャン・ビジョン」実現に向けた 海洋プラスチックごみ対策の推進▶地域循環共生圏づくりの促進 ▶「パリ協定長期成長戦略」に基づく施策の実施

次世代・女性のエンパワーメント
▶働き方改革の着実な実施▶あらゆる分野における女性の活躍推進▶ダイバーシティ・バリアフリーの推進▶「次世代のSDGs推進プラットフォーム 」の内外での活動を支援。「人づくり」の中核としての保健、教育 ▶新学習指導要領を踏まえた持続可能な 開発のための教育（ESD）の推進▶ユニバーサル・ヘルス・カバレッジ（UHC）推進 ▶東京栄養サミット2020の開催、食育の推進

2030年までに日本も世界に追いつかなくてはならない。逆にこの機会に、もう一度、既存のビジネスや社会システムを更新していくつもりで日本、北海道の立て直しをしなくてはならない。

世界を変革するための17の目標

貧困をなくそう

あらゆる場所のあらゆる形態の貧困を終わらせる

飢餓をゼロに

飢餓を終わらせ、食料安全保障および栄養改善を実現し、持続可能な農業を促進する

すべての人に
健康と福祉を

あらゆる年齢のすべての人々の健康的な生活を確保し、福祉を促進する

質の高い教育を
みんなに

すべての人々への、包摂的かつ公正な質の高い教育を提供し、生涯学習の機会を促進する

ジェンダー平等を
実現しよう

ジェンダー平等を達成し、すべての女性および女児の能力強化を行う

安全な水とトイレ
を世界中に

すべての人々の水と衛生の利用可能性と持続可能な管理を確保する

エネルギーをみんなに
そしてクリーンに

すべての人々の、安価かつ信頼できる持続可能な近代的エネルギーへのアクセスを確保する

働きがいも経済成長も

包摂的かつ持続可能な経済成長およびすべての人々の完全かつ生産的な雇用と働きがいのある人間らしい雇用（ディーセント・ワーク）を促進する

産業と技術革新の
基盤をつくろう

強靭（レジリエント）なインフラ構築、包摂的かつ持続可能な産業化の促進およびイノベーションの推進を図る

人や国の不平等
をなくそう

各国内および各国間の不平等を是正する

住み続けられる
まちづくりを

包摂的で安全かつ強靭（レジリエント）で持続可能な都市および人間居住を実現する

つくる責任
つかう責任

持続可能な生産消費形態を確保する

気候変動に具体的な対策を

気候変動およびその影響を軽減するための緊急対策を講じる※
※国連気候変動枠組条約（UNFCCC）が、気候変動への世界的対応について交渉を行う基本的な国際的、政府間対話の場であると認識している。

海の豊かさを
守ろう

持続可能な開発のために海洋・海洋資源を保全し、持続可能な形で利用する

陸の豊かさも守ろう

陸域生態系の保護、回復、持続可能な利用の推進、持続可能な森林の経営、砂漠化への対処ならびに土地の劣化の阻止・回復および生物多様性の損失を阻止する

平和と公正をすべての人に

持続可能な開発に向け平和で包摂的な社会を促進し、すべての人に司法へのアクセスを提供し、あらゆるレベルにおいて効果的で責任ある制度をつくる

パートナーシップで
目標を達成しよう

持続可能な開発のための実施手段を強化し、グローバル・パートナーシップを活性化する

カラーホイール

17の目標・169のターゲットは相互につながり関連性を持ち、それぞれの取り組みが、すべての取り組みへも影響している

PROBLEM SOLVING PROCESS
課題解決のプロセス

社会現象でも、企業活動でも、個人的な課題でも、解決する プロセスは共通している。大事なことは、あるべき姿、目指す べき姿を描き続けることだ！

課題解決のプロセス		PDCAサイクル	
調査	現状、何がどうなっているのかという事実を把握することである。新型コロナであれば、感染者数、症状、重症化率、致死率、地域などの実態の調査が大切だ。		PDCAサイクルは、品質管理、環境、安全などのISOなどのマニュアル作成のときに、多くの会社が取り組んでいる手法である。継続的な改善を進める上で必要である。P-D-Cと進んで、不適応がないか、改善する点などあれば、A（改善）からはじまる。
分析	どうしてそうなっているのか、問題点、課題の原因の分析がはじまる。新型コロナであれば、原因となっているウイルスの特性や過去のウイルスとの違い、感染経路、弱点はないのかなど、遺伝子解析などの分析が重要になる。	A	Act＝改善 P-D-Cと実施された結果を評価して分析し、課題がないかどうか、改善するべき点はないのかなど、検証を加える。そして、その結果を新たなPへと、継続的なフィードバックを行っていく。
立案	あるべき姿、進むべき方向を描く立案と計画が重要だ。その実行時の手段や方法なども含め検討しておく。単に原因に対する処方を出すだけではなく、方向感や次の展開計画など盛り込む必要がある。	P	Plan＝計画 目標の設定、その目標達成へのアクションプランを作成。5W2H（誰が＝who、いつ＝when、どこで＝where、何を＝what、なぜ＝why、どのように＝how、いくらで＝how much）を明らかにする。
実行	立案した計画を確実に実行、実施することである。運営体制の構築、実行部隊への周知徹底、定期的なモニタリングなどを行う。	D	Do＝実行 Pの計画、スケジュールに沿って的確に実施する。あわせて定期的なモニタリングも行っていく。
評価	定期的なモニタリングなどにより立案した計画と実施のギャップなどを分析し、必要に応じて見直しをしてゆく。	C	Check＝評価 実行の計画通りの進行かどうかチェックを行う。品質、安全、環境などの活動においても同様に評価する。

フィードバック

課題解決のプロセス ｜ PROBLEM SOLVING PROCESS

企業経営でも、個人の生活でも、さまざまな問題や困難が起こる。それが当たり前で、常に現実社会の中には変化が生じている。だから、いままで通りに過ごせることはない。

課題を解決しながら生きることがわれわれの人生なのだと考えたとき、役に立つのが課題解決のプロセスである。

何が問題なのか、そして、その原因は何なのか、現状把握と原因究明が大切である。その上で、あるべき姿、理想とする姿を描き、それに向かってどのように課題を解決していくのか、それが人生の醍醐味なのである。

PDCAサイクル、マーケティング・プロセ、そして、仏陀の悟りのプロセスも大体同じようなステップがある。仕事や勉学を通じてさまざまな問題や課題に向かいながら、また、家族や友人との間にも苦しみや問題も出てくるが、一つひとつできるところから問題を解決していくと、やがて仏陀のように悟りの境地に達するかもしれない。

マーケティング・プロセス	仏陀の悟りのプロセス
R Research＝調査 市場の3C、PEST分析、SWOT分析などの手法を使って、状況を把握する。	**苦** 世の中には喜びもあるが、苦しみにも満ちている。人間の苦しみである四苦八苦。これをなくすことができるのか、仏陀は王子としての生活を捨てて出家する。
STP Segmentation＝市場の細分化 Targeting＝どのセグメントを狙うか Positioning＝立ち位置を決める	**集** その苦しみの原因は何なのか。多くの原因を集めてみると、人間の心の中にある煩悩である。煩悩（欲望）が本来の人間の仏性を曇らせている（無明）。欲望が集まって煩悩の炎となっているのだ。
MM MarketingMix＝マーケティング・ミックス 代表的な手法は4P(Product, Price, Place, Promotion)であるが、顧客視点からの4C (Customer value, Customer cost, Convenience, Communication)も合わせて効果的な計画を立てる。	**滅** 理想の状態。苦しみを滅した状態、つまり涅槃の境地（ニルバーナ）に達すること。仏陀はこの境地に達し、この世をさろうとしたときに、梵天（ブラフマン）が現れ、衆生救済に気づき、生涯を通じて多くの人々に説いた。
I Implementation＝実施 調査からMMによって自社の製品のマーケティング計画を立てたものを実行する。その実行部隊の編成や実行の効果などをモニタリングすることも大切である。	**道** 八正道、涅槃の境地に達するための8つの正しい行いを説いた。日々、実践することによって涅槃に達することができるとした。とくに「正定」は正しい瞑想で、最近ではマインド・フルネスの世界でも広まっている。
C Control＝管理 実施されている状況を定点的に観測し、目標に対する結果をトレースし、分析する。年間、月間、週間などの結果集計から戦略の見直しまで含む。	苦集滅道は仏教では、四諦（4つの聖なる教え）として、とても重要な意味を持っている。とくに八正道は、仏への道のりであり、このアプローチで課題に当たれば、自ずから悟りを開いて歩んでいける人となるに違いない。

第2章 マネジメント入門編

理論は成功するための武器だ

マネジメントはピーター・F・ドラッカーのエッセンスから基本的な考え方を紹介した。マーケティングは、まずフィリップ・コトラーなどの基本的な考え方を紹介し、新しい視点から西根英一先生のコメントをいただいた。

事業計画を作成するための基本的な考え方を西順一郎氏の戦略MQ会計から、そして、バランス・スコアカードは日本を代表する横浜国立大学の吉川武男名誉教授と加藤郁夫教授から基本的な考え方と特別に2つの事例を紹介することができた。

世界はいま、2030年に向けてSDGsを共通の目標として掲げている。地球に住む者として、一緒に達成へ向けて取り組む時代を迎えている。マネジメントには、まだまだたくさんの学ばなければならないことがある。今回紹介したものはその基本的な部分であり、読者にはそれぞれさらなる学習を進めていただきたい。

ここで、いくつか補足的な事項を確認しておきたい。

「目的」と「目標」はよく使う言葉だが、はっきりと使い分けがされていないことがある。「目的」とは「何のために」であり、最終的に達成したい事柄である。企業や組織をつくるとき、何のためにやるのか、何を目指すのか、それが目的であり、企業理念となるものである。表現も概念的な、抽象的なものとなる。「目標」は「いつまでに何をする」という、目的を達成するための手段や道標、通過点の目印である。企業や組織にとっては、今年の事業目標、売上目標、重点目標など、具体的に数値で表されるものである。

もう1つよく使われる言葉で「戦略」と「戦術」がある。「戦略」とは、目的、目標を達成するためにとるべき方向性、シナリオのことである。「戦術」は、その戦略を実現するための具体的、実践的な手段、計画である。

MVV（ミッション・ビジョン・バリュー）

目的、目標と同様によく使う言葉が「ミッション」と「ビジョン」である。

「ミッション」とは、使命、役割、任務の意味だ。「自社は何をするのか」「自社は何のために存在しているのか」など、社会の中で組織が果たし続ける役割を明確にしたものだ。

「ビジョン」とは、心に描く将来像であり、長期の展望や見通しのことである。組織が目指す長期的な展望、つまり「自社は何を行うのか」というなすべきことや中長期的に目指す姿、目標を定義するものである。ドラッカーは「ミッションが実現されたときの将来像だ」と言っている。

ドラッカーは後年、こうも言っている。「ネクスト・ソサエティにおける企業の最大の課題は、社会的な正統性の確立、すなわちバリュー（価値観）、ミッション（使命）、ビジョン（将来像）の確立である。他の機能はすべてアウトソーシングできる」（ダイヤモンド社刊『ネクスト・ソサエティ』より）

「バリュー」とは、個人もしくはチームが大切にしている価値観のことである。顧客に対して提供し続ける価値のことである。

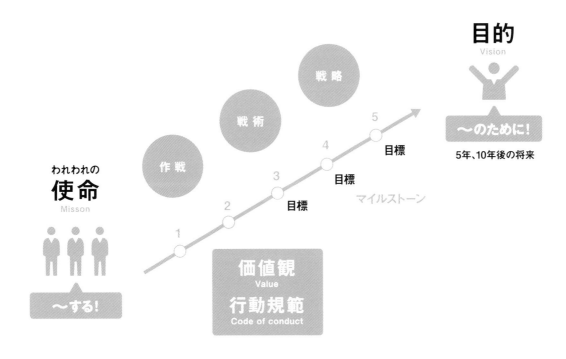

自分たちらしいMVV（ミッション・ビジョン・バリュー）をつくろう
やがてGAFA、BATHを超える日本らしい、北海道らしいビジネスを目指せ！

存在意義　なぜ自社が存在するのか？という、企業が社会の中で果たすべき役割を定義する。

ありたい姿　自社は何を行うのか？という、成すべき事や中長期的に目指す姿・目標を定義する。

行動指針　ミッション・ビジョンを実現するために大切にする姿勢や価値観、行動指針を定義する。

有名企業のミッション事例

簡単に有名な企業の「ミッション」「ビジョン」「バリュー」をそれぞれのホームページから見てみよう。

●LINE
MISSION
CLOSING THE DISTANCE
私たちのミッションは、世界中の人と人、人と情報・サービスとの距離を縮めることです。
VISION
Life on LINE
私たちのビジョンは、24時間365日生活のすべてを支えるライフインフラになることです。

●スターバックス コーヒー ジャパン
our mission
人々の心を豊かで活力あるものにするために──ひとりのお客様、一杯のコーヒー、そしてひとつのコミュニティから。
our values
わたちたちは、パートナー、コーヒー、お客様を中心としてvaluesを日々体現します。

●ファーストリテーリング
ステートメント – Statement
服を変え、常識を変え、世界を変えていく
グループミッション – Mission
■ 本当に良い服、今までにない新しい価値を持つ服を創造し、世界中のあらゆる人々に、良い服を着る喜び、幸せ、満足を提供します
■ 独自の企業活動を通じて人々の暮らしの充実に貢献し、社会との調和ある発展を目指します
私たちの価値観 – Value
■ お客様の立場に立脚
■ 革新と挑戦
■ 個の尊重、会社と個人の成長
■ 正しさへのこだわり
私の行動規範 – Principle
■ お客様のために、あらゆる活動を行います
■ 卓越性を追求し、最高水準を目指します
■ 多様性を活かし、チームワークによって高い成果を上げます
■ 何事もスピーディに実行します
■ 現場・現物・現実に基づき、リアルなビジネス活動を行います
■ 高い倫理観を持った地球市民として行動します

●グーグルジャパン
Google の使命は、世界中の情報を整理し、世界中の人々がアクセスできて使えるようにすることです。
Googleが掲げる10の事実
① ユーザーに焦点を絞れば、他のものはみな後からついてくる
② 1つのことをとことん極めてうまくやるのが一番
③ 遅いより速いほうがいい
④ ウェブ上の民主主義は機能する
⑤ 情報を探したくなるのはパソコンの前にいるときだけではない
⑥ 悪事を働かなくてもお金は稼げる
⑦ 世の中にはまだまだ情報があふれている
⑧ 情報のニーズはすべての国境を越える
⑨ スーツがなくても真剣に仕事はできる
⑩「すばらしい」では足りない

●Facebook
Our Mission
Founded in 2004, Facebook's mission is to give people the power to build community and bring the world closer together（＝2004年に設立されたFacebookのミッションは、コミュニティづくりを応援し、人と人がより身近になる世界を実現します）
行動指針
■ Move fast－ 素早く動く
■ Be bold－ 大胆であれ
■ Be yourself － 自分らしくあれ

いい会社とか悪い会社とかはない。
あるのは、いい社長と悪い社長である。

一倉定の社長学　第9巻「新・社長の姿勢」より

事業経営とは変転する市場と顧客の要求を見極め、
これに合わせて、わが社をつくりかえることである。

一倉定の社長学　第1巻「経営戦略」より

一倉定氏（日本経営合理化協会提供）

以上5件の事例を見たが、それぞれの企業の文化、思想によって、さまざまであるが、社会に対してどういう企業でありたいのか、そのために何をするのか、そのための自分たちの価値観や行動規範などをかかげて方向感を示している。

アメリカのGAFA

さて、前述で取り上げたGoogleとFacebook、これにAmazonとAppleを加えた4社のことをGAFAと呼んでいる。Microsoftを加えてGAFAMという場合もある。

2020年、GAFA4社の時価総額は、日本の東京証券取引所第一部上場企業2000社合計の時価総額よりも大きくなっている。

また、新興企業であるEV電気自動車メーカーのteslaが、同様に時価総額でトヨタを抜いた。販売台数ではトヨタの30分の1なのに、これからのEV車の普及の可能性や、さらなる技術革新への期待が、世界の環境問題などと相まって大きな期待となっている。

中国のBATH

一方、中国の新興勢力も見逃せない。アメリカのGAFAに対して、中国はBATH（バス）と呼ばれている。BATHとは中国を代表するIT企業4社のことで、検索エンジンのBaidu（バイドゥ、百度）、ネット通販のAlibaba（アリババ、阿里巴巴集団）、SNSのTencent（テンセント、騰訊）、そして、通信機器のHuawei（ファーウエイ、華為技術）の総称である。

すでに日本の有力企業と比べても比べも

のにならないくらい巨大化している。たとえば、Baiduの売上高は約2兆2000億円であるのに対し、ヤフーは約8500億円だ。以下、Alibaba約2兆7000億円に対し、楽天約7800億円。Tencent約2兆6000億円に対し、LINE約1500億円。Hauwei約8兆5000億円に対し、富士通約4兆5000億円である。

すべての分野で相当な開きが出ている。これだけではなく、新ビジネスの配車アプリ、シェア自転車、ドローン、出前サイト、民泊などでも大きな差ができているのだ。

世界中がシリコンバレーモデルを目指す

世界中が米・シリコンバレーのような、スタンフォード大学や研究施設を中心に新規ビジネスやイノベーションが続々と誕生している。そして、連鎖的にさまざまなビジネスを生み出し、エリア内で生態系のようなエコシステムを構築して、世界と競争している。

アメリカ国内はもとより、ヨーロッパ、アジアの各国が、どんどんとスタートアップを生み出し、育てる仕組みをつくり出している。

日本は次第に世界から相手にされなくなっていく可能性がある。とくに日本人の英語力とコミュニケーション能力の低さ世界でダントツだ。いくら治安が良く、清潔で、すべてのインフラが整っていて、食べものも美味しい巨大都市・東京も、魅力は薄れている。すでに多くの欧米企業のアジアの拠点が東京から、ソウル、シンガポール、香港などへと移転している。今後、海外の新興企業も、なかなか東京には進出してこなくなるだろう。

これからの若い人たちへ

若い時代に、短期でもいいから海外に留学するように勧めたい。英語力とコミュニケーション能力を高めて、将来は欧米中の企業に負けない活躍をしていただきたい。

また、学校を卒業したら数年間はどこかに就職して、企業の事業活動やビジネスモデルなどをしっかり勉強すべきだと考える。起業や独立は30代になってからでも十分間に合う。それまでに自分の人生計画、キャリアデザインをしっかり描き、力をつけてもらいたい。やるならば、リーン・スタートアップで、小さく試行錯誤を繰り返して大きくする。そういった行動力も大事だ。

日本を代表する経営の指導者

最後に日本の経営の指導者を紹介してまとめたいと思う。経営書となると、まずドラッカーが頭に浮かぶ人が多いかもしれないが、日本の経営者の多くが学んでいるのが「一倉定の社長学全集」（日本経営合理化協会出版局）である。

一倉定は1999年に亡くなるまで、日本中の経営者から「社長の教祖」として慕われ、時に恐れられた存在である。現在は「日本経営合理化協会」を設立した牟田學会長が「実学」として経営を紐解き、事業発展のための講義を行っている。

日本人としてしっかりとお客さまが喜ぶいい商品・サービスを開発し、社員も生き生きと働く〝世界でいちばん大切にしたい会社〟をつくっていってほしい！

03

第 3 章

イノベーション編

9人のイノベーターが説く起業の極意

ビジネスには2つの機能しかないと言われる。マーケティングとイノベーションである。イノベーションは、オンリーワンであると同時に、顧客にとってのナンバーワンでなければならない。ピーター・ドラッカーは「革新とは、単なる方法ではなく新しい世界観を意味する」と指摘している。将来についてわかっている唯一のことは、いまとは違うということだけ。現状を否定し、これまでの功名を捨てられる者だけが成長できる。変化してやまない顧客や市場に対応するためには、自らが変化の先頭に立つ〝チェンジリーダー〟となる気概が必要だ。

NITORI
Akio

NITORI STUDIO LIVING

売 上高6422億円、経常利益1095億円、純利益713億円（2020年2月期決算）──そんな国内最大手となる家具・インテリアチェーンを一代で築き上げた似鳥昭雄氏。いまや店舗は日本国内にとどまらず、台湾、中国、アメリカに進出。国内541、海外66（台湾30、中国34、アメリカ2）の計607店舗（2020年2月期現在）を数える。また、この数には含まれないが、2019年度から30〜50代の女性に向けたアパレルの新業態「Nプラス」をスタートさせた。現在、関東を中心に4店舗を展開している。

　いま小売業で勝ち残っているのは、商品企画から製造販売まで手がけるSPA（製造小売業）だ。日本で代表的な企業といえば、東のニトリと西のユニクロ。この2社はSPAで成功した〝東西の両横綱〟といえる。

　しかし、この2社には決定的に違っている部分がある。ニトリの凄みは、工場・物流まで自社で賄っているところだ。すなわち、海外で原材料を一括仕入れ→現地生産→輸入→店舗販売→商品配送まで、ほぼグループの直営でおこなう仕組みを構築しているのだ。「製造物流IT小売業」である。世界を見ても、工場・物流まで自社で行っているところはないと言われている。

　「結果的にそうなったということ。私が考えているのは、まず『安く』です。より安くするためにはどうすればいいのか。家具も、まずは問屋を通さずにメーカーから直接商品を仕入れました。日本中から安く仕入れることができるメーカーを探す中、1985年のプラザ合意による円高を契機に、海外商品の直輸入を開始しました。次に、それを運送するのに安さを追求していったら、商社や船

にとり・あきお／1944年樺太生まれ。1966年北海学園大学経済学部卒業後、広告会社勤務を経て、1967年23歳で似鳥家具店創業。1972年家具業界向けのアメリカ・ロサンゼルスへの研修セミナーに参加。アメリカの豊かさを見て人生観が変わる。1978年より経営コンサルタントの故渥美俊一氏に師事。2002年東京証券取引所一部上場。2005年藍綬褒章受章。2007年フランス札幌名誉領事就任。2010年持ち株会社に移行。2016年社長職を退き会長就任。

会社に頼むより自社で行うほうが安く、利益も出る。それで商品企画から工場・物流まで手がけるようになったのです」と似鳥氏は話す。まさに業界の常識を打ち破るイノベーターである。「流通業界の革命児」との異名は伊達ではない。

30年計画の立案

　ニトリにはさまざまな標語がある。もっとも有名なのは「ロマンとビジョン」だ。ニトリのロマンとは「欧米並みの住まいの豊かさを世界の人々に提供する」ことだ。ニトリは創業以来、このたった1つのロマンの実現のためにビジネスをしているといっても過言ではない。

　そのロマンを実現するためのビジョンは、1979年に社内外に宣言した「2002年に100店舗・売上高1000億円」が最初。似鳥氏は多店化を決意した1972年に遡り、30年後の姿を思い描いたのだ（第1期30年計画）。

　似鳥氏は1972年、あるコンサルティング会社が主催したアメリカ西海岸視察セミナーに参加した。現地を視察して受けた衝撃は、似

●株式会社ニトリホールディングス●1967年12月創業●家具・インテリア用品の企画・販売の株式会社ニトリほかグループ会社の経営管理●www.nitorihd.co.jp

ニトリホールディングス代表取締役会長

似鳥 昭雄

事業を興すのは40歳を過ぎてからでも十分
それまでは企業内でトップクラスの実績を残せ

鳥氏の人生を一変させるものだった。

アメリカの家具は、価格が日本の2分の1でありながら種類やサイズ、カラーが豊富にそろっていた。使う人の視点に立った設計で、質や機能で日本製品を圧倒。また、家具だけではなく、カーテンやカーペットなどのトータルコーディネートを考えた展示になっていたのも当時の日本では考えられないことだった。こうした違いは、アメリカの小売店が巨大チェーンであったことに秘密があった。全米に100店200店とチェーン化することでスケールメリットを生かし、仕入れ価格を抑える。より質のいい製品を安く提供できるので、当然売れる。そうなると流通や品ぞろえも小売り側が主導権を握ることができ、異なるメーカーの製品を組み合わせたトータルコーディネートが可能になる。このとき似鳥氏は、日本も20年後か30年後には必ずアメリカのようになると確信した。

「当時、私が掲げたビジョンは実現不可能と思われていたに違いありませんでした。しかし、ビジョンに向かってひたむきに努力を続けた結果、計画から1年遅れたものの、2003年に店舗数は100店を超え、売上高も1000億円を突破しました」

2003年をスタートとする第2期30年計画では「2012年に300店舗、売上高3000億円。2022年に1000店舗、売上高1兆円。2032年に3000店舗、売上高3兆円」というビジョンを掲げている。

人生の質はロマンで決まる

似鳥氏は影響を受けた人物として2人の名前をあげる。1人は妻の百百代さん、もう1人は新聞記者出身の経営コンサルタントでチェーンストア理論の第一人者でもあった渥美俊一氏だ。

「私は創業の翌年24歳のときに20歳の百百代と結婚しました。家内は愛想もよく度胸も満点。しかも働き者。商売上手で赤字続きの店をあっという間に黒字にした。家内のおかげで企業として羽ばたくことができました。もう一人は渥美俊一先生。1978年1月、渥美先生が主宰するペガサスクラブへ入会し、徹底的に鍛えられました。渥美先生は『経営

者はロマンチストたれ』と。ロマンチストとは、世のため人のために行動する人のこと。壮大なロマン（大志）を抱き、それを達成するために明確なビジョンを打ち立てるのが経営者の役割だと説かれました」

そんな似鳥氏は、次代を担う若者たちに次のようにアドバイスする。

「若さゆえに夢や野望は膨らみますが、20代が頭だけで考えて何か大きいことをやろうとしても、大抵はうまくいかない。うちの会社にも若くして辞めていく人がいます。自分で事業をやるとか、友人の起業に誘われてとか、理由はさまざまですが、成功したという話はほとんど聞きません。事業を興すの

は、40歳を超えてからでも遅くない。40代で勤めている会社のトップクラスにいるなら、十分やれると思います。会社で努力の足りない人が事業をやっても、うまくいくわけがない」と手厳しい。

実際、似鳥氏も20代は失敗の連続だったという。

「人生の質はロマンで決まります。世のため人のために役立つことをやる。それがどんな分野でやれるのか自分で探すためにも、一度は企業に入って働くのはいいと思います。

20代は、スポーツと同じく、とにかく体を動かし、頭だけではなく全身で仕事を覚えていく時期。現場の最前線でひたすら反復によって仕事を覚え、ありとあらゆる業務のオペレーションを体験することによって、観察・分析・判断の能力が身につきます。30代は、過去を否定し、仮説と検証を繰り返しながら課題に挑戦していく時代です。そして、新しい仕組みを創造し、スペシャリストとしての活躍をスタートさせるのが40代です。そういう意味でも40代が一番大事。会社にいようが、独立しようが、投資されるような人にならなくてはいけません」

世界最大の家具量販店といえば、スウェーデン発祥の「イケア」である。現在50の国・地域に420店舗を出店。その売上高は約5兆800億円にのぼる。日本でも「イケアジャパン」が10店舗展開している。ただ国別で見た場合、日本だけは苦戦を強いられている。そこにさまざまな要因はあるにしろ、もっとも腑に落ちるのは〝日本にはニトリがあるから〟。

国内で世界ナンバーワンをも寄せつけない圧倒的強さを誇るニトリ。このあり方こそが世界に挑戦できる本来の姿である。

アミノアップ代表取締役会長

小砂 憲一

KOSUNA Kenichi

苦しいときにも支援してくれた人がいる「その人たちのためにも」と自分を奮い立たせた

学生時代から寒冷地での農業の厳しさを目の当たりにしてきた。過酷な労働、貧しい生活、窮乏の日々……。

北海道の農業をもっと豊かなものにしたい、いや、しなければならないと、ずっと考えてきた小砂憲一氏は、酪農学園大学を卒業した1969年から土地改良の職に就いた。連作に次ぐ連作で土そのものが弱っている農地に、その地域にある有機物を混ぜ込んで土力を蘇らせたり、活用されない原野を農地に変えたりする仕事だ。各自治体から依頼を受けて全道の農村地帯を回った。小砂氏は学生時代に見た農業とはまた違う、よりリアルな農家の実態を知った。

一方で小砂氏は、農家の納屋を借りて植物エキスの発酵、培養の実験を重ねていた。そもそものきっかけは飼料の開発だった。輸入飼料に頼ることなく北海道の大地でより効果的な飼料をつくるという壮大な目標を抱いての挑戦だった。そこで1977年に設立したのが「北海道飼料研究所」だった。「国や道の機関、大学の研究者などが集まり〝寒冷地の北海道でも、いい農産物をつく

るぞ！〟という理想に燃えてスタートしました。私の技術が肝なので、一応、私が代表者となりました」と小砂氏は振り返る。

ある日、小砂氏は一部の地面だけ妙に植物が生い茂っていることに気づいた。そこは実験で生成した液を誤ってこぼした場所だった。いくら考えても、そこだけ成長がいいという理由が見当たらない。あるとすれば自らが生成した液体だけだ。小砂氏は自分のやってきたことが正しかったと確信した。果たして、植物の成長を促進させる物質は何なのか。小砂氏は、また実験に没頭した。

●株式会社アミノアップ●1984年6月設立●バイオテクノロジーによる植物生育調節物質、担子菌由来抽出物等の製造および販売ほか●www.aminoup.jp

顕著な成長の原因を突き詰めていくと、植物成長ホルモン、サイトカイニン様の物質が関係していると考えられた。その後、さらに研究を重ねた結果、キノコ由来の菌糸体から抽出した植物育成調整剤「アミノアップ」が完成。これを北海道農業に役立ててもらうべく事業化しようと組織も強化することになった。個人営業だった同研究所を1984年に株式会社化。社名も「アミノアップ化学」と変更して再スタートを切った。

ところが、そう簡単には売れない。当たり前の話だが、「アミノアップを散布すれば多少の冷害でも農作物は元気に育ちます」と言葉だけではなく科学的データを示して説明しても、なかなか理解は得られなかった。それでも、これからの農業を考える上で絶対に必要なものという信念が変わることはない。小砂氏は、断られても断られても農家へのアプローチはやめなかった。その熱意と正確なデータで、アミノアップは徐々にではあるが広がりを見せ始めた。

そんな状況を知ってか知らずか、道庁がひと肌脱いでくれた。それは農政部ではなく建設部だった。道路をつくると付帯として若木や芝を植える。ところが道路工事が終わるのは秋が多い。北海道の場合、すぐ冬を迎える。そんな時期に若木や芝を植えても雪が解けてみればみんな枯れてしまっていた。ところがアミノアップを散布しておくと、翌年も枯れることなく元気に育った。そこで道は、緑化事業では必ず散布するものとして、アミノアップを「特定指定資材」にしたのだった。

100の機関と共同研究

結果として道の特定指定資材の認定はアミノアップの信頼性を高めたことにもなり、農家への販売も広がっていった。しかし、如何せん商品は年に1回、春先にしか回らない。しかも、料金の支払いは収穫後の秋になる。とてもアミノアップ1本では事業を継続できない。

ある時、他の機関の研究者がアミノアップの製造工場を見学に訪れた。もちろん、植物育成調整物質の培養は無菌状態で行わ

れているのだが、その過程を見ていたある研究者が「これだったら人間が飲んでもいいんじゃないか」と言った。

確かに、植物用という固定観念を外して製造方法だけを客観的に見れば、人間が摂取しても何ら問題のないものだった。「ものは試しということで、そこにいた全員が飲んでみた。すると健康診断で出てきた数値がみんないい。〝これは健康食品にもなる〟とひらめきました。人であれば毎日使う。開発が成功すれば経営も安定する。すぐに人用の研究をはじめました」

それが現在の主力製品である機能性食品原料「AHCC」の開発につながった。

AHCCは、創業以来培ってきた長期培養技術を基に、体の免疫力を調整する機能を持つ。現在、世界30カ国で愛用されるまでに成長。さらに世界中の医療機関や大学で、AHCCのがんや感染症にかかわる免疫力の調整作用や、人体への安全性についての研究が行われている。

この他にも、ライチ由来のポリフェノール「オリゴノール」、アスパラガスのエキスを濃縮した「ETAS」、道内の契約農家で減農薬・有機栽培された青シソから抽出した「シソエキス」、大豆イソフラボンをキノコの菌糸体培養抽出物と発酵させた高吸収型イソフラボン「GCP」など、アミノアップ化学はすべて天然由来の素材を活用した健康食品開発メーカーへと変貌した。

人材の育成が必要

「創業当時、実績に乏しいアミノアップを販売する際に、農家を説得する材料として科学的な裏付けデータにより信用を勝ち取ってきた経緯があります。アミノアップの効能や科学的証明は、農林水産省や農業試験場のOB研究者が当社の設立前から担当してくれました。その精神が現在にも生きている。また、これまでに海外50、国内50の大学や医療機関と共同研究し、日々基礎研究や臨床試験が行われています。当社のすべての商品は、科学的エビデンスを明確にして客観的に評価された安全・安心な商品であることを強くアピールしています。だからこ

こすな・けんいち／札幌市生まれ。1969年酪農学園大学卒業。1977年「北海道飼料研究所」創業。植物生育調整剤「アミノアップ」を商品化。1984年「アミノアップ化学」を設立。代表取締役に就任。2009年会長就任。2018年社名を「アミノアップ」に変更。北海道経済連合会副会長、北海道バイオ工業会代表理事会長など公職多数。

そ、確かな商品として大きな信頼と差別化につながっていると自負しています」

小砂氏のあくなき探求心、自然の恵みを人々の健康に役立てたいという熱いパッションが、多くの人を呼び寄せ、協力してくれる体制ができている。「何年間も赤字で、何億円もの借金を背負った時期もありました。それでも周りの人は支援してくれた。私の思いが通じているのであれば、その人たちのためにも、何としても成し遂げなきゃいけない。そんな思いが自分を奮い立たせました。少しでも自分たちのやっている事業が、世の中の役に立ってもらいたい。みんなそんな思いで応援してくれているわけだからですからね」

小砂氏は人材の育成が必要だと痛感している。とくに産業の拡大を支えるグローバル人材の育成だ。「当社では、起業家精神のある学生を金融面、人材面で支援しています。大学、社会が若者に刺激を与えて起業家を育成することも、われわれの責任だと思っています。ぜひ当社を訪れてください」

ONISHI
Masayuki

おおにし・まさゆき／1955年釧路市生まれ。1979年東京大学経済学部経営学科卒業後、三井信託銀行入行。1981年阿寒グランドホテル入社。1989年社長就任。2002年「JTBサービス最優秀旅館ホテル日本一」。2003年内閣府「観光カリスマ百選委員会」で全国27人の中の1人として「観光カリスマ」に認定。首相官邸「明日の日本を支える観光ビジョン構想会議」委員。北海道経済連合会副会長。北海道観光振興機構副会長。釧路商工会議所副会頭。阿寒観光協会まちづくり推進機構理事長。

昭和の北海道観光は団体旅行が主流だった。旅行客を受け入れるホテル側も薄利多売の商売で「安かろう、悪かろう」が当たり前だった。そんな業界のあり方を質の面から変革してきたのが、鶴雅ホールディングス社長グループCEOの大西雅之氏だ。いち早く団体客から個人客への転換に着手。おもてなしの質を重視したその方向性は、同業他社も追随しないわけにはいかない。結果として北海道観光の底上げにつながったといっても過言ではない。2003年には内閣府から「観光カリスマ」と認定されるなど、いまや業界を牽引するリーダー的存在である。

そんな大西氏が観光業界に足を踏み入れたのは26歳のときである。もともと家業は阿寒湖畔にある「阿寒グランドホテル」だが、大西氏は一度たりとも「継げ」と言われたことはなかった。大西氏は東京大学経済学部卒業後、三井信託銀行に就職。東京で働いていた。

しかし、父・正昭氏が糖尿病で倒れ、母親も夫の看護疲れから肝臓を悪くしたと聞くにおよび、大西氏は故郷に帰ることを決意。1981年、阿寒グランドホテルに入社した。26歳だった。

「その後も父は入退院を繰り返しましたが、7年間は一緒に働くことができました。私としては、父がいつ亡くなるかわからないと思っていたので、自分でやれることは自分でやろうと独断で動いたところもありました。父にすれば『いつから社長になったんだ！』という気持ちで、毎日ケンカでした」

昭和から平成へと変わる1989年、正昭氏は63歳で死去。大西氏が社長に就いた。

「父が亡くなったとき、涙も出ませんでした。悲しみよりも不安のほうが大きかった。あれから30年、ここまでやってこられたのは、父との7年間があったからです。そして、父に喜んでもらいたくて頑張ってきた部分もあります」

送客停止

大西氏が社長に就任する2年前の1987年、阿寒グランドホテルは創業以来、最大の危機を迎えていた。大手旅行代理店のJTBからサービスの悪さを指摘され、送客停止と

なったのだ。

それぞれの温泉地にはホテルの序列がある。当然、旅行代理店はポジションの高い宿から順番に客を送り込んでくる。当時の阿寒グランドホテルは5番手。薄利多売で数を集めるしかない。結果としてサービスの質は粗くなっていった。

「JTBさんでは、お客さまに宿泊アンケートを取っていました。その回答を数値化し、点数が60点を下回ると送客停止になるルールがありました。そのとき当社の点数は58点。愕然としましたが、そもそも私自身もアンケート

●鶴雅ホールディングス株式会社●1955年3月創業●ホテル業経営、飲食店経営、土産物等の販売、旅行代理店経営ほか●www.tsurugagroup.com

鶴雅ホールディングス代表取締役社長グループCEO

大西 雅之

宿づくりは作品づくり──
効率化や量だけを追い求めると大切な何かを見失う

の点数なんて考えたこともなかったのです」

当時の北海道観光は団体旅行が主流だった。ホテルは旅行代理店の組んだツアー客なくして経営は成り立たない。それが送客停止である。世の中はバブル景気の真っただ中で、阿寒湖温泉には年間100万人の宿泊客が来た時代である。

そのときの阿寒湖温泉のまちづくりの師の言葉は「数を追い求めると、このまちは大切なものを失う。宿泊客が100万人から80万人に減員してもやっていける質の高いまちづくりを目指しなさい」という厳しいものだった。大西氏はこのまちの未来図とホテル経営のビジョンを重ね合わせた。

熟考に熟考を重ねた結果、ついに導き出した革新のコンセプトは「宿づくりは作品づくり」だった。効率優先やコスト削減という数字が先にくるのではなく、宿泊客に喜んでもらうためのおもてなしこそ最優先されなければならない。従来とは180度の発想転換だが、その根底には大西氏の鋭い洞察があった。近い将来、観光のスタイルは団体から個人へと変わっていくという予感があったのだ。実際、2000年を境にその傾向は顕著になった。趣味やライフスタイルの違う個人の旅行者に、どこまできめ細やかなサービスができるか。それが差別化になり、客単価を上げることにもなる。まさに量から質への転換だった。

「ハードだけが作品ではありません。新しいホテルをつくるにしろ、既存施設をリニューアルするにしろ、運営も含めたすべてが作品です。なぜあえて〝作品〟なのかというと、ホテルを単なる商売の道具としか見なければ、改装やメンテナンスにかかえる費用はコストになる。一方で作品という観点からすれば、改装やメンテナンスというのは作品を良くしていくということだから投資になる。結果としては同じことをやっているのだけれど、そこに携わる人たちのマインドが変わる。ホテルという舞台は、自分たちの生きた証でもあります。だからこそ携わった人たち全員でつくり上げる1つの作品だと思えるような活動をしなければならないのです」

全国の頂点に立つ

1994年、阿寒グランドホテル別館が完成した。部屋数は、わずか49。逆に温泉浴槽は19とした。まさに量を追いかけない個性的なつくり。個人客時代到来への、ホテルのあるべき理念を打ち出した渾身の作品である。

すでにバブルは崩壊し、日本経済は〝失われた10年〟の低迷期に入っていた。そんな時期に年商20億円の企業が、総工費36億円の投資を行った。

銀行も大西氏の熱いパッションと明確なビジョンに将来性を見出し、スピード感をもって融資を了承。これにより着工を1年早めることができた。

創業40周年となる1995年、本館・別館が「阿寒グランドホテル鶴雅」としてグランドオープン。のちに社名となる「鶴雅」の文字が、このとき初めて使われた。

大西氏は翌年「鶴雅2000年プロジェクト」を策定。21世紀の個人客時代にイニシアチブをとれる宿を目指し、2001年1月1日までに必達の目標を明示した。

その1つが送客停止のきっかけとなったJTBアンケートで「90点」を取ることだった。この目標1つとっても極めて難しい挑戦だとわかるが、大西氏の意志を社員全員が共有。1998年度JTBサービス優秀旅館賞を受賞した。そして2002年、ついにその時はやってきた。JTB2001年度サービス最優秀旅館ホテルに選ばれ、全国4600軒の旅館ホテルの頂点に立ったのである。その13年前に送客停止になったホテルが、13年かけて日本一になった。ドラマのような劇的な展開に、大西氏も従業員も大いに泣いた。

「『塞翁が馬』ではないですが、いいことは続かないし、悪いことも続かない。だから商売も、いい時に驕らず、悪い時に委縮せずという姿勢が重要だと思います。企業は経営トップの能力以上に成長はできません。中小企業はとくにそうです。それを肝に銘じて、起業を考えている人は常に研鑽を積まないといけない。そして、その事業がいかに社会に貢献していけるのか。これを判断の基準にする。そうしていかないと、事業を長く続けていくことができません。いい作品をつくってほしい」

クリプトン・フューチャー・メディア代表取締役

伊藤 博之

ものごとには〝カチッとはまる〟
タイミングがある
その音は漫然と世の中を見ているようでは
何も聞こえてこない

ITO
Hiroyuki

北海道が生んだ世界的アーティストがいる。2007年に誕生した16歳の女性ボーカリストだ。国内ツアーはもちろん、アメリカ・カナダ・メキシコの10都市を巡る北米ツアー、上海と北京を2日ずつ公演する中国大陸ツアーのほか、2018年には念願だった欧州ツアー（パリ、ロンドン、ケルンの3都市）も行った。どの会場も超満員である。レディ・ガガのオープニングアクトを務めたと思えばオーケストラとの共演、はたまた歌舞伎とのコラボレーションもやってしまう。まさに国境も世代も超えた

存在である。それもそのはずで、すでに持ち歌は50万曲を超え、SNSのフォロワーは数百万人にのぼる。
「初音ミク」──そんなまったく新しいアイコンの〝生みの親〟が伊藤博之氏である。このバーチャルシンガーの〝元〟となっている音声合成ソフトを制作・販売している「クリプトン・フューチャー・メディア」の創業者だ。
「当社の歌声合成ソフト『初音ミク』を使って楽曲をつくれば、ミクのキャラクターも使いたいという要望は十分に理解できます。われわれは二次創作を推奨する方向に舵

を切り、ミクを用いた作品をいかに発表しやすい環境をつくるかを考えました。そこでミクのキャラクター自体は、二次創作に規制をかけませんでした。二次創作は、ミクを好きになってくれた人たちによる自然発生的なニーズであって、それが広がれば広がるほどソフトの認知度向上にもつながります。こちらが制限をかける必要はありません。また、せっかくつくった作品は、多くの人々に知ってもらいたいでしょう。そこで、楽曲にしろイラストにしろ、誰もが投稿できる場をオンライン上に設置しました。そして、そこに投

●クリプトン・フューチャー・メディア株式会社●1995年7月設立●音楽制作ソフトウエアの開発・配信ほか●www.crypton.co.jp

稿された作品は、すべてシェアOK。ネットの世界は、ことごとくコピーされることが前提の文化です。それを制限しては何もはじまらないし、むしろネットの可能性を見失うことにもなりかねません。だからミクの肖像は、いわばオープンソースとして開放することにしたのです」

この手のものは、とかく知的財産だとして権利を主張したくなるものだが、そうしない伊藤氏の決断こそ世界的なブームを生むトリガーとなった。

もちろん、二次創作は無制限というわけではない。伊藤氏は法律家も入れ、1年以上の月日をかけてライセンスを整備した。そこには営利目的の使用、公序良俗に反する使用、誰かを誹謗中傷するための使用など、禁止事項については、練りに練った条文を完成させた。逆にこれがあることで自由な創作が促進されたともいえる。投稿されたイラストは、作家が有名無名にかかわらず、すでに40万点を超えている。

歌声合成ソフト「初音ミク」のリリースは2007年8月だ。実はこのタイミグにこそ一大ブレイクの要因があったという。ネットの世界で、それも世界と日本で画期的な出来事に恵まれたのだ。

1つは2006年2月に登場した「ユーチューブ」。もう1つは同年12月にサービスを開始した「ニコニコ動画」だ。

ソフト「初音ミク」のユーザーたちは、自らつくった楽曲を次々とユーチューブやニコニコ動画に投稿したのである。これが世界中に拡散されたことで、〝稀代のバーチャルシンガー〟が誕生したといっても過言ではない。

弱者の戦略

伊藤氏は北海道大学職員として働く傍ら、趣味の音楽制作を生かして海外の人と交流を深めていた。そこで音が売れる商品になることを知った。コンピューターミュージックも流行りはじめた頃で、自分の音を輸出したり、海外の音を輸入したりして、

ちょっとしたビジネスをスタートさせた。

ところが、1980年代は1㌦＝220〜230円のレートだったが、1990年代に入ると、どんどん円高になっていった。1995年に入ると1㌦＝80円にまで高騰。輸出では損をするようになり、輸入を主体とする業態に転換した。この裏稼業は伊藤氏の友人の会社が代行してくれていたが、業務量も拡大。これはもう自分でやるしかないと思い、伊藤氏は1995年4月末で北大を退職した。

伊藤氏は大学の研究室に勤務していたこともあって、コンピューターやインターネットには、かなり早い段階から触れていた。近い将来、ネットの時代が来るのはわかっていて、いち早くビジネスに生かすべきだと考えていた。

「ベンチャーには〝弱者の戦略〟しかありません。基本的に競争はしない。未開の市場を見つけて一番乗りで参入し、初期のうちにシェアを取ってしまう戦略です。私の場合、音でしたが、音を消費するという習慣は世の中にないわけです。それをどうやればビジネスにできるか、考えに考えて、さらに考え続けるしかないわけです」

ゲーム業界や映画やドラマをつくる映像業界など、音を買ってくれる人は確かに存在するが、その数はたかが知れている。より多くの人に販売することができないか。そこでひらめいたのが携帯電話の着メロ、着うただった。すぐさま企画書をつくり、キャリアにプレゼンテーション。2002年、大手2社に採用され、成長軌道に乗った。このとき、着メロチップの関係でヤマハとも取り引きができた。それがボーカロイド「初音ミク」にもつながっていった。

セレンディピティ

「ものごとには〝カチッとはまる〟タイミングがあります。これはひらめきというか直感的なものです。ただ〝カチッ〟と聞こえる人もいれば、聞こえない人もいる。やはり恵まれた環境にいて、漫然と世の中を見ているようでは何も聞こえてきません。常に問題意識

いとう・ひろゆき／1965年北海道標茶町生まれ。北海道釧路北陽高校卒業後、北海道大学職員として勤務しながら北海学園大学経済学部二部を卒業。1995年、クリプトン・フューチャー・メディアを設立。2007年、歌声合成ソフト「初音ミク」を発売。2013年日本文化を海外に発信している功績により藍綬褒章受章。

を持ち、その解決方法を考え続けていたら、不意にセレンディピティ、幸運の女神さまが舞い降りてくる。でも、これは運じゃない。その人のスキル、才能です。運がよさそうに見える人でも、その人はずっと前から問題意識をもって考え続けているからこそ、リンゴが木から落ちるのを見て、引力があるのだと気づくのです」

では、そのスキルはどうすれば身につくのか。伊藤氏は次のように話す。

「自分の好きなことに取り組むことだと思います。好きでもないことについて考え続けるのは苦痛でしかありません。でも、自分の好きなことであれば四六時中でも考え続けられるし、問い続けていられる。そうすれば、その問題は必ず解けます。ひらめきます。そのときこそがセレンディピティとの出会いなんだと思います。最初から経営者になる必要はありません。面白いこと、自分の好きなことをやっていった結果、経営者になるということです。だから自分が好きなこと、面白いと思うことに、愚直に取り組んでいくことが何より重要なんです」

DOI
Hisato

どい・ひさと／1967年神戸市生まれ。1989年関西学院大学経済学部卒業後、安田信託銀行（現みずほ信託銀行）入行。札幌支店に配属される。1999年退職。2002年7月ヒューマン・キャピタル・マネジメントを設立し、代表取締役就任。2003年1月イーベック取締役を経て、翌2004年8月社長就任。同年9月小樽商科大学大学院商学研究科修士課程修了。2006年創業・ベンチャー国民フォーラム起業家支援部門会長賞受賞。2007年JANBO AWARD インキュベーション大賞受賞。北海道経済産業局バイオ産業クラスターマネージャー、ドラッカー学会理事。

創 業からわずか5年の2008年、道内のバイオベンチャーが世界的製薬メーカー「ベーリンガーインゲルハイム」（ドイツ）と巨額のライセンス契約を結んだ。当時、日本のバイオ企業が世界トップ20の製薬メーカーと契約を結ぶこと自体が皆無。また、海外メーカーとライセンス契約をしても、その最高額は18億円程度だった。

ちなみに、ベーリンガーの売上高は世界第14位（2018年）であり、2008年時の契約額は5500万ユーロ。当時のレートで換算すると88億円である。そんなエポックメイキングな出来事が、この北海道で起きていたのである。

そのバイオベンチャーが「イーベック」だ。2003年、北海道大学遺伝子病制御研究所名誉教授の高田賢蔵氏が持つ「EBウイルスを利用したヒト抗体産生技術」の実用化を目的として設立された。現社長の土井尚人氏は、この設立に深くかかわっていた。「妻が生まれ育ち、銀行の支店勤務で2年過ごした北海道に戻るために、銀行を退職し移住。札幌のコンサルタント会社に勤務しながら、小樽商科大学大学院に通っていました。そのとき、ボランティアで大学発ベンチャーの設立を手伝ったんです。大学のシーズを利用した起業は、将来どのように化けるのかとても興味深く、自分はベンチャーを支援するベンチャーを立ち上げようと考えました」と土井氏は振り返る。

土井氏は2002年7月、ベンチャーインキュベーションに焦点を絞った『ヒューマン・キャピタル・マネジメント』（以下HCM）を設立した。そんな草創期に高田氏と出会った。

「高田氏はEBウイルス研究の第一人者でした。彼は自分の研究を生かすことで、感染症、炎症性疾患など、幅広い領域で純国産のヒトモノクローナル抗体ができるという話をされました。私は直感的に、この技術は信じるに値するものだと思いました。そして、成功したとき、われわれの開発スタッフとパートナーになる製薬会社、その抗体を使って病気が治った患者さん、それらみんなの笑顔が想像できた。このビジネスは必ず成功すると思いました」

経営なき技術は道楽

土井氏はHCMの社長でもあり、イーベックの社長を兼務するつもりはまったくなかった。しかし、資金調達の際、ベンチャーキャピタルから「土井さんが社長なら出してもいい」と言われた。当時、イーベックの社長は高田氏の知り合いの医師が務めていた。結局、土井氏が社長を引き受けることになり、結果としてベンチャーキャピタル2社か

●株式会社イーベック●2003年1月設立●医薬品向け完全ヒト抗体の製造・販売●www.evec.jp

05

イーベック代表取締役社長

土井 尚人

着目すべきは「不」
「不平」「不満」「不安」「不足」……
不のつくところにはチャンスがある

ら計1億2000万円の資金がついた。

土井氏はHCMの社長を2019年3月末で退任。現在はイーベック社長に専念している。上場を目指すためだ。

イーベックは創業17年だが、土井氏が実質経営者に就任するのは、実は3度目。会社がうまくいき出すと実質経営者には技術者が就いた。そして、危機になると迎え入れられるということが続いた。一見不当とも思える社長退任だが、そもそもしがみつくつもりがない土井氏は他のベンチャーに請われ、複数のベンチャー支援や地域活性化の仕組みつくりに注力していた。

3度目に実質の代表者となったのは2016年8月である。1年で再度黒字化を実現。先行開発抗体のライセンスに成功し治療薬開発に向けてワールドワイドで治験が進んでいる。技術はあっても経営がついてこない——大学発ベンチャーにありがちな事象であるが、イーベックはそれを乗り切った。

「二宮尊徳の言葉に『道徳なき経済は罪悪であり、経済なき道徳は寝言である』というものがあります。北大工学部教授だった山本強さんが何かの講演のときに、その言葉をもじって『経営なき技術は道楽であり、技術なき経営は詐欺である』とおっしゃった。まさにその通りだと思いました。でも『技術なき経営』をしている人は結構いる」

その意味では、高田氏の技術は本物だった。社内的に紆余曲折はあっても、道内の創薬バイオベンチャーで17年間単独で北海道に残っているのはイーベックだけだ。それこそが〝本物〟の証左であろう。

技術を核として立ち上げるベンチャーは、まさに「優れた技術」と、それを具現化する「優れた技術者」が必須条件である。イー

ベックにはこの2つがそろっていた。その技術を事業とするためには「経営技術」が必要である。具体的にいえば、資金調達、アライアンス戦略、交渉術などだ。それを提供するのが土井氏の仕事だ。「私たちの使命は優れた薬をつくることです。一方で、薬の開発には膨大な資金とノウハウ、経験などが必要となります。私は製薬業界出身ではありませんから、開発から製品化まで、すべてを自社でやる必要はないと考えました。抗体を活用して医薬品を開発する実力と知見を持つ製薬会社は世界中に存在します。当社は、そんな製薬会社に抗体医薬品づくりのパートナーと呼ばれる企業を目指しました。つまり抗体医薬品の素材メーカーとなることです。当社が世界トップレベルの素材をつくって、世界中の製薬会社に提供する。その収益が北海道に戻ってくる。そういう循環を少しは実現できていると思います」

北海道に対する思い

土井氏が危惧しているのが北海道の域際収支の赤字額だ。北海道は他都府県・海外との取引額において大きな赤字を抱えている。これを放置すると道民の暮らしは悪化する。2019年の「都道府県魅力度ランキング」(ブランド総合研究所調べ)で11年連続ナンバーワンを獲得している北海道なのに、そこに住む人々が貧しくなってどうするのか。小樽商大で学び直しをしたときから土井氏の中にはそんな危機感が常にある。

北海道拓殖銀行が破綻する以前、道民貯

蓄は3兆8000億円あった。その後、どんどん右肩下がりになり、現在は1兆円を切っているといわれる。域際収支も、まだ1兆円以上の赤字がある。

「北海道には、いい技術がたくさんあります。それを事業としてうまくやるためには、もう少し市場との対話が必要だと思います。いまはネット経由で対話したり、やり取りをするケースも多いですが、やはり会って話すことが重要だと思います。以前、私は年に200回は飛行機に乗って人と会いました。交通費がもったいないと言う人もいましたが、会って話さないとわからないこともある。いざというときは、そういう人たちが助けてくれることもあります」

土井氏は、ベンチャーが成功するための必須項目を3つあげる。①最初に収益モデルをしっかり立てる②地域の強みを生かす③成功のイメージをつくる、である。

そして、もう1つ着目すべきは「不」だという。「不平」「不満」「不安」「不足」「不快」「不便」など、不のつくところにはチャンスがある。イーベックも「不治」の病から患者を救いたいという思いからスタートしている。

コーチャンフォーグループ
リリィアブル代表取締役会長

佐藤 俊晴

自惚れと錯覚の人生——でも、
それがなければコーチャンフォーは
つくれなかった

SATO
Toshiharu

活字離れが叫ばれて久しい。全国出版協会の調べによると、紙の出版物の売上高は1996年の2兆6000億円をピークに右肩下がり。長期低落傾向に歯止めはかからない。2019年は前年比4.3％減の1兆2360億円。すでにピーク時の半分を切っている。同時に書店の閉店も相次ぐ。2000年には全国に2万1495店の書店があった。しかし、2020年には1万店を割るのは確実で、9954店前後になると予測されている。

そんな厳しい業界にあって異彩を放つの

が釧路市発祥の「リリィアブル」だ。書店をメーンにCD・DVDショップ、文具、カフェ＆レストランの4業態を1つした複合店「コーチャンフォー」を展開。店舗面積、取り扱うアイテム数、どれをとっても全国最大規模を誇る。

現在コーチャンフォーは7店舗（札幌市3、釧路市1、旭川市1、北見市1、東京都稲城市1）、同じ構成をサイズダウンさせた「リラブ」を3店舗（釧路市2、根室市1）展開している。どの店も出版不況が嘘のように客足は途絶えず繁盛している。

この圧倒的なビジネスモデルを築いたの

が創業者で会長の佐藤俊晴氏だ。

「私は20代の頃、東京や九州で働いていましたが、人に使われるのが性に合わないというのがよくわかった。ならば自分で何かをはじめるしかない。それがミスタードーナツのフランチャイズ（FC）でした。動機は単純。食べてみたら美味かった。これは絶対に流行ると確信したからです。当時は九州で暮らしていたんですが、土地勘もなく物件を探すのはひと苦労。それならば地元でやろうと30歳のときに釧路へ帰ってきました」と佐藤氏は振り返る。

●株式会社リリィアブル●1978年7月設立●書籍・雑誌の販売、ステーショナリーの販売、CD・DVDの販売ほか●www.coachandfour.ne.jp

1978年、佐藤氏は釧路市北大通にミスタードーナツのFC店を開業。最初の1カ月の売上げは世界一を記録した。

すべての店が〝地域一番店〟

その後、釧路市内に3店まで増やした。どれも繁盛店だった。しかし、佐藤氏は「FCも自分には向かない」と悟ったという。

当時のミスタードーナツは年中無休24時間営業がノルマだった。とんでもないことをはじめてしまったと思っても、もう後の祭り。佐藤氏は創業からの10年間、1日の休みもなく働き続けた。

「何かを考えなければならなかった。そもそも私は、人の言う通りにやらされることも嫌いなんです。FCは本部の意向には逆らえない。だからといって本部がすべて正しいわけではない。地域とか立地により良い運営方法はあるのに、それを言うと〝本部に批判的な加盟店だ〟となる。もうオリジナルのことをやるしかないと決断しました」

そうは言っても、諸般の事情からミスタードーナツをすぐにやめるということにもならない。そこで佐藤氏は併設でやれる業態はないかと考えた。

「自分が好きなことをくっつけようと思ったら、それは本でした。子どもの頃から娯楽といえば本と映画しかない時代。ご多聞に漏れず、私も本が大好きな人間です。毎月女房と2人で5万円ずつ本を買っていました。書店経営の知識などまったくありませんでしたが、好きなことをやろうと決断しました」

佐藤氏の頭の中には綿密な計算があった。当時、釧路の書店には新刊やベストセラー本はあまり置いていなかった。佐藤氏は仕事で札幌に行ったついでに話題の本を買っていた。そういう意味では目指す形は簡単。釧路で一番品ぞろえのいい書店をつくることだった。

さらに世の中は車社会。しかし、車社会に対応した書店はない。郊外に駐車場を完備した店をつくれば絶対に客は来る。自信はあった。しかし、銀行からも取次からも「書店ではどうやっても利益は出ない」と言われる

始末。佐藤氏はさらに考え、ビデオレンタルも入れることにした。ツタヤのFCだ。あれほど嫌だったFCをまたやることになった。

そして、1990年9月にオープンしたのが「釧路運動公園通店」。書籍とレンタルを合わせた売り場面積は990平方㍍。そこにミスタードーナツを併設させたスタイルだ。駐車場は110台。当時は「日本で一番大きい郊外店」と言われた。

そんな新スタイルの複合店は釧路市のほか、北見市、根室市へと進出。6年で6店舗まで拡大した。すべての店が〝地域一番店〟となり、道東地方では出店する場所がない状態だった。

「次は札幌しかないと思っていました。人口180万人の大都市。これまでの商圏とは比較にならない。新しい〝札幌バージョン〟を考えないといけない。このときが、日本で一番の店をつくろうと思った瞬間でもありました。そこには、まったく迷いがなかった」

自惚れは自分を信ずること

1997年10月、これまでの実績を結集し、書籍・CD・文具・ファストフードの4業種を一体とした複合店「コーチャンフォー美しが丘店」がオープンした。100万冊の書籍、20万枚のセルCD、20万アイテムの文具、180席のミスタードーナツ……どれも空前のスケール。札幌市民はもちろん、全国の業界関係者の度肝を抜いた。佐藤氏は、このオープンの半年後には札幌2号店、3号店を考えていた。

その実現は2004年9月。美しが丘店より、さらに規模の大きい「コーチャンフォーミュンヘン大橋店」がオープン。そして2007年3月には、グループ最大規模（売り場面積8600平方㍍）の「コーチャンフォー新川通り店」がオープンした。

2014年10月には東京都稲城市に「コーチャンフォー若葉台店」を開業。道外進出を果たした。若葉台店の規模は、新川通り店、ミュンヘン大橋店に次ぐ3番目の大きさ。駐車場も600台分ある。今後の出店戦略としては、若葉台店から日帰り圏内にコーチャンフォーを数店つくり、関東圏での知名度を

上げたうえで次の展開へ進む。これは事業承継を終えた現経営陣の仕事になる。

「しょせん〝自惚れと錯覚の人生〟なんですよ。でも自惚れというのは、自分を信ずるということでもある。超大型店書店をつくろうと考えたとき、どんな品ぞろえがいいのかなど、わかるはずもありません。そこは素人だからこその発想が逆によかった。世の中に出版されているものを全部持ってきて、それを並べたら大型店ができる。売れたものは追加して、売れないものは返せばいい。それができると思ったのは、コンピューターがすべてを記録してくれるからです。それなら100万冊の大型店だってできるに違いないと思った。そして、書籍も、文具も、ミスタードーナツも、それぞれ日本一の店をつくって合体させたら相乗効果が生まれないはずがないし、他社に負けるはずがないとも思いました。ひょっとしたら、これは根拠のない自惚れと錯覚のなせる業だったのかもしれない（笑）。しかし、過去を分析して経験したものしかやれないというのであれば、コーチャンフォーはつくれなかったでしょう」

さとう・としはる／1948年釧路市生まれ。東京や九州でさまざまな仕事に従事。1978年地元釧路に戻り「信頼たる」という意味の英語を社名にした「リリィアブル」を設立。ミスタードーナツのフランチャイズ店の展開を始める。その後ダスキン、書籍販売・ビデオレンタル、CD販売、文具販売など事業を多角化。1997年札幌市清田区に、書籍・CD・文具・ファストフードの4業種を一体にした「コーチャンフォー美しが丘店」オープン。2014年東京都稲城市に初の道外店「コーチャンフォー若葉台店」を出店。

ワッカジャパン代表取締役

出口 友洋

日本にあって海外にないもの
海外にあって日本にないもの
そのギャップを埋めるアイデアや商品は
わりと簡単に思いつくもの

DEGUCHI
Tomohiro

日本米の輸出量は2000年代に入ってから右肩上がりで増えている。2019年は前年比10％増の3万4851㌧にのぼる。そのうち約4.3％のシェアを占めているのが「ワッカジャパン」（札幌市）である。数量にすると1500㌧。その6割は道内の契約農家がつくっているコメだ。現在、香港、シンガポール、台湾、ハワイ、ニューヨークで販売している。
「道内の契約農家を地域別にいうと、旭川、鷹栖、東神楽、東川、岩見沢、石狩、厚真、瀬棚、蘭越、ニセコ、倶知安、比布というところ。

個人の農家はもちろん、農協や農業生産法人、米卸問屋とも取引しています。輸出用の道産米取扱量は、当社が最多だと思います」と話すのは、ワッカジャパンの創業者で社長の出口友洋氏だ。
出口氏は大学を卒業後、京都に本社を置くコンサルタント会社に就職。その3年後の2004年、会社が中国に現地法人を設立すべく駐在員を募っていたところ、出口氏は自ら手をあげた。大学時代、語学留学を繰り返した出口氏は、中国語、韓国語、英語が堪能。そんな語学力が買われ上海勤務となった。

2006年には香港に異動。
「当時、香港ではサラリーマンをやりながら土日を使って小さく商売をするという〝週末起業〟が流行っていました。香港は、やはりお茶文化なのか、美味しいコーヒーを飲める店がない。ならば自分で焙煎しようと勉強をはじめました」
出口氏は日本から焙煎機を購入。香港はフリーポートなので世界からコーヒー豆を輸入するのは割と簡単だった。2008年、自分で焙煎したコーヒー豆の通信販売をスタートさせた。ブランド名は「アシリコーヒー」。ア

●株式会社ワッカジャパン●2013年7月設立●日本産米の海外輸出・販売ほか●www.tawaraya-rice.jp

シリとはアイヌ語で「新しい」「新鮮」という意味だ。平日にインターネットから注文を受けて、土日にまとめて焙煎。それを郵送するという商売である。ちょうどスターバックスが香港に1号店を出した頃で、この焙煎事業は順調に伸びた。

コメは生鮮食品

海外勤務が長くなると、どうしても日本食が恋しくなる。もちろん、海外にも寿司店や日本食レストランはあるが、使っているコメが違った。やはり美味しくない。ならばこの問題も週末起業で解決しようということで、出口氏は2009年から日本米の輸入販売をはじめた。

香港でもコメは食べられているが、その大半は中国産。スーパーでは日本産米が非常に高い値段で売られていた。しかし、日付を見たら精米日が古い。日本料理店に行ってもコメが美味しくない。

なぜ不味いのかを調べたところ、香港には日本なら普通にある店頭精米の店がなかった。そもそも精米という概念自体がないのである。そうであれば精米したてのフレッシュなコメを売って新しい価値観を広めようと出口氏は考えた。それは本当の日本食文化を啓蒙することにもなる。

「香港で精米業をやろうと思ったとき、周りの人間は全員反対しました。でも私は〝これはいけるな〟と思ったんです。性格が天邪鬼というのもありますが、一消費者として市場が求めているニーズが何かというのはわかっていたし、誰もやっていないということは、競争相手がいないわけですから」

出口氏は精米機を香港に持ち込み、香港人も知っている魚沼のコシヒカリ、新潟のコシヒカリ、秋田のあきたこまちの3種類のコメの販売をスタートさせた。出口氏としては道産米の「ゆめぴりか」や「ななつぼし」を使いたかったが、知名度がなさすぎるため断念した。

戦略としては、まずは日本人の料理長がいる業務店や在留邦人に認めてもらい、そこから徐々に香港人に広めていければいいくらいのスタンスだった。価格はあくまで適正価格。これまで高くて不味い日本米を食べていた富裕層はもちろん、一般の人たち

へも次第に浸透していった。

「焙煎事業と精米事業を一緒の場所で行っていましたが、コメは匂いを吸ってしまいます。たまたま焙煎事業を買いたいという香港人がいたので、顧客をつけて売却しました。そのお金を精米事業に再投資することができました」

このタイミングで出口氏は脱サラした。新たな日本米の登場に現地メディアも興味津々。出口氏は香港で人気のグルメ雑誌『飲食男女』の取材を受け「コメは生鮮食品だ」と熱く語った。これが大反響を呼び、一気に販売が増えた。

海外向けのコメを日本でつくる

海外での精米業という1つのビジネスモデルをつくり上げることができた出口氏は、次のビジネス先として、当時世界で2番目に日本米を輸入しているシンガポールに狙いを定めた。2011年、香港と同じ攻め方でシンガポールに進出。こちらもみるみる人気となった。その後も、台湾、ハワイ、ニューヨークと拠点を広げていった。

当然、物量は増える。コメの調達および輸送は商社を通していたが、次第にコメの質が担保できなくなってきた。これを問題視した出口氏は、中間コストを省くと同時に質の維持のためにも、物流は自社でやるべきと決断。2013年「ワッカジャパン」という貿易会社を立ち上げた。ワッカはアイヌ語で「水」という意味だ。

出口氏は2017年、長野県伊那市に農業生産法人「ワッカアグリ」を設立。3％の耕作放棄地を再生させ、コメづくりをはじめた。4期目となる2020年現在、田の面積は7.5㌶にまで増えている。

「日本のコメは日本人向けで、海外向けにつくられているものではありません。人口減少や米飯離れから、余ったコメを輸出に回しているだけです。海外の人が日本米を食べての感想は、重すぎるとか粘り気が強すぎて毎日は食べられないという人が大半です。ならば最初から海外の人たちが満足するコメを日本でつくったら面白いのではないかと思いました」

ワッカアグリでは現在、3種類のコメを栽培している。「カミアカリ」は胚芽部分が3倍

でぐち・ともひろ／1978年札幌市生まれ。信州大学教育学部卒業後、コンサルティング会社に就職。中国に駐在したことをきっかけに脱サラ。2009年Wakka International Co., Ltdを設立し、香港で海外初の日本産米専門店を開業。2013年日本からのコメの調達・物流を行う「ワッカジャパン」設立。シンガポール、台湾のほか、ハワイとニューヨークに販売店を持つ。2017年長野県伊那市長谷に農業生産法人「ワッカアグリ」を設立。同年経済産業省「はばたく中小企業・小規模事業者300社」に選定。2018年グローバルファーマーズ プロジェクト登録第1号。

の大きさの玄米食専門のコメで、オーガニックの市場がある欧米向け。「SK6＝スケロク」という品種は比較的あっさり目の食味が特徴のアジア人向け。そして、欧米にもアジアにも出荷しているもち米の3種類だ。どれも農薬や肥料を一切使わない自然栽培で育てている。

「若いときこそ海外に出るべきです。出ることによって日本にあって海外にないもの、逆に海外にあって日本にないものの比較ができます。そのギャップを埋めるアイデアや商品、サービスといったものは、わりと簡単に思いつくものです。比較をして違いを見つければいいだけのことですから。私も海外に出たからこそ、誰もやっていなかった事業のヒントを得ました。動機は消費者目線のものだから、うまくいく自信もありました。外の環境に身を置くことでしか得られない刺激や気づきは、将来必ず生きてきます。旅行でもいいし、留学でもいい。海外には早い段階で出てもらいたいと思います」

IRISAWA Takuya

物 心ついたときから将来の夢は映画監督だった。アメリカ映画が好きで、とくに「ロッキー」や「ランボー」のシリーズに熱狂した。高校卒業後の進路は迷わず日本大学芸術学部映画学科を受験。しかし、結果は不合格だった。

「滑り止めは受かっていましたが、そんなところへ行っても仕方がない。1年弱、札幌で英語の勉強をして、翌年3月から映画の本場、アメリカに留学することにしたんです」と入澤拓也氏は振り返る。

映画といえばハリウッドだ。しかし、ロサンゼルスは暑い。暑いところが大の苦手の入澤氏は、西海岸で涼しいところを探した。一番北にシアトルがあった。シアトルといえばMLBのマリナーズ、NBAのスーパーソニックスの本拠地でもある。野球もバスケットボールも大好きな入澤氏は、留学先をシアトルに決めた。

シアトルに行ってみると、マイクロソフトを筆頭にIT関連産業の成長が著しかった。時はITバブルの真っただ中。キャンパスではみんなパソコンを触っている。入澤氏もノートパソコンを購入し、ITの勉強をはじめた。どんどんのめり込み、映画よりITのほうが面白くなった。その後、3年半ほどシアトルで過ごした。

「僕は長男で、下に弟と妹がいました。彼らの進学時期も近い。これ以上、親に金銭的な迷惑もかけられないと思い、2002年の春に札幌へ帰ってきました」

入澤氏はすぐに就職活動をはじめた。もちろんIT関連の企業を探したが、新卒者を採用したばかりの時期でもあり苦戦した。そんななか、後に「初音ミク」で大ブレイクする「クリプトン・フューチャー・メディア」への入社が決まった。

当時のクリプトン社は、ハリウッドから音を輸入する業務もしていた。当然、英語力は生かせるだろうし、映画も絡むかもしれない。そんな淡い期待を抱いて入社した入澤氏だったが、現実は意外だった。

最初に振られた仕事は、クリプトン社がストックしているさまざまな効果音を、携帯電話の着信音にしてもらうためのメーカーへの営業だった。

「最初はソニーエリクソン（現ソニー）でした。自分なりに一生懸命プレゼンテーションしたところ見事、採用。これによってサンヨーやシャープなどでも使ってもらえるようになりました」

これ以降、入澤氏は携帯電話コンテンツの企画・開発に従事し、有料会員数10万人超を誇る「ポケット効果音」など人気サイトを手がけることになる。

いりさわ・たくや／1980年札幌市生まれ。1998年札幌平岸高校卒。2002年米ワシントン州Highline Community College卒。帰国後「クリプトン・フューチャー・メディア」入社。2007年1月同社を退社。同2月に「エコモット」設立、代表取締役に就任。2010年小樽商科大学大学院商学研究科アントレプレナーシップ専攻修了。経営管理修士（MBA）。2017年札幌証券取引所アンビシャス市場上場。2018年東京証券取引所マザーズ市場上場。北海道IT推進協会会長。北海道モバイルコンテンツ・ビジネス協議会副会長。さっぽろイノベーションラボ理事。

●エコモット株式会社●2007年2月設立●IoTインテグレーション事業●www.ecomott.co.jp

08

エコモット代表取締役
入澤 拓也

会社は社長で決まる
だからこそやりがいがある

会社経営と大学院

クリプトン社入社から4年。入澤氏は、いまの仕事が本当に自分のやりたいことなのか、疑問を持ちはじめていた。確かに着信メロディーは、何千万人という携帯電話ユーザーに使われている。少しは暮らしを豊かにしているのかもしれない。でも、ユーザーの顔は誰一人としてわからない。誰のために仕事をしているのだろう……。突然、入澤氏は激しい虚無感を覚えた。
「当時の世界的な課題は環境問題でした。京都議定書、チームマイナス6%、2年後に迫った北海道洞爺湖サミットは〝環境サミット〟と言われるなど、環境問題がクローズアップされた時期でした。僕も環境問題には興味があったので、少しでもその解決に寄与できるような仕事をしたい、もっと地に足の着いた世のため人のためになる仕事をしたいと、日に日にその思いが強くなっていきました」

前述の通り、入澤氏は各携帯電話メーカーの担当者と親交を深め、さまざまな情報交換をしていた。そんな話題の中から携帯電話のソリューションはもっともっと広がると予感した。入澤氏は2007年1月末付でクリプトン社を退社。翌日から新会社設立に向けて動き出した。
「社名は覚えられてナンボ。ダジャレですけど〝エコロジーをもっと〟でエコモット。そして『環境』『携帯電話』『北海道』で検索したらエコモットが最初にくる。そういう会社にしようと思っていました」

実際、エコモットの会社ロゴは、その思いが託されたデザインである。ECOは先の通りエコロジーで「O」には地球が描かれ、MOTTの「M」は折り曲げた携帯電話が2つ、「TT」は人と北を表現している。

ビジネスのアイデアはあった。ロードヒーティングを遠隔監視することで灯油削減、QRコードを使って紙のチラシをなくす、カメラの映像で各現場を確認することで移動のためのガソリン消費を減らすなど、かなり具体的な切り口でエコを追求した。ワイヤレス

センシングとクラウドアプリケーションを活用したIoTインテグレーション事業である。

社長になったものの経営の勉強はしたことがない。決算書の読み方もよくわかっていない。アメリカで学んだとはいえ、日本でいえば短大卒。入澤氏には若干の学歴コンプレックスはあった。

そんなとき、小樽商科大学にビジネススクールがあることを知った。同大大学院の商学研究科アントレプレナーシップ専攻である。しかもそのサテライトがJR札幌駅近くのビルにあるというではないか。

入澤氏はすぐさま入学の手続きを取った。大学院なので本来は大卒でなければ入れないが、大卒と同等の学力があれば入学は可能である。相内俊一氏と籏本智之氏による面接を経て、2008年4月から5期生として入学した。
「会社経営をしながらの履修は、正直大変な2年間でした。でも、大学院での学びがダイレクトに経営に生かせたのは、ある意味、驚きだったし、非常にありがたかった。MBAの取得で学歴コンプレックスもすっかり解消されました」

チャンスは無限

エコモットが創業した年の6月に、アメリカでiPhoneが生まれた。翌年に日本上陸。エコモットの歴史は、日本におけるスマートフォンの歴史と歩みを一にしている。
「iPhone誕生後の社会の変化は、すさまじいものがあります。スマホがあれば大概のことができてしまう世の中です。ここに至るまで、たった13年。ガラケーの時代は、やれることに限界がありました。だからその範囲の中でのサービスを考えればよかった。いまは限界がありません。アイデア1つで勝負できます。確かに競争は激しいですが、チャンスも無限です。『日本一高い山は？』と聞かれれば、誰でも答えられる。『では2番目は？』と聞かれれば、ほとんどの人は答えられません。1位と2位の差は、それくらいあるということです。だから起業したからにはトップを目指さなければならない。この関係は社長と役員にも言えます。社長の名前はわかっても、副社長や専務の名前はわからない。会社は社長で決まります。だからこそやりがいがある。ぜひ創業者を目指してください」

ITO Ayumi

いとう・あゆみ／1965年小樽市生まれ。短大在学中に鈴井貴之氏が主宰する劇団に所属し、卒業後も会社に勤務しながら俳優として活動する。1992年クリエイティブオフィスキュー設立。チームナックスなど所属タレントの育成とプロデュースに尽力。2017年ソムリエ・ドヌール（名誉ソムリエ）就任。

大 泉洋、安田顕、戸次重幸、音尾琢真、そしてリーダーの森崎博之……いまや全国区の知名度を誇る演劇ユニットに成長した「チームナックス」。ドラマや映画、CMなどあらゆる場面で彼らを見ない日はないくらいだ。全員北海道出身の彼らを、ここまでの「売れっ子」に育てあげたのが、所属事務所「クリエイティブオフィスキュー」社長でプロデューサーでもある伊藤亜由美氏だ。

「私も、もともとは表現する側の人間でした。学生時代からバンド活動を経て、鈴井貴之（現オフィスキュー会長）の主宰する劇団に役者として加入。就職してもエンターテインメントへの可能性をあきらめず舞台に立ちました。また、会社の同意を得ながらテレビやCMの仕事をさせてもらっていました。当時は芸能事務所という存在がなかったので、出演に関する交渉事はすべて自分でやらなくてはならない。その頃からアーティストマネジメントの必要性を感じていました」

さらに当時の劇団は主宰者の鈴井貴之氏が脚本・演出から稽古場の管理、舞台制作にまつわるすべてを担当。しかしながら黒字公演になることがなく、劇団を維持するために劇団員が毎月、お金を補填していた。そんな状況に違和感を感じた伊藤氏は「プロとしての劇団をつくるためには絶対的なプロデュースの必要性がある」と主張。役者をやりながら自らが制作プロデューサーになり、劇団のブランディング構想を進めた。

予算管理はもちろんのこと、チケット販促のためのメディアプロモーション、劇団員のタレント化、放送局・協賛企業への営業活動、地方自治体での公演要請、公演グッズの開発・販売など、当時の劇団では考えられないチャレンジで、舞台動員数は増加。劇団としての知名度も少しずつ上がっていった。

つながりで生まれる価値

そんなきっかけで、地方のエンタメづくり、アーティスト育成を考え、本腰を入れて「仕事」にしていくために、伊藤氏は1992年、27歳になる年に勤務していた会社を退職。「クリエイティブオフィスキュー」を設立した。ものづくりのパートナーであった鈴井氏には、クリエイターでありながら会社のトップとして社会から認められる存在になって

もらいたいと「劇団主宰者」から「社長」に、自らはプロデューサーとして自称「副社長」名義の二人三脚でスタートした。伊藤氏の退職金で札幌・中央区内のマンションの一室（6畳2間）を借り、デスク2台とファックス付電話、テレビ、ラジオ、冷蔵庫があるのみの小さな小さな芸能事務所だった。

「デザイン会社に就職した元劇団スタッフに事務所開きのお祝いにと現在も使用している会社ロゴをつくってもらいました。鈴井は基本経営には携わらず、クリエイト、出演がメインなのでほとんど事務所には来ません。日々私一人で出社し、ツールをつくっては

09

クリエイティブオフィスキュー代表取締役／プロデューサー

伊藤 亜由美

最初から〝ものすごいことをやろう〟と思わず
小さくても自分にしかできないことをやる
その価値がビジネスになる

営業に行き、戻って鳴らない電話を待ち、夜はレストランのウェイトレスのバイトをしていました。でも、なぜか毎日ワクワクした気持ちだけは存在していて、一度も起業を後悔したことはありませんでした」

半年後、所属タレント（劇団員）たちを連れて受けにいったHTBの情報番組のレポーターオーディションで伊藤氏が採用。それをきっかけに局内に人脈もでき、翌年「モザイクな夜」という鈴井貴之企画・構成、出演者も事務所所属タレントを多数起用してもらえる深夜番組がスタート。地方では珍しいメディアと芸能事務所が共同でつくり上げたテレビ番組となった。

この番組では、大学生劇団員だった安田顕から演劇をはじめたばかりの大泉洋を紹介してもらいレギュラーメンバーに起用されたことから、大泉洋もオフィスキューに所属。それが1996年スタートの「水曜どうでしょう」につながっていく。

この年は北海学園大学演劇研究会にいた演劇青年5人による「チームナックス」が結成された年でもあり、「水曜どうでしょう」で大泉洋の認知度が上がるのと並行して彼らの舞台も右肩上がりに動員数を増やしていった。

北海道にこだわり続ける

チームナックスの人気は、それまでの地方演劇の常識を変えた。ただ、リーダーの森崎氏は鈴井氏同様、作・演出・制作のすべてを行っていた。森崎氏は、観客が増え続ける中でプロデューサーの必要性を感じ、2000年に森崎、戸次、音尾の3人もオフィスキュー

に正式所属。伊藤氏が彼らのプロデュースを担当することになった。

5人そろってのテレビ・ラジオのバラエティ番組、CM、イベント出演も順調ではあったが、肝心な「役者」の仕事は自分たちの舞台以外では、ほとんど皆無。

事務所企画でHTBと一緒に商業映画の制作やドラマ制作も行ったが、30代目前の彼らに全国的な個々の役者としてのスキルアップ、チームナックスという劇団の認知度アップを考えたとき、「このまま北海道で楽

しいだけでやっていてはいけない」と伊藤氏は感じていた。さらには事務所としても全国を視野に入れた形でマネジメントおよびプロデュースしていけるスタッフの育成もしていかなければならなかった

伊藤氏は東京の大手芸能事務所「アミューズ」の門を叩き、チームナックスのマネジメント業務提携を2004年に締結。あくまでもパートナーとして「北海道のチームナックス」というスタンスを変えずに相互理解を深めながら、彼らの「役者」としてのマネジメントをはじめた。

伊藤氏も北海道と東京を行き来しながら人脈を広げ、プロデューサーとしてのスキルアップを図りながら「北海道でなければで

きないコンテンツづくり」というものに意識が広がっていった。

北海道が誇る「食」とエンターテインメントを融合させたHBCの「あぐり王国北海道」（現在は「あぐり王国北海道NEXT」）は、伊藤氏が次世代の北海道の子どもたちに、身近にある素晴らしい食材、生産者、地域を知ってもらいたいと思い企画した番組だ。

2008年にスタートして2020年で13年。北海道はもとより全国でも放送され、香港、台湾などでの海外放送、「日本マーケティング大賞」地域賞も受賞した。

2012年に公開になった北海道の食と地域とライフスタイルを描いた映画「しあわせのパン」ほか「ぶどうのなみだ」（2014年）、「そらのレストラン」（2019年）という北海道3部作のプロデュースも、まさにこの土地でしかできないコンテンツにこだわり続けた作品だ。

「当たり前の話ですが、人生は1度きりです。だから私は、多少無謀かなと思っても起業しました。最初から〝ものすごいことをやってやろう〟と思わないことです。小さなことでも自分にしかできないことをやる。その価値こそがビジネスになるんだと思います。北海道にはまだまだ魅力的で素晴らしい人やコンテンツになりうるものであふれています。われわれは、そういう北海道の可能性をどうプロデュースしてエンターテインメントにしていくかが仕事です。これからもとことん北海道にこだわっていきます。そして、たくさんの人たちとの出会いから創造、発信をして、受け取っていただいた方の何か〝きっかけ（CUE）〟になることを目指していきたいと思っています」

INNOVATION / CHALLENGE / PRACTICE

イノベーション、チャレンジ、実践

特別寄稿／㈱イーベック代表取締役　土井尚人

1 989年8月末、学生時代に周遊券片手に何度も訪れた大好きな北海道に信託銀行員として赴任してきました。仕事で北海道を何度か回ることとなり、北海道が持つビジネスの可能性と人のすばらしさを知ることができました。その後、都内営業店、経営企画部門、本店営業部などで勤務する中で、北海道でまた仕事がしたいという気持ちが強くなり、思い切って転職し北海道出身の妻とともに北海道に戻ってきました。安田信託銀行（現みずほ信託銀行）は素晴らしい銀行で、さまざまな学ぶ機会を与えてくれ、さらに尊敬でき、このような人になりたいと思える上司にも恵まれ、いまがあります。とくに関連事業部で銀行のグループ会社の創設や管理、バブルの後処理を経験したことで、事業にとって必要なのは、ミッションと人であることを学んだことは、いまの自分を支えています。とても感謝しております。

北海道にやってきて、小樽商科大学の社会人大学院に通い、そこで北海道の危機とチャンスについて考え、議論する機会を得ました。その中で私はこれほどチャンスのある地域はないなと感じ、それ以降20年間常にチャンスを感じながら生きております。そして、小樽商科大学大学院のゼミでピーター・ファーディナンド・ドラッカーの著書に再度、深く触れ合ったことが、私の人生を変えました。

ドラッカーは、人に注目します。お客さまの喜びと同時に働く人が仕事を通じて自己実現することを要求します。ドラッカーの哲学を活かせば、北海道が持つチャンス（農作物、魚 介物などの素材、観光資源、技術等）を事業として世に出し、多くの方に喜びや安心を与え、働く場としても素晴らしい地域事業をつくれる。それにより、北海道の域際収支改善も達 成でき、北海道に産業を生むことができる。そこで「ヒューマン・キャピ

タル・マネジメント」という事業インキュベーション会社を立ち上げました。インキュベーションとは卵の孵化器の意味で、事業のアイデアや材料、技術という卵を孵化し、ひよこを親鳥へと、ともに育てていく事業です。「人が資本」という思いをこめてヒューマン・キャピタルという 言葉を入れました。そして、同じミッションを持つビズカフェ事業にもかかわることとなりました。

「経営とは意思決定である」とドラッカーは書きました。さまざまな調査で「経営者のもっとも重要な仕事は何か?」と聞いたものを見ると、ベテラン社長ほど「決断」と答えておられます。それも「正しい決断」をしなければなりません。経営者が間違った決断をすると、間違った方向に会社は進みます。

私も数社を経営しましたが、経営者にとっての決断は、「正しいこと」と「より正しいこと」を選択する決断が多いことに気付きました。決断時に、自社の経営理念が明確であれば「自社にはどちらの決断がより正しいか?」について決断できます。つまり、正しい決断をするためには、自社の経営理念や経営戦略などがしっかりしていることが重要なのです。

正しい決断をするために経営者は学ぶ必要があります。私の母校・関西学院には「Mastery for Service（奉仕のための練達）」というモットーがあります。日々学び体を鍛えるのは、いつか自分の力を発揮し、社会に奉仕するためという意味です。経営の原理原則を知るために理論を勉強し、同時に実務を積んでいることが重要です。

ライフセーバーがおぼれている人を救うためには

❶おぼれている人を救う泳法などの知識

❷練習を積み重ね、緊急事態に力を発揮できるノウハウ

❸おぼれている人をとっさに勇気付け、信頼され、一緒に浜まで帰ってくることができ

る人間性

❹浜までおぼれているひとを抱えて連れて帰る体力

などの能力や経験が必要です。

経営者についても同じことが言えます。経営知識があり、実際に現場で培ったノウハウがあり、コミュニケーション能力があり、人を説得でき、勇気付けることができ、厳しい環境でもやりきる体力と気力が必要です。しかし、そのようなスーパーマンはなかなかいません。そのような場合、必要に応じた外部ブレーン活用も可能です。

イノベーション、経営革新とは

経営革新や新事業展開という言葉を見て「とにかく新しいことをしなければいけない」と考えてしまう人がたくさんいます。しかし、起業家の多くは従来ある良さは活かしながら少しだけ変える、プラスワンの発想で成功しています。従来の市場に少し違う商品を投入する、同じ商品を違う販売経路で売ってみる、などです。イノベーションを「技術革新」と訳す事例 が多いですが、シュンペーターの時代から経営学ではイノベーションを「新結合」と訳しています。結合要素の1つとして新技術も入っているのですが、新素材、新販路、新市場など結合要素はより幅広くとらえるべきです。つまり、イノベーションを起こすチャンスは新技術開発以外にもいろいろあるのです。イノベーションを起こすことはそんなに難しいことではなく、事業機会を見つける努力をすることで可能です。

ドラッカーは著書の中で「イノベーションの7つの機会」について触れています。私も経営塾のコーディネーターをする際に「7つの機会」を説明し、ケーススタディーを話し、参加されている経営者の方々に「みなさまの会社にも機会がありませんか?」と質問す

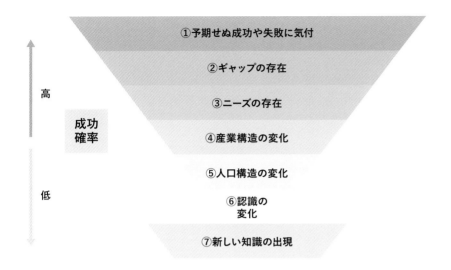

図中の要素：
- 高（成功確率の上向き矢印）
- 低
- 成功確率
- ①予期せぬ成功や失敗に気付
- ②ギャップの存在
- ③ニーズの存在
- ④産業構造の変化
- ⑤人口構造の変化
- ⑥認識の変化
- ⑦新しい知識の出現

ることがあります。経営塾の後、「会社に帰って調べてみると大きな機会を発見しました。これまで、こんなにたくさんあった機会に気づかなかったのは大きな失敗でした」という電話をいただくことがあります。

7つの機会の中のいくつかについて触れてみます。

①予期せぬ成功や失敗に気付く

公共工事を中心に事業展開していたA社長から「今後、民間の仕事など新事業に進出しなければならないが、何かないか?」という相談を受けました。そこでお客さまとの接点が多い電話受付の方に「お客さまから問い合わせがあって『A社ではそのような仕事をしていません』といって断った例がありますか?」を聞いてみると「よくガーデニング工事をしてくれ、と個人の方から電話があって困っている」との返答がありました。もう一人の受付の方からも、とくに最近は増えているとの話を聞き「それならばガーデニング工事をしてみよう」ということになりました。はじめてみると、暗渠パイプ工事などの品質がよく、口コミで顧客が増えはじめ、利益率も高い新事業ができました。

多くの会社が、予期せぬ成功事例に気付かないという失敗を繰り返しています。従業員一人ひとりが予期せぬ成功に結びつくお客さまのニーズを聞いているかもしれません。一人ひとりの従業員にとっては少数の特殊事例でも、10人の従業員の事例を見ることができる上司は数十件の事例として予期せぬ成功の機会に気付くことができます。従業員が持ってくる予期せぬ成功の機会を

見つける仕組みつくりが重要です。

日報にお客さまに頼まれたけど断った事例をきちんとつける習慣ができると、予期せぬ成功事例が見つかり、一人の成功を組織の成功として活用することができます。また、同じ失敗を繰り返さない仕組みができるという利点もあります。

②ギャップの存在

多くの経営者は、自分がその業務や商品についてお客さまよりも知っていると思い込んでいます。そこに売り手と買い手の間の価値観のギャップが生まれています。B社は、自分の会社が扱っている商品や車種についての「悪口・不満」コンテストを行いまし

た。そうすると、自分たちがこれまで感じていなかったお客さまの本当の気持ちや要望がわかってきました。B社はコンテストで見つかった自社とお客さまの間にあったギャップを埋めるように商品やサービスを見直し大成功を収めました。自分の業界の悪口コンテストにはギャップを見つけ事業チャンスを生み出す商材が多く集まります。

③すでに起こった未来

「未来を予測することができれば、ビジネスのチャンスが広がるのに」と考えている方は多いと思います。未来を完全に予測して活動することは難しいですが、かなりの確度で未来を予測することは可能です。

「産業構造の変化に注目する」「人口構造の変化に注目する」を「すでに起こった未来」と位置づけました。

技術革新、消費者ニーズの多様化、情報伝達手段の変化などによって、産業構造の変化は激しくなってきています。企業の平均寿命も30年を切り、イノベーションを起こさなければ、取扱商品、役職員の意識、ビジネスモデルなどが陳腐化して、事業縮小に追い込まれる危険があります。産業構造の変化は、企業活動に変革を求め、多くの方は脅威と感じるのですが、同時に事業チャンスも与えてくれます。

産業構造の変化や消費行動の変化を起こすきっかけの1つに「法律・法令などの改正」があります。道路交通法が厳しくなり、駐車違反の取締ルールが変更されたときに

● すでに起こった未来とは

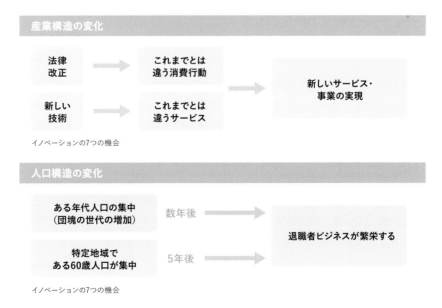

産業構造の変化
- 法律改正 → これまでとは違う消費行動
- 新しい技術 → これまでとは違うサービス
→ 新しいサービス・事業の実現

イノベーションの7つの機会

人口構造の変化
- ある年代人口の集中（団塊の世代の増加） 数年後 →
- 特定地域である60歳人口が集中 5年後 →
→ 退職者ビジネスが繁栄する

イノベーションの7つの機会

何が起こったでしょうか。短時間でも駐車することができる駐車場の人気が出たり、宅配企業が街中に荷捌所をつくったりしました。

また、飲酒運転の刑罰を厳しくしたときに何が起こったでしょうか。代行運転という仕事が増えました。

法律改正は、先に議会などで決定され、決定内容が公示されます。その情報は官報だけでなく、テレビ、新聞、HP、雑誌などの媒体から取得できます。法律が変わると消費者、企業の行動は変わります。ということは、法律改正後の人々の動きを予測できます。法律改正は、施行直前に発表されることはなく、1年以上前に発表されることが多いのです。うれしいことに、準備の期間が企業には与えられます。

また、人口の変化も確実な将来予測の要因になります。

人間は1年たてば1歳年をとります。5歳の人口が多い地域は翌年ランドセルが良く売れますが、4歳の人口が少ないと翌々年はランドセルが売れません。

人間は同じように年をとることに注目すると、ビジネスチャンスが見えてきます。市役所などには、丁目単位までの詳しい住民の人口構成データ（男女・年齢など属性別）があり、閲覧できるところも多いのです。これらを見ると地下鉄の路線延長の年にあわせて沿線の人口構成が違うことがわかります。自社の顧客がいまどこにいて、数年後にどこに現れるかがわかります。

変化を脅威と考えるよりもチャンスと考えたほうが、企業経営もうまくいくのではないでしょうか？

ここで、事例として北海道のバイオベンチャーが日本で初めて海外メーカーとの大型取引をきめた現場に社長としてかかわったので、ドラッカー哲学をどのように活かしたかについて書いてみます。

「この条件を受け入れます」
「これですべて合意ですね」

会議室の扉が開くと、そこにはシャンパン等が用意されていました。その瞬間が、日本のバイオベンチャー初の海外メガファーマとの大型取引が成立した瞬間でした。

2008年9月、われわれはドイツの製薬企業の会議室にいました。

北海道に本社や研究拠点を置くバイオベンチャー「イーベック」と、世界トップ20に入る大手製薬メーカー「ベーリンガー・インゲルハイム」とは、アライアンス契約を成立させました。契約一時金と開発が進むごとに支払われるマイルストーン合計が55ミリオンユーロ（当時の為替レートで88億円）プラス医薬品として発売後は売上高に応じて一定のロイヤリティーを毎年受領する大型契約でした。イーベックは、ベーリンガー・インゲルハイムとの契約時、従業員8人という小さな企業でした。

バイオ業界の多くの人は、関東圏か関西圏から大型取引が最初に出てくると想像していたようです。しかし、突然北海道の企業が最初の大型契約をなしえました。彼らにとってそれは大きな驚きだったため「イーベックの奇跡」などと言われました。

私は、この取引を現場で社長として体験したのです。

それから3年後、イーベックはアステラス製薬と、契約一時金と開発・販売が進むごとに支払われるマイルストーン合計130億円プラス医薬品として発売後は売上高に応じて一定のロイヤリティーを毎年受領する契約を締結しました。

イーベックは、2003年1月に誕生したベンチャー企業です。北海道大学遺伝子病制御研究所長の高田教授（当時）の技術を実用化する目的で起業しました。

大手製薬会社との契約は、初めから意図して戦略的に対応したことと、結果として契約に向けて有効な役割を果たしたことの2つがあります。

① 「強みに集中せよ」（捨てる戦略）

マイケル・ポーターは『競争の戦略』の中で、競争戦略として「コストのリーダーシップ戦略」「差別化戦略」「集中化戦略」があると書いています。

大企業はコスト競争力が高く、同じ土俵で競争すると優位に立てることが多いのです。「戦略」という言葉は「戦いを略する」と書きます。ベンチャー企業や小規模の企業は、ライバル企業と戦う範囲を小さくする戦略をとることによって生き残る方法もあります。

私は、多くの企業の新規事業や新会社設立を主に生業とするインキュベーション企業の社長でした。いかに少ない資本（金銭、人的など）で優位に事業化を進めるかを考えたのですが、その際に「集中化戦略」をとることが多くありました。集中化戦略とは「捨てる戦略」です。

「戦わないと負けない」と軍師はよく言ったそうですが、まさに戦わないと体力は疲弊せずに温存できます。

イーベックも、市場、工程を集中化する、つまり他の工程を捨て、ドラッカーが言う「強みに集中する」戦略をとりました。

② 顧客からスタートする

ベーリンガー・インゲルハイムとの契約条項合意のあと、われわれは1885年から現在までの歴史を展示している資料館に案内してもらいました。巨大な研究所と工場をみながら、このような素晴らしい会社でわれわれのシーズが育っていくことをうれしく思うと同時に身が引き締まる思いでした。この巨大な生産設備により生み出された薬が、世界のどれだけの人に貢献できるのだろうと思うとより喜びが湧いてきたのを覚えています。

イーベックは、抗体医薬の要である抗体をつくる技術力で勝負するバイオベンチャーです。技術があることが最大の成功要因でしたが、同時に「顧客」を意識して経営してきたことも重要な成功要因でした。

イーベック設立時に現役の臨床医であり研究者である北海道大学大学院医学研究科の教授がボードメンバーに加わり、臨床医の立場から開発が必要な対象を提案してくれました。

創薬ベンチャーにとって、直接の顧客は製薬企業です。新薬開発には相当な費用が必要ですから、世界で活動する製薬企業がお客さまになります。しかし、われわれが開発する抗体の最終ユーザーは患者です。イーベックの存在意義は、多くの患者を救う

> なぜ、従業員8人の北海道バイオベンチャーが
> 日本で初めての海外大手製薬企業との
> 大型取引（88億円超）を決めることができたのか

● パソコン製造工程におけるインテル社のような位置づけ

標的 → 市場調査 → 抗原評価 → 抗体作製 → 治療薬等製造 → 前臨床 → 臨床試験 → 承認申請 → 医薬製造 → 販売促進 → 抗体医薬の使用

この工程に特化し世界中の企業に優れた抗体を提供

> イーベックはプラットフォーム技術を持つ企業として治療用抗体における
> 「抗体作製」工程に特化し、優れた抗体を世界中の製薬企業に提供する。
> （収益は契約一時金とマイルストーン収入および売り上げに応じたロイヤルティ）。
> 検査。診断用抗体についても抗体作製に特化し、検査機器メーカーや
> 検査キットメーカーに抗体を提供し、製品化の一つの工程を担う。

ための抗体医薬の素材をつくることにあります。患者に投薬の決断をするのは現場の医師であり、医師の声を聞くことは、ドラッカーが言った「顧客からスタートせよ」ということなのです。

ドラッカーは『顧客や市場を本当に知っているのは、ただ一人である。顧客本人である』と書かれました。ドラッカーは、顧客を知るためには「顧客に聞けばよい」と指摘しており、イーベックでもそれを実践しました。

イーベックは、技術シーズを活用したベンチャーですが、マーケット発の開発を行ったことは良かったと思っています。

顧客が事業の存在価値を定義してくれます。顧客が企業に収益を運んでくれます。優れたシーズや産品、技術があれば、それをどのような顧客に提供すれば喜んでもらえるかを考える。そうすれば技術やシーズが事業として生きてくるのです。

③知財戦略

2008年9月午前2時、東京にあるベーリンガー・インゲルハイム日本法人の会議室で、私たちは交渉をしておりました。夕方4時ころから始まったビデオ会議での交渉。海外企業との交渉の場合、関係部署が各国に散らばっていることも多く、ヨーロッパ、アメリカ、アジアなどさまざまな地域とつなぐので、このような時間に交渉することがよくあります。

なぜ連日10時間にもおよぶ交渉を続けたのか?

それは、特許書き換え期限があったからです。イーベックでは製造工程についてはノウハウとして特許化せず、できあがった抗体について物質特許として出願しました。抗体一つひとつに新規性があったため、できあがった抗体について特許を申請したのです。製造工程を特許化すると時期がくれば公開されます。他社は、特許内容を見て同じものをつくることができます。もし、特許侵害と疑いをもった場合、こちらが特許侵害であることを証明する必要があります。ノウハウの場合、できあがったものから製法を特定することは難しく、ノウハウを特許化することは自社技術の流出につながるリスクをはらみます。しかし、物質特許はモノそのものですから、特許を侵害すれば明白です。このような場合、特許を使って自社の権利を守るには、物質特許のほうが有利です。もちろんケースによってはノウハウ特許によって、自社の権利を守ることが有効な場合もありますので、個別に判断が必要です。

特許は出願してから、書き換えまでの期間が限られており、その間により強い特許にするために準備が必要です。また、より大きな市場を狙うためには、PCT出願をしておいて、期限以内に各国・地域への移行手続きが必要です。各国への移行については、翻訳料や出願料など経費がかさむことが多く、その後の管理費も高くなります。なかなか中小企業が世界で特許を成立させ維持するのは大変です。

製薬企業は、われわれが作製した抗体の性能や副作用をしっかりと調査してから契約するのが常です。したがって、MTA（Material Transfer Agreement）を結び、抗体のチェックをするのです。

MTAとは、両企業間で物質の取り扱いについて決める契約書です。やり取りされるマテリアルの種類や数量、使用目的、使用者、第三者の使用の可能性（共同研究、委託など）、使用形態、技術指導の有無などさまざまな内容を決めます。

このMTAによりとれるデータは、特許を強化するのに重要なデータとなることがあります。ベンチャー企業が取得できるデータはどうしても限られたものにならざるをえま

せん。特許のためにより良いデータをとるために新たな投資を行うと数十億円ではきかない設備投資が必要です。

しかし、大手製薬企業はすでに多くの施設、設備、機械、ノウハウを持っております。また、実験をするために十分な資金力と人材を確保しています。

MTA契約後に実施される製薬企業の実験により、高度で重要なデータが取得できると、そのデータは特許をより強固で確実なものにすることができます。

製薬企業がバイオベンチャーとアライアンス契約を結びたいと考えると、自社のデータも活用し、強い特許にしたうえで契約したいと考えます。

したがって、特許出願の時期は慎重に考えることが重要です。

もう1つのポイントは出願時期によってその後の交渉のスピード感が変わるということです。出願後1年以内に契約を決めると、製薬企業のデータを使い特許を高度化できると同時に国際出願の各国移行が可能になります。ですから1年以内に契約締結しようという意欲が双方に発生し、契約交渉をスムーズに進めることができることがあります。

私も大企業の経営企画部門に勤務した経験がありますが、大企業はさまざまな部署との調整や稟議処理、多くの会議での承認手続き等が必要です。自然と時間がかかってしまいます。

決断が早いというメリットをもつ中小企業やベンチャー企業にとっては、大企業との交渉で時間がかかることがストレスになりますが、これは仕方がないことです。

しかし、特許強化、特許範囲の拡大という理由があると、製薬企業側の検討において、特許権の期限という急ぐ必要が生じます。それが早期に契約できた理由の1つであると言えるかもしれません。特許権は契約交渉するときの大きな武器になることがあるのです。

④どこまで保証するか

札幌のイーベック研究所にドイツから多くの方が来られ、デューデリジェンス（DD）が行われました。

80億円を超える契約ですから、当然ライセンスを受ける側の企業は慎重に商品性を査定していきます。

製薬企業をはじめ複数の大手企業との

契約締結を経験し、DDという工程を経たときに感じるのは「最初からしっかりと体制をつくっていて良かった」ということです。

技術力が高いと、どうしても既存の商品に比し何倍高い性能を持つということを、つい前面に掲げたくなります。もちろん技術の高さは企業にとって重要なことで素晴らしい強みです。技術力の高さを顧客に知らせ評価してもらうことは重要なことです。

一方で商品としての技術力を語るときは、高い水準が達成できる確率、良いときと悪いときの偏差が重要な指標になります。

技術を導入する側の企業、仕入れる側の企業、最終ユーザーにとって、期待していた実績が得られる確実性は、とても重要な選別指標です。

罠に落ちた高い技術を持つ企業は「従来品の100倍の性能を持つ商品ができます。しかし、最も高い数値が出る確率は50%です。高い水準と低い水準の差は10倍です。したがって、最も低いケースでも従来品の10倍の性能を保持できます」と平気で書いてしまいます。「悪くても10倍だからすごいのだ。100倍出ることもあるんだよ」と誇らしげに語られることもありますが、こんなに品質が安定しないものを仕入れる会社は少ないと思います。とくに一定レベルの品質保証が求められる企業の仕入れ担当者にとって、確実な成果を出せないものは仕入れることは不可能ですし、DDに耐えることは難しいでしょう。

上記のような事例では、

1. 10倍でも価値があるのだから確実性が保証できる 10 倍をまず品質保証水準として定める
2. より高い性能が保証できるものについては「プレミアム版」として高付加価値商品とする

ということが大事です。

イーベックは技術の高さを追求し、医療用素材としての機能の高さを実現すると同時に、製薬企業が必ず要求する事項について、しっかりと応えてきました。

イーベックでは、設立してからラボの優秀な研究者が、実験ノートを丁寧につけていました。DDでは実験ノートは必ず調査対象になります。また、血液を扱う際の規程を持っていたり、動物実験前に社外の有識者を交えた委員会を経てから実験を行ったりと足元を固めることもやってきました。

資本力に限りがあるので、できていないこ

とは「できていない」と伝えることで信頼も築き、足りないところはアライアンス先が検討時にデータを取って確かめてくれたこともありました。大手製薬企業がわれわれの足りないデータを取得し、そのデータの結果がよかったので、さらにイーベックの企業価値アップにつなげることができたこともあります。

お客さまに何を保証するか。自社だけでなくパートナーも巻き込みながら保証できる体制をつくる。このことはビジネスを大きくする上でとても重要なことです。

⑤強みを活かしパートナーと一緒に強みを伸ばす

ドラッカーは「強みを活かせ」と強調し、『組織の役割は、人の強みを成果に結び付け、人の弱みを中和することにある』と書いています。なぜ、人が企業体をつくり、さらには企業間でアライアンスを組むのか。それは、各人あるいは各企業の弱みを、強みを持った相手と組むことで解消して、自らの強みを基盤に活動するためです。

大成功した経営者であるアンドリュー・カーネギーの墓には「己よりも優れたものに働いてもらう方法を知る男、ここに眠る」という意図の言葉が書いてあるという話は有名ですが、企業やグループが自分の力を超えるためには、自分よりも優れた人物とパートナーを組むことです。

交渉はとても厳しいものでしたが、私たちはとても良い環境で交渉を進めることができました。ベーリンガー・インゲルハイムの日本担当者は素晴らしい人物で、信頼でき、尊敬できる人物でした。この人物がいたから良い形でアライアンス契約がまとまりました。また、ドイツのベーリンガー・インゲルハイムの担当者もみんな素晴らしい方でした。患者を救う新薬を開発するという共通の目標に向かって一緒に進むパートナーとして、ときには厳しい交渉をしながらも一緒に夢を語り、パートナーとして接してくれました。素晴らしい薬をつくるためにお互いに「どんな貢献ができるか?」という共通認識がありました。したがって、意見がぶつかったときに、それを乗り越えるために何ができるのかを常に双方で考えながら交渉を続けました。

ドラッカーはアライアンスを上手に進める方法として、お互いに顧客として接することが必要であり、参加企業の目的とアライアンスの目的が明確かを確認し続ける重要性を

● イノベーションとは？

良いものを残しながら
新しい要素を結合することによって
新しい価値を想像する

説いています。アライアンスはM&Aではないので、互いにオーナーシップを発揮することはできません。したがって、企業の大小にかかわらず、信頼関係に基づくパートナーとして、顧客として接する必要があります。

アライアンスを上手に進めるには、互いの「立ち位置」を明らかにして「役割」と「権限」を明確にすることが重要です。それぞれの「役割」が明確になれば、おのずと「権限」も明確になってきます。そうすれば、互いの強みを活かし、弱みを中和し、最終ユーザーに素晴らしい商品を届けることができます。「貢献」「成果」を明確にして進むときに、より良い人間関係が築けます。パートナーとして仕事ができるのです。

逆に、立ち位置を明らかにしなければ、決めるべき事項が増えます。また、役割も権限も不明確になり、争う論点が増えることになりかねません。

ドラッカーから学び、伝えたいこと

ドラッカーは「横との競争ではなく、前を向いて新しい価値を創造しなさい」という意図を伝えています。横を見て活動すると「周りの企業に負けてはいけない」「同期よりも自分は劣っているのではないか」「他の人たちはどうしてこんな成功しているのだろう」「前例がないが大丈夫か」などと不安になり、悔しい思いをすることが多くなります。

しかし、これまでにない新しい価値を創造しようとすると、周りとの競争から解放され、価値を一緒に創造する仲間ができます。

営利企業でも非営利事業でも「誰かに貢献する」ために活動をしています。

これまでにない価値を創造し、お客さまや受益者に提供して喜んでもらえるための活動を展開するとやりがいが生まれます。楽しくなります。そして、お客さまの喜びは働く自分たちの喜びにもつながり、社会にも貢献します。お客さま、社員、社会、それぞれにとって貢献できることを考え実践し、成果が上がってくる。結果として、事業は繁栄し、多くの喜びが残る。だから、ドラッカー哲学を実践している人は楽しそうなのかもしれません。

ドラッカーは、著書『非営利組織の経営』の中で「私が13歳のとき、宗教の先生が、何によって覚えられたいかねと聞いた。誰も答えられなかった。すると、いま答えられると思って聞いたわけではない。でも50になっても答えられなければ、人生を無駄に過ごしたことになるよと言った」とあります。

「自分が他人の記憶の中にどのように残る人間になりたいか」──この問いは、個人に対しても会社に対しても求められる重要な問いです。あなたはすぐに答えられるでしょうか。

ドラッカーは「今日でも私は、この問い、何によって覚えられたいかを自らに問いかけている。これは、自己刷新を促す問いであ

る。自分自身を若干違う人間として、しかしなりうる人間として見るよう、仕向けてくれる問いである」とも書いています。

自分自身あるいは組織の理想の姿、あるべき姿を思い浮かべ、そこに向かって自己変革を行い、行動していくことは重要です。

多くの人が、過去を大げさに評価し、未来を過大評価して、今日を過小評価し、何もせずに月日を重ねる失敗を繰り返します。人間とは能力が飛躍的に伸びることは難しい動物です。したがって「明日になればできるようになるだろう」というのは幻想です。

しかし、今日努力すれば、明日できるようになる確率が上がります。今日の自分や会社があるのは、昨日までの活動や努力の結果です。したがって、より良い明日を迎えるためには今日を懸命に頑張らなければならないのです。

覚えられたい自分に向かって今日行動することが重要です。明確な明日が見えてなければ今日行動できません。そして、良い明日は来ません。

ドラッカーが遺した大好きな言葉があります。

「未来を予測するのは難しいが、確実な方法が一つある。それは自分で未来を創ることである」という言葉です。

社会の動きや経済環境、人の嗜好の変化、天候など自分ではどうしようもない外部環境の中でわれわれは仕事をしなければなりません。これらは、自分で変えることは難しく、予測も難しいのですが、自分の生き方は自分で変えることができます。

自分の未来を考えて、計画をしっかり立てて実践すると、少なくともその未来に近づきます。

自分の、あるいは会社の未来がどうあるべきかを考え、認識し、その到達点に行くためにはどのように行動すればよいかを考える。

必要な資源は何か、どのような人たちと一緒に動くべきかも考える。その人たちと未来の到達点を共有し、どのように実践すれば到達できるかを考え、実践する。自分が考えた未来は近づくはずです。

「未来は自分で創造できる」という当たり前の事実をしっかりと認識すれば、前例など過去のことは参考にすれば良いのであって、行動を縛られる必要はありません。新しい価値を創造したときには、競争相手も少なく、新たな価値を世の中に提供できます。

WORLD ECOSYSTEM

世界のエコシステム

世界中の主要都市圏がシリコンバレーのエコシステムを目指して、国をあげて次の世界の覇権競争に入っている

日本は20年以上遅れているのか？
今年やっと世界ランキングに東京は15位で登場だ。

日本ではなぜ、シリコンバレーのような世界を変える企業やアイデアが生まれてこないのだろうか？

日本は戦後の高度成長期に衣食住にかかわる分野から、世界と戦える自動車、家電、重工業、化学工業が市場を席捲。世界でも類を見ないスピードでGDP世界第2位の経済大国となった。しかし、1980年代のバブル期以降、1990年代からの「失われた30年」が過ぎても、まだかつてのような姿にはほど遠く、活力も感じられない。

ベンチャー企業はイノベーション創出の担い手である。その創出・成長を後押しする

ことによって産業の新陳代謝がうながされ、経済が活性化すると期待されてきた。もちろん、現在も政府や金融機関によるベンチャー支援の取り組みは続けられている。

しかしながら、わが国の開・廃業率はずっと低調であり、諸外国に比べ起業活動に関する指標も低水準にあるなど（図1参照）、結果に結びついていない。

その大きな理由の1つとして、官民で多様な支援策が講じられたものの、その多くは単発の資金支援策や補助金などであり、ベンチャーの根本的な課題の解決に結びついていないことがあげられよう。

単に資金の問題だけではなく、成長ステージで必要となるような施策や支援主体の有機的かつシームレスな連携がなされてこなかったのである。

札幌BizCafeも目指していた、起業家予備軍となるような学生や若い社会人に、いろいろなビジネスモデルやシードの勉強会、交流会、スタートアップ企業の創出から自立まで、メンターやシリアル・アントレプレナーによる助言や育成などの施策がシームレスに行われる支援体制が必要なのである。

これは単に行政や金融機関による制度や支援体制の問題だけではない。地域内の既存企業も、新規の事業やプロジェクトをつくり、人材を育成して、社内外に新しい動きを起こしていくべきである。

それが、いわゆるベンチャー・エコシステム（図2参照）である。地域の中で、大学、研究機関、金融機関、既存企業、学生、学生企業、中小企業の企業内ベンチャー、そして、企業家として資金も経験もあるメンター、エンジェル、民間で起業家育成をするアクセラ

● 図1：開業率の国際比率

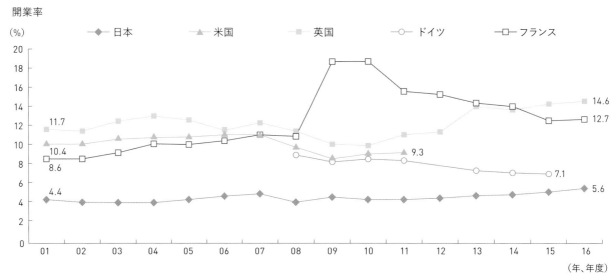

資料：日本：厚生労働省「雇用保険事業年報」（年度ベース）
　　　米国：U.S. Small Business Administration「The Small Business Economy」
　　　英国：Office for National Statistics「Business Demography」
　　　ドイツ：Statistisches Bundesamt「Unternehmensgründungen, -schließungen: Deutschland, Jahre, Rechtsform, Wirtschaftszweige」
　　　フランス：INSEE「Taux de création d'entreprises」
（注）1.日本の開廃業率は、保険関係が成立している事業所（適用事業所）の成立・消滅をもとに算出している。
　　　2.米国の開廃業率は、雇用主（employer）の発生・消滅をもとに算出している。
　　　3.英国の開廃業率は、VAT（付加価値税）及びPAYE（源泉所得税）登録企業数をもとに算出している。
　　　4.ドイツの開廃業率は、開業・廃業届を提出した企業数をもとに算出している。
　　　5.フランスの開業率は、企業・事業所目録（SIRENRE）へのデータベースに登録・抹消された起業数をもとに算出している。
　　　6.国によって統計の性質が異なるため、単純に比較することはできない。

● 図2：ベンチャーを育てるエコシステム

レーターのような機能など、すべての参加者が有機的に関係性を持ち、どうやって連携をつくり上げていくのか、その過程で各主体がどのようにかかわっていくのか。これは、それぞれの地域が持つ固有の文化や気質によって違うものが生まれてくるはずである。

スタートアップとは

スタートアップに明確な定義があるわけではないが、設立から2年以内で従業員10人以下、規模はスモールビジネスに近いが、違うのはスピード感である。何か新しいビジネスモデルを開発し、ごく短期間のうちに急激な成長を目指す。アメリカでは、エグジットは明確で売却かIPOだ。

アメリカの起業家と話をしていると、スタートアップを立ち上げる理由として最も多いのが「いままでにないイノベーションを通じ、人々の生活と世の中を変えること」である。ここで重要なのは、スタートアップにはイノベーションが絶対に必要で、現段階で存在しない新しい価値をつくることにある。イノベーションと社会貢献を存在意義としていないベンチャー企業は、スタートアップではない。

トップを走るシリコンバレー

「創業10年以内」「評価額10億ドル以上」「未上場」「テクノロジー企業」といった4つの条件を兼ね備えたベンチャーを「ユニコーン企業」という。上場を果たすなどして、この4条件から外れればユニコーン企業ではなくなる。

上場していないのに株式の評価額が大きく、まれなることであるから、想像上の動物の名前がついているのだ。

ユニコーン企業として有名なところでは「uber」「Airbnb」「spaceX」などがある。日本企業では「メルカリ」だったが、2018年6月に上場してしまったので、現在はディープラーニングの研究開発を行う「プリファード・ネットワークス」1社である。

日本にユニコーンは少ないが、2019年の日本のスタートアップ・ランキング上位10社の評価額合計は1兆円を超えてきた。

2018年のデータによると、世界のユニコーン企業数は260社、評価額合計は840億ドル（約9兆円）である。

2020年時点でユニコーンを誕生させているエリアのトップはシリコンバレー（米）。以下、ニューヨーク（同）、ロンドン（英）、北京（中）、テルアビブ（イスラエル）、ベルリン（独）、上海（中）、ロサンゼルス（米）と続き、10位にシアトル（同）が入っている。

日本も「拠点都市」をつくる

シリコンバレーに比肩するスタートアップ・エコシステムを整えるため、内閣府は、東京、愛知、大阪、福岡の4都市圏のコンソーシアムを「グローバル拠点都市」として選定した。

選ばれたのは複数の都府県にまたがるエリアで、東京には横浜市、川崎市、和光市、つくば市が入り、愛知には名古屋市のほか浜松市。大阪は京都市、神戸市がセットになっている。福岡市は単独。

また、グローバル拠点都市よりも規模が小さいものの、スマート農業や環境技術など特定分野のベンチャー企業の集積を目指す「推進拠点都市」として、札幌市、仙台市、広島地域、北九州市の4エリアが選定された。

これらの都市では、自治体、大学、民間組織でエコシステムの拠点となるコンソーシアムが形成され、そこを中心にアクセラレータープログラムなどが実施される。また民間組織からの協力なども得られ、スタートアップに必要な支援が受けられる。

時間はかかるかもしれないが、札幌や北海道全域から、夢のあるスタートアップ企業がどんどん生まれてくる、そんな時代をつくりたいものだ。

札幌BizCafeの活動は終わったが、北海道でも続々と新しい動きが生まれている。「NoMaps」「Open network Lab」など、他の地域にない画期的な活動だ。

是非、みんなで参加し、活用してみてほしい！

Open Network Lab HOKKAIDO・SAPPRO BI Lab・NoMaps

Open Network Lab HOKKAIDO 2期 Demo Dayで最優秀賞となったVETELL（帯広市）の池田哲平氏（右）。左はOnlab創設者の林 郁氏

スタートアップの発掘と育成

革新的アイデアがあったとしても、スタートアップには課題が山積みだ。
未来を切り開くアントレプレナーシップを育む画期的な取り組みを3つ紹介する。

2 010年4月、日本のシードアクセラレータープログラムの草分けとしてスタートした「Open Network Lab（Onlab＝オンラボ）」。起業家の短期育成や、最先端のノウハウを持つスペシャリストを招いたイベントを通じて、グローバルに活躍する起業家の育成・支援を行っている。

Onlabの創設者は「デジタルガレージ」（本社・東京都渋谷区）社長の林郁氏だ。林氏は北海道生まれ。多数のIT関連会社を起業し個人投資家でもあった伊藤穣一氏と共同で1995年8月、デジタルガレージを設立。日本で最初の個人ホームページ作成から始まった同社は、インターネット関連事業を拡大させ、2000年ジャスダックへ上場。2016年東京証券取引所第1部へ市場変更。2020年3月期の連結売上高は369億3600万円である。

Onlabが支援するスタートアップは多種多様だ。「投資は〝人〟によるものであり、必要なのはマニュアルではなく〝情熱〟である」という林氏の思いのもと、経営者としての素質があるか、一緒にビジネスを成功させたい人であるかを投資の判断基準にする。現在、全国に5つのOnlabがあり、これまでに100社を超えるスタートアップを支援している。

Onlab初の地方版としてスタートしたのが「Open Network Lab HOKKAIDO」である。2018年、デジタルガレージは北海道新聞社と共同でOnlab HOKKAIDOの運営会社「D2ガレージ」（本社・札幌市、佐々木智也社長）を設立。1次産業や観光、テクノロジーの活用など、北海道の資産を生かしたプロダクトやサービス開発で起業を目指す人を対象にスタートアップを支援する。

起業はしていないがビジネスのアイデアがあるという人が、そのアイデアをOnlab HOKKAIDO事務局に応募。採択されれば、3カ月という短期間でアクセラレータープログラムを進めていく。その内容は毎週1回、先輩起業家などからアドバイスをもらう「メンタリング」と、事務局に事業の進捗状況を報告し、次の1週間までに何を成し遂げるかの目標設定をする「オフィスアワー」が義務付けられる。時間としては各30〜40分ずつ。いずれも基本は札幌の事務局において面談で行われるが、遠方からの応募者の場合はオンラインで対話するなど柔軟に対応してくれる。

メンターには先輩起業家のほか大学教員や投資家など幅広い人材がそろう。応募者の業種によっては、東京や海外のメンターとの対話も調整してくれる。

また、応募者はプログラム期間中に会社を設立するのが条件。会社設立の方法や手続きなども事務局でサポートしてくれる。さらに事務局では、プログラムに参加する起業家に対し、活動資金として最大1000万円を出資する。こうした物心両面でのサポートには、超短期のプログラムに集中してもらいたいという思いが込められている。

3カ月のプログラムを終了すると、成果発表会「Demo Day」に出る。会場には投資家

「Demo Day」の舞台で成果を発表する

や金融機関も出席。その人たちに向けて、プログラム参加者はこの3カ月の成果、さらに今後のビジョンを発表するのである。

オンラボ北海道では、これまでに2018年の第1期に5社、2019年の第2期に5社と、計10社がDemo Dayでプレゼンテーションし、起業を果たした。業種もAIから農業、食まで多岐にわたる。着実に北海道にもスタートアップエコシステムの仕組みが根付き始めている。

SAPPORO BI Lab

札幌にはバイオ分野における先端的学術研究の蓄積とIT産業の集積という2つの強みがある。しかし、この2分野の融合は必ずしも進んでいるとは言い難い。そもそも、この両方の分野に精通した人材がいないのである。世界に誇れる〝素材〟が2つある。それを掛け合わせることによって、新しいビジネスの可能性は無限に広がる。だからこそ近い将来この2分野を融合したニュービジネスを起こす人材を育てることが急務なのである。そうした発想から2019年10月に設立されたのが「SAPPORO BI Lab」だ。

BIの「B」はバイオ、「I」はITを表す。ただし、ここでいうバイオは狭義のバイオインフォマティクスではなく、広く「生命」としている。医療や製薬はもちろん、食品、健康、農業など、生命にかかわる広範な業種が抱

SAPPORO BI Labでは少人数型集中講義を開催した

える課題をIT技術によって解決させるのだ。「大学や研究機関における技術シードを、地域企業とのマッチングによって産学連携ビジネスへつなげたい。OECDの報告によるとバイオ産業の市場規模は、2030年には1兆6000億ﾄﾞﾙになると予測されている。アフターコロナの時代を迎え、バイオとITの融合は不可欠」とSAPPORO BI Lab代表の磯真査彦氏は話す。

設立初年となる2019年は、11月21日～12月19日の5週間、毎木曜日にバイオとITに精通する講師による少人数型集中講義を開催。大学生、大学教員、企業などから毎回30人ほどが参加した。講義のテーマは「個人ゲノム情報の理解に役立つバイオインフォマティクス」(遠藤俊徳北海道大学大学院情報科学研究院教授)、「ヒトゲノムの多様性をどのように解析するのか」(長田直樹同准教授)、「バイオとITの融合で生まれる価値」(宇佐美克明デジタルガレージDG Labシニアマネージャー)、「バイオビジネスにおけるオープンイノベーションの活用」(飛谷篤実マネジメント・オフィス代表)等々、多岐にわたった。
「学生の参加が多かった。感触はいい。コロナ禍で集中講義以降、人を集める催しはできなかったが、それ以外の活動も含めて種は蒔けたという実感はある。バイオとITの先端技術の組み合わせはもちろん、AIやビッグデータなども活用したイノベーションを創出できる人材を育てていきたい」(磯氏)

NoMaps

2016年にプレ開催、翌2017年から本格開催をスタートさせたクリエイティブコンベンション「NoMaps」。札幌という北海道開拓の象徴的な地を舞台に〝現代的フロンティアスピリット〟を持った人間たちが集い、クリエイティブな発想や技術によって次の社会を創造しようという大型イベントのことだ。札幌都心部のさまざまなスポットを会場に、先端テクノロジーや斬新なアイデアを核とした「新しい価値観／文化／社会の姿」を提案するビジネスコンテンツをテーマに「会議＝Conference」「展示＝Exhibition」「興行＝Event」「交流＝Meet-up」「実験＝Experiment」の5つの事業が繰り広げられる。「クリエイティブで、よりよい世界をつくろう

とする人の、出会いと、刺激と、交流の場がNoMapsです。ここで言うクリエイティブとは〝新しい価値を生み出す〟ということ。つまり、すでに新しいことに着手している人や、自分も何か新しいことをやりたいと思っている人が出会い、お互いに刺激を受けて、さらに新たな発想を生み出してもらう。そうした空間をつくるというのが基本的な考え方です」とNoMaps事務局長の広瀬岳史氏は話す。

運営は産官学の連携チームが行う。中心的なのが「クリプトン・フューチャー・メディア」(本社・札幌市、伊藤博之社長)や「ウエス」(同、小島紳次郎社長)などの民間企業、そこに札幌市や北海道などの官公庁、北海道大学や札幌市立大学などの教育機関も名を連ねる〝オール北海道体制〟で実行委員会を構成。3回目の開催となる2019年は、10月16日から同20日までの5日間の日程で行われた。全部で20の会場を設け、延べ2万人を動員同した。

さまざまなカンファレンスが行われるNoMaps

「北海道は開拓地であることから〝道民にはフロンティア精神があるんだよね〟とよく言われる。しかし、北海道にずっと住んでいると、そんな人はあまりいないと気づかされる。明治以降、北海道は国の施策で開拓されてきた歴史がある。だから〝自分たちが頑張らなくても行政が何とかしてくれる〟と考える道民が、実は多い。そんな公共事業依存型の体質を脱却しなければならない。新しいことにチャレンジし、理想を実現させていくフロンティア精神が、いまの北海道に必要だ。クリエイティブを起点として〝現代の開拓者〟を増やしたい」(広瀬氏)

どんな困難があろうともNoMapsの活動は続いていくだろう。いずれにせよ、新しいことをしたい人、新しいことに興味がある人にとって、ものすごく刺激的な未来志向のイベントであることに間違いはない。

スタートアップ支援

活用したいスタートアップ支援

起業するにあたって最大の難関は資金である。意欲やアイデアはあっても〝先立つもの〟がないと形にならない。自己資金だけでは限界もある。現在は公の機関も積極的にスタートアップを支援する立場。制度も充実してきた。ここでは現段階（2020年7月現在）において、代表的な創業支援のメニュー、さらには〝学び〟についても紹介したい。

金融機関の支援

　まずは北海道トップバンクの北洋銀行。創業者向けの融資制度はないが、資金以外の「創業支援」を行っている。主なサポート内容は①創業計画書の策定②各種創業融資の紹介③各種補助金情報の提供および申請④同行が提携するクラウドファンディング事業者の紹介⑤同行のネットワークを活用したビジネスマッチングなど販路拡大支援⑥各ブランドのクレジットカード決済への対応⑦日本政策金融公庫との連携による各種相談へのワンストップ対応、など

だ。また日本政策金融公庫との間で創業・起業分野での支援体制を強化。相互のノウハウを補完・共有することによって、創業時や創業間もない事業者をワンストップでサポートしている。

　北海道銀行は2018年3月、日本政策金融公庫との連携事業として、創業者向け協調支援ユニット「Doスタートアップ」の取り扱いを開始した。道内全域に顧客基盤があり、起業のライフステージに応じた支援ができる道銀と、長年にわたり創業融資を手がけてきた日本政策金融公庫がそれぞれの特性を生かし、相互にノウハウを共有・補

完。創業者に対する支援体制を強化している。具体的実施事項は①道銀各本支店と日本政策金融公庫道内9支店との共同勉強会の開催②「Doスタートアップ」顧客向けリーフレットの配布と備え置き③創業計画策定支援および資金調達に関する相談受付、協

北洋銀行

主なスタートアップ支援

支援制度名	対象者	制度概要・内容	問い合わせ先
創業促進支援事業 （北海道中小企業新応援ファンド事業）	道内の創業者。	道内に主たる事務所を設けて新規に事業を開始する個人・中小企業者の事業展開に要する経費の一部を助成 【限度額】100万円	北海道中小企業総合支援センター 企業振興部助成支援G ☎011-232-2403
地域課題解決型企業支援事業	道内で新たに起業する者。	北海道が地域再生計画に定める地域活性化関連、まちづくりの推進、子育て支援、社会福祉関連、買い物弱者支援等の社会的事業の分野において、地域課題の解決に資するために道内で新たに起業する者に対して、起業に必要な経費の一部を助成するとともに、事業立ち上げ等に関する伴走支援を実施 【補助上限額】200万円	北海道中小企業総合支援センター 企業振興部助成支援G ☎011-232-2403
とかち財団学生起業家育成奨学金	十勝の産業振興の発展に寄与することを目的とし、将来事業を起こすことを目標としている大学、大学院、短期大学、専修学校、高等専門学校（4年次以上）に在籍する学生。	次代を担う学生に対し、地域の起業家支援プログラム等を通じた人材育成、支援を行い、起業への意欲を喚起し、起業を目指す学生層の拡大を図り、将来起業家精神を持つ有能な人材を社会に数多く出すことで十勝の地域経済の発展に寄与することを目的に奨学金を給付 【奨学金の額】年額36万円	とかち財団 総合企画部事業創発G ☎0155-38-8850
中小企業総合振興資金（創業貸付）	事業を営んでいない個人で1カ月以内に新たに事業を開始する、あるいは2カ月以内に新たに会社を設立して事業を開始する具体的な計画を有する者。	【融資金額】3500万円以内 【融資期間】10年以内（うち据置2年以内） 【申込先】各商工会議所、各商工会	北海道経済部地域経済局中小企業課金融G ☎011-204-5346

北海道銀行

調融資の検討・実施④「道銀創業支援塾」を日本政策金融公庫と共同開催、など。

　2018年に札幌信用金庫、小樽信用金庫、北海信用金庫が合併して誕生した道内最大規模（2020年3月末現在＝預金量1兆605億円、貸出金量5738億円）の信用金庫となった北海道信用金庫。創業限定の融資制度はないが、創業支援に利用できるものとして「未来応援ビジネスローン」がある。融資金額は10万円以上で500万円以内（10万円単位）。創業資金としては300万円以内。担保不要。利用期間は10年以内または返済回数120回以内。創業資金は5年以内または返済回数60回以内となっている。

公的支援機関

　創業支援がもっとも拡充されているのが「北海道中小企業総合支援センター」の施策だ。融資ばかりではなく、補助金や助成金の制度もある。こちらは返済不要なので手持ちの少ない起業者は相談する価値あり。

　表の「創業促進支援事業」の場合であれば、助成対象は原材料費、外注加工費、印刷製本費、事務所等改装費、広告宣伝費、出展料などに対し、助成率は対象経費の2分の1以内。限度額は100万円だ。

　「地域課題解決型起業支援事業」の補助対象経費は、人件費、店舗等借料、設備費、原材料費、借料、知的財産権等関連経費、謝金、外注費、委託費、マーケティング調査費、広報費などに対し、補助率は対象経費の2分の1以内。補助上限額は200万円以内となっている。

北海道信用金庫

支援制度名	対象者	制度概要・内容	問い合わせ先
創業・雇用創出支援資金	札幌市内で創業する者および創業5年未満の者。融資申請日前6カ月以内に新たに常用従業員を1人以上雇用した者。	【融資限度額】5000万円 【期間】10年以内（うち据置2年以内）	さっぽろ産業振興財団 札幌中小企業支援センター ☎011-200-5511
創業関連（再挑戦支援）保証	現在事業を営んでいない個人であって、1カ月以内に個人で事業を開始しようとする具体的な計画を有する者。または2カ月以内に会社を設立しようとする具体的計画を有する者。	【補償限度額】2000万円 【資金使途】事業資金 【保証期間】10年以内（据置期間は1年以内） 【返済方法】分割返済（証書貸付） 【担保】不要 【保証人】原則として法人代表者のみ	北海道信用保証協会 ☎011-241-2231
創業等関連保証	現在事業を営んでいない個人であって、この融資と同額以上の自己資金があり、1カ月以内に個人で事業を開始しようとする具体的な計画を有する者。または2カ月以内に会社を設立しようとする具体的な計画を有する者。	【補償限度額】1500万円 【資金使途】事業資金 【保証期間】10年以内（据置期間は1年以内） 【返済方法】分割返済（証書貸付） 【担保】不要 【保証人】法人代表者のみ	北海道信用保証協会 ☎011-241-2231
新企業育成貸付（新規開業資金）	新たに事業を始める人または事業開始後おおむね7年以内の人。	【融資限度額】7200万円（うち運転資金は4800万円）	日本政策金融公庫札幌支店 国民生活事業 ☎011-231-9131
新企業育成貸付（女性、若者/シニア起業家支援資金）	女性または35歳未満か55歳以上の方であって、新たに事業を始める人または事業開始後おおむね7年以内の人。	【融資限度額】7200万円（うち運転資金は4800万円）	日本政策金融公庫札幌支店 国民生活事業 ☎011-231-9131 中小企業事業 ☎011-281-5221

スタートアップ支援 ｜ STARTUP SUPPORT

北海道信用保証協会

「とかち財団学生起業家育成奨学金」は、まさに地域特化型の奨学金だ。対象者は独自のビジネスプランを持った十勝管内の大学・大学院・短期大学・専修学校に在籍する学生のみ。年額36万円。給付条件は①意欲を持ってビジネスプランの磨き上げに取り組むこと②毎月ビジネスプラン磨き上げの取り組み状況における報告書を提出すること③年度内に2回、ビジネスプラン磨き上げの取り組み状況における面談に応じること④採用者説明会・ビジネスプラン発表会・ビジネスプラン報告会に参加すること。

　北海道経済部が進める融資制度が「中小企業総合振興資金」。これから新たに事業を始めようとする人や、事業を開始してから間もない人が利用できる。融資金額は3500万円以内。融資期間は10年以内で、うち2年以内の据置期間が設けられている。

　札幌市内での創業に限定した融資制度もある。さっぽろ振興財団の「創業・雇用創出支援資金」だ。限度額は5000万円で、運転資金や設備資金に使える。融資期間は10年以内。うち据置期間2年以内。

北海道ベンチャーキャピタルが入る東京建物札幌ビル

　無担保で開業資金などの調達が可能な制度を用意しているのが北海道信用保証協会の「創業関連（再挑戦支援）保証」と「創業等関連保証」だ。新たに事業を開始しようとする人、もしくは事業開始後間もない人を対象とした保証を行うことにより、事業の実施に必要な資金の円滑化を図ることを目的とした制度だ。補償限度額は創業関連保証が2000万円、創業等関連保証が1500万円。保証期間はともに10年以内（据置期間は1年以内）となっている。

　まったく実績のない創業時でも、最大7200万円を融資してくれるのが日本政策金融公庫の「新企業育成貸付」だ。融資限度額7200万円のうち4800万円は運転資金として使える。返済期間は、運転資金7年以内、設備資金20年以内、いずれも2年以内の据置期間を設けられる。保証人・担保については相談に応じてくれる。

その他の調達方法

　ベンチャー企業に投資をする北海道発のベンチャーキャピタルがある。その名もズバリ「北海道ベンチャーキャピタル」。創業は1999年だ。2020年5月末現在の投資企業は18社。うち8社はIPO企業である。事業の性格上、創業時から投資をしている企業はほとんどないが、札幌医科大学発の再生医療用細胞医薬品の開発・製造販売のベンチャー企業「ミネルヴァメディカ」は立ち上げ時からサポートしている。

　ベンチャーキャピタルは大型の資金調達が必要になるときに初めて接触する先だと思っている起業家もいるかもしれないが、事業プランを具体化する相談などは受けてくれる。確かに、アイデア段階でいきなり投資とはならないだろうが「ビジネスの創造と革新に挑戦し続け北海道発 豊かな未来づく

りに貢献する」という経営理念から、一緒に計画を練ったり、関係者を紹介するといった協力は惜しまない。
問い合わせ先は☎011-738-7380まで。

　自ら不特定多数の人にプレゼンテーションをして資金を集める方法もある。クラウドファンディングだ。地域活性化をテーマに北海道発のクラウドファンディングサイトを運営する「アクトナウ」では、これまでに308件（2020年5月末現在）のプロジェクトを成功させ、トータルで2億5979万9724円の資金を調達（同）した。

日本政策金融公庫札幌支店が入る北海道経済センター

　数あるクラウドファンディングサービスの中でアクトナウが選ばれる理由は、地元密着に尽きる。アクトナウではプロジェクトをステージに見立て、プロジェクトを立ち上げる人をアクター（演者）、プロジェクトを支援する人をオーディエンス（観衆）と呼んでいる。このアクターに対する寄り添い方が他社とは違う。他社の場合、プロジェクトに関するやりとりはオンラインでおこなわれるのが大半だが、アクトナウはできる限り対面で打ち合わせる。オーディエンスからの支援を得るには、そのプロジェクトの妥当性、必要性を訴えるストーリーが必要だ。対面で話すことによって、アクターの思いを共有。その上で最良のプレゼンテーションを一緒に考え、リターンについてのアドバイスもする。道内どんな地域からのプロジェクトでも、土地勘があるので的確なアドバイスができる。そこが大手との決定的な違いだ。問い合わせ

アクトナウが入る札幌証券取引所

はホームページからメールで。

大学院で学ぶ

「明日死ぬように生きよ。永遠に生きるかのように学べ」とは〝インド独立の父〟とも称されるマハトマ・ガンジーの言葉だ。

現在の経済・経営現象は、グローバル化と情報化により急激に多様化している。だからこそ経済学・経営学の不変的な教えはもとより、時代の要請に応えるさまざまな領域の学びが必要だ。ここでは社会人も学べる大学院について紹介したい。

まずは北海道大学。同大には大学院経済学院がある。経済学院は「現代経済経営専攻」と「会計情報専攻」に分かれる。現代経済経営専攻には「博士コース」と「専修コース」があり、博士コースは研究者の育成、専修コースは高度専門職業人養成のためのコースである。さらに専修コースには「経済政策コース」と「経営管理（MBA）コース」があり、社会人はMBA取得を目指す人が多い。

いずれにせよ2年間学び、修士論文の執筆より自由度の大きい「研究成果報告書（リサーチペーパー）」を書いた後、官公庁や企業、NPOなどにおける管理者やスペシャリスト、起業家としての活躍が期待される。

社会人入試は、基礎的な学力に加えて①経済・経営に対する感性②志望する研究分野・研究課題に関する知識③高度専門職業に対する意欲・見識④思考力・表現力・コミュニケーション能力などの知的能力および⑤継続的・発展的な教育・研究に耐えうる資質を備えた人材を選抜する。選抜にあたっては経済・経営分野の高度専門職業に対する多様なニーズに応えうる人材の確保を志向する。試験は面接（口述試験）によって行われる。

ちなみに2020年度における大学院の授業料などの額は、検定料3万円、入学料28万2000円、年間授業料53万5800円だ。

大学院経済学院入試についての問い合わせ先は教務担当☎011-706-3163まで。

小樽商科大学には、いわゆる〝ビジネススクール〟がある。「商学研究科アントレプレナーシップ専攻」（通称、小樽商科大学ビジネススクール：OBS）だ。経済活性化が最優先課題の北海道に、ビジネスリーダーおよびイノベーターの育成を目指して2004年に設置された大学院である。

OBSは開設以来、起業はもとより、新規事業開発や企業・非営利組織の改革など、広く「革新」を実行する意識と能力を「アントレプレナーシップ」ととらえ、ビジネスの現場に内在する課題を発見・解決することのできるビジネスリーダー、イノベーターの育成に取り組んできた。

小樽商科大学札幌サテライトが入るsapporo55ビル

また、JR札幌駅西口から徒歩2分の場所に「札幌サテライト」（札幌市中央区北5条西5 sapporo55ビル3階）があり、大学院生からも好評を得ている。

OBSが求める学生像は①社会人で、新規事業開発や事業革新、あるいは既存組織の改革を目指している人②医歯薬理工系大学出身者や研究者で、技術シーズで新規事業を開発したいと思っている人③社会人、学生、留学生で、起業家への夢を抱いている人、である。

入学者選抜方法は、医歯薬理工系大学の出身者を含む多様な分野・経歴の人が受験できるよう、受験者の経歴に応じて「一般入試」「社会人入試」「組織推薦入試」の3種類の入学試験を実施。また、入学試験は以下の4点を重視し、それぞれの入学試験に応じて、筆記試験、小論文、口述試験、面接試験、志望理由書によって総合的に判断する。その基本となる視点は①地域の現状に対する問題意識を持ち、地域活性化に対する熱意・意欲があること②組織経営にかかわる知識・スキルを習得する努力を惜しまないこと③質の高いディスカッションを行うための広範な社会常識および地域・経済動向に対する洞察力を備えていること④事業構想や問題解決に不可欠な多面的な観点からの発想を向上させる努力を惜しまないこと、としている。

ちなみに、学費は国立大学法人同士で北大大学院と同額。問い合わせ先は教務課大学院係☎0134-27-5246まで。

北海道大学

NEW BUINESS COUNCIL

ニュービジネス協議会

イノベーションで未来を創造すべく
次世代の担い手と〝チャレンジする芽〟を育てる

労働人口の高齢化や経済のグローバル化などによって大きな社会構造の変革期を迎えている日本。
いまこそ地方からイノベーションを起こし、力強い日本経済の再興をうながす取り組みが必要だ。
全国に3800社を超える会員企業を有する「日本ニュービジネス協議会連合会」は、リスクを恐れず
新しい領域に挑戦するベンチャー企業や、やる気のある経営者をバックアップする。

HNBC
Since1987

公益社団法人日本ニュービジネス協議会連合会（JNB）について

1985年にニュービジネスの振興に寄与するわが国最初の公益法人として、通商産業省（現経済産業省）産業政策局サービス産業課を主務官庁として東京に事務局を構え、設立されたニュービジネス振興のための「政策提言」、ニュービジネスに関するさまざまな「研究・情報提供」、「起業家の発掘」「起業家の育成・支援」等を行う経済団体である。New Business Conferenceの略称で、NBCとして表記される。

設立当時アメリカ国内では、サービス業を中心としたニュービジネスが産業景気をリードしており、雇用の面において60％がニュービジネスに従事している実態があったが、わが国においては、通商産業省を中心にニュービジネス・ベンチャー企業振興の立場から業種・業態を縦断する組織を求める機運が高まり、任意団体であった「日本成長企業経営者協会」と「素心会」を合併させ、産業構造の変化に即した切り札として社団法人化された。

その後、次々と全国各地でニュービジネス協議会が設立され、2005年には全国のニュービジネス協議会で構成される「**日本ニュービジネス協議会連合会**」（**JNB**）が設立（社団法人化）された。現在、このハンドブックのスペシャル鼎談に登場している池田弘氏が会長を務めている。

JNBは経済・社会構造の変化と技術革新に対応しつつ、全国各地域のニュービジネス協議会の意見を代表し、新規事業に挑戦している各種の事業関係者相互の啓発、連携および国際交流を促進する団体である。

また、官・学等との連携を深め、ベンチャービジネスを含むニュービジネスについて調査、研究、育成および政策提言等を行うことにより、国民経済の健全な発展に寄与することを目的とし、国際的にもわが国のベンチャービジネス・ニュービジネスを代表する全国団体として活動している。
○事業構想
1. 各協議会相互の情報交流とニュービジネ

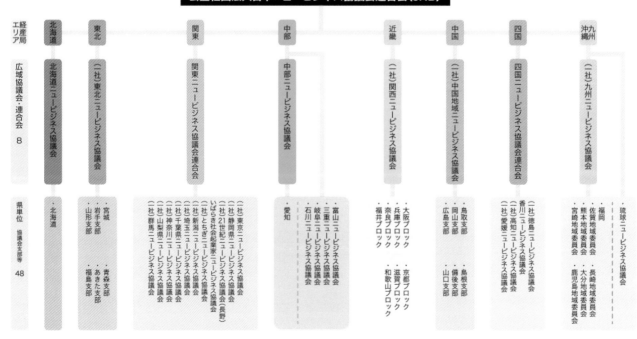

ニュービジネス協議会 | NEW BUINESS COUNCIL

ス情報の共有
(1)経済産業省、経済産業局、都道府県等の情報を収集し伝達、共有する
(2)ニュービジネスにかかわる調査研究資料等の伝達、共有を行う
2. 各地域協議会会員の企業成長のための事業交流(ビジネスマッチング)
(1)各地域協議会活動の共催および委員会活動への参加
(2)交流によるビジネスチャンスと企業タイアップの創出
3. JNB政策への提言反映。行政とのタイアップ活動
(1)ニュービジネス政策の確立のための提言、要望の実施
(2)全国各地域の活動強化の協力支援のための行政とのパイプづくり
(3)行政の行うニュービジネス支援施策の実施、参加
4. 各地域協議会の強化と全国への展開
(1)各協議会活動の輪を全国に広げ、全地域レベルで経済発展を図り、国の活性化に努める
(2)全国各地にニュービジネス関連団体の設立を促し、会員拡大に努める
(3)加盟を希望する団体等を友好団体として登録する
5. ニッポン新事業創出大賞の実施
現在、北海道、東北、関東、中部、関西、中国地域、四国、九州の8つの広域協議会と、48の都道府県単位協議会(支部と呼ぶ地域もある)がある。

2018年、北海道ニュービジネス協議会(HNBC)が主管してJNB新事業創出全国フォーラムを開催し、成功裏に終了

北海道ニュービジネス協議会 (HNBC)について

1987年7月、HNBCは、日本経済の発展を目指す当時の通商産業省(現在の経済産業省)の後押しを受け、全国各地に展開するニュービジネス協議会の1つとして設立された。

時代をリードする北海道の成長産業(ニュービジネス)の経営者が業種・業態を超えて集まり、相互の連携・交流を通じて会員相互のビジネスチャンスの拡大とニュービジネスの振興、ひいては北海道経済の健全な発展に寄与することを目的としている。

全国のニュービジネス協議会の中でも、東京に続いて産声を上げたHNBCは、労働人口の高齢化や経済のグローバル化などによって大きな社会構造の変革期を迎えているわが国および北海道経済の起爆剤となるべく、さまざまな事業を展開している。

リスクを恐れず新しい領域に挑戦するベンチャー企業の台頭や既存の企業のニュービジネス分野への進出が不可欠である今日、HNBCは「次世代の担い手の育成」「チャレンジする芽を育てる」を基本方針として、やる気のある経営者をバックアップし、会員のビジネスチャンス拡大のために、活動の輪を広げている。

2020年6月現在、会員数153(特別4、法人129、個人20)。

主な活動内容

HNBCでは4つの委員会体制の下、各委員会において諸活動の企画・運営を行い、会員同士の交流、各種セミナー・研修の開催、外部機関との連携を促進している。
1. 総務広報委員会
会員広報、Web管理、総会・例会運営、会員企業紹介、アワード推進(JNB新事業創出フォーラム)、新年交礼会等規格運営

HNBCには4つの委員会(マネジメント開発、イノベーション推進、総務広報、会員コミュニケーション)があり、各委員会の主催で毎月さまざまなテーマで例会が開催される

NEW BUINESS COUNCIL

ニュービジネス協議会 ｜ NEW BUINESS COUNCIL

2. 会員コミュニケーション委員会
　会員相互の交流推進、会員交流例会後懇親会、企業紹介タイム、女子会企画・運営、全国大会参加、交流会
3. マネジメント開発委員会
　経営セミナー（IoT、ヘルスケア、観光、農業、バイオなど）、企業変革セミナー（新しい経営手法、新しいビジネスモデルなど）、中堅社員研修（経営幹部向けマネジメント研修など）
4. イノベーション推進委員会
　ベンチャー創出、若手企業家育成イベント、大学生ベンチャー育成事業（大学との連携）、Connect事業などとの連携

JNB新事業創出全国フォーラムin北海道（2018年開催）について

　独立行政法人中小企業基盤整備機構とJNBは、新事業・起業の振興に貢献するという共通理念に基づいて活動を続けており、毎年地域の特色を活かしたフォーラムを各地で開催している。2018年はHNBCが主管して、新市場・新事業創出に向けた事業展開について啓発することを目的に、フォーラムを開催した。
■開催日時：2018年10月17日（水）
　13:00-19:30
■開催場所：札幌パークホテル
■来場者：約700名
　第14回JNB新事業創出全国フォーラムin北海道では「北海道命名150年・明治維新150年〜イノベーションで未来を創る〜」をテーマに、独自の歴史や文化を持つ北海道の新しい価値・誇るべき価値を、次代を担う起業家たちと共有し発信すべく、基調講演

全国フォーラムでは「初音ミク」の開発者であるクリプトン・フューチャー・メディアの伊藤博之社長も講演で参加

HNBC会員コミュニケーション委員会主催の女性起業家によるセミナーの風景。HNBCは女性の起業家育成、女性の社会参画に積極的に取り組む

とパネルディスカッションを組み立てた。また、HNBC会員企業PRスペースでは13社が出展し、自社の製品・サービスを来場者に発信したほか、道内企業が共同開発した寒冷地仕様の電気自動車（EV）の展示も行った。

学生ビジネスアイディア支援事業について

　札幌商工会議所、北海道経済連合会、公益財団法人北海道科学技術総合振興センターとの共催で、道内で学ぶ優秀な理系・技術系大学生の道内定着と学生のビジネスアイデアによる北海道の活性化を目的に、道内大学生による「ものづくり製品化＆起業化支援事業」を2018年度より実施している。学生からビジネスアイデアを募集し、学生によるプレゼンテーションを行い、民間企業や金融機関との面談を通じて、ビジネスアイデアの製品化・事業化を目指すという内容である。
　2018年度は、北海道大学、千歳科学技術大学、北海道科学大学、酪農学園大学、室蘭工業大学の5大学6グループから応募があり、プレゼン当日は民間企業・金融機関等55社が出席。32件の面談が成立した。
　2019年度は、北海学園大学、北海道科学大学、北海道大学、室蘭工業大学、千歳科学技術大学、札幌国際大学の6大学17グループか

ら応募があり、プレゼン当日は民間企業・金融機関等51社が出席。79件の面談が成立した。
　2019年度は前年度比約3倍の発表があり、内容も「ものづくり」専門の高度技術を活用したものから、ご当地グルメのブランド化、スポーツを中心とした地域活性化イベントといった、ややソフトなものまで多種多様であり、2年連続で出席していた民間企業担

HNBCでは起業家精神のある若者を育てるべく、学生によるビジネスアイデアの発表事業を支援する

当者からは「2018年はちょっと首をかしげざるを得ない内容もあったが、2019年はレベルが高い。すぐにビジネスにつなげられそうなアイディアもいくつかある」といった声も寄せられるようになってきた。実際これまでに、少額ながらもアイディア実現に向けた資金支援や資材等の提供など、具体的な支援成果も出はじめてきている。
　現在はものづくり分野に特化し、道央地域の大学に絞って開催しているが、対象分野の拡大や、道内全域の大学、高専を対象としていくなど、さらなる規模拡大も視野に今後も開催していく予定である。

第4章

札幌BizCafe編

「New business from new style」の精神

米国・シリコンバレーのビジネスカフェをモチーフに、IT
ベンチャーの交流拠点として2000年6月に開設された札
幌BizCafe。「IT企業の溜まり場」「起業家と投資家の出
会いの場」として機能した。この斬新な取り組みには、内
外から大きな期待が寄せられた。まさに一世を風靡した
札幌BizCafeだったが、オープンから20年が経過。「一定
の役割を果たした」として、平成の終了（2019年4月末）を
もって活動を停止した。札幌の産業界に眩いばかりの輝
きを放った札幌BizCafe。その歴史を振り返る。

札幌BizCafe B1時代

2000年6月、サッポロバレーを背景にIT起業家のビジネス交流の場として設立された
「札幌BizCafe」。初代代表の村田利文氏による誕生秘話───

こでは札幌BizCafeがはじまった頃の話をさせてもらう。（2002年までのことをB1と呼んだりする。以下「BizCafe」）

BizCafeをできるだけ簡単に言うとすれば、「打合せやセミナーができるカフェスペースと、ベンチャーキャピタルと、収益源である飲食店からなる、100％民間の運営による期間限定の施設」となる。目的は以下のとおり。

1. IT企業の集積を強化すること（すでにだいぶ集積していたが、さらに）
2. ヒューマンネットワークを拡大すること
3. ビジネスのスタイルを変えること（つまりオープンかつインフォーマルなビジネスコミュニケーションを促進すること）
4. 次世代の経営者を育成すること
5. ネット難民のために環境を提供すること（フリーWiFiや電源カフェがなかった）

1999年2月に発起人会をつくって事業の検討をはじめた。2000年6月にオープンし、2002年3月に閉店した。開店前の発起人会のメンバーと開店後のボードメンバー、建物の外観・内観、イベントとセミナーの実績、視察受け入れの実績は118、119ページに示したとおりだ。実績からわかるように極めて活動的だった。

フルタイムの仕事を持っている人たちがボランタリーで運営していた割には、大きな実績を残したと思う。視察が多いのは大変に話題になったからだ。波及効果が大きかった。

走りながら考えた

とはいえ、これらの実績は〝やってみたらこうなった〟という結果であって、最初は自分たちがどんなことをやるのか、本当にできるのかがよくわかっていなかった。だいたいメンバーの誰もが、地域のために何かをやる

ような立場ではなかった。これからやることへの足場も手段も、とくにはなかった。世間に受け入れられる確信もなかった。

20年前のことを、いまの視点で語ると、どうもリアリティがなくてうまく伝えられない。そこで、まだ何もやっていない頃の「俺」に戻って、そのときの視点で書くことにする。歴史をここに書いてもしょうがない。やった奴の話を聞きたいだろう？

なぜカフェか？

まず、何でカフェなのかだ。

写真1：札幌BizCafeの外観。1階にはラーメン店「ばりきや」が入居した

1990年代の終わり、米国・シリコンバレーにビジネスカフェというインキュベーション施設があると、こちらで話題になった。ベンチャーが入居していろいろな支援を受けられるそうだ。しかし、カフェでもないのに何でカフェと呼ぶのかわからない。気軽に集まれる場所だからだろうか。

そう言えば、カリフォルニアのレストランでは、ランチョンマット代わりの画用紙に起業家たちがビジネスプランを描いて同意のサインをするそうだ。その画用紙を共同設立した会社のオフィスに貼っておく。そっちのほうがビジネスカフェっぽいじゃないか？だから「レストランとしてのビジネスカフェを俺たちはやろうぜ」と周りと話しはじめた。

発起人の8人でだ。そういう変なことを真剣にやりはじめる仲間がいたのだ。

考えてみれば新しいビジネスをはじめるには、適切なメンバーを集めた新しいチームが必要だ。これはたぶん、一番重要なことだ。物をつくる人、売る人、経営できる人、財務がわかる人、法務がわかる人、資本を持っている人。

事業をはじめるときに相応しいメンバーの顔が頭に浮かべば、すぐに声をかけて一緒に事業をはじめられる。たくさんの人を知っていれば、より適した人を選んで成功率を上げられる。札幌がどんどん起業できる場所になるためには、そういうことが必要ではないか──と、仕事でシリコンバレーに行ったとき俺は思ったのだ。あそこは人のネットワークが他と断然違う。

要するにビジネスの一翼を担える人たちの、なるべく大きなネットワークを地域につくることが成功の鍵だ。それはたとえば、人々のデータベースをつくればOKというものではない。人が集まる具体的な場所を用意して、人と人が知り合うようにすることが必要だ。それに、具体的な場所があればシンボリックで話題になっていい。そういう〝人溜まり〟をつくるならレストランが好都合だ。

そして、それ以外の理由

それに加えてだ。

俺が事業をやっていて、理不尽で頭にくることがいくつもあった。BizCafeはそれに少しだけ反撃を加えることができそうだ。

1つ目。日本では仲良しクラブの中で取り引きしようとする雰囲気がある。たとえば、俺たちが事業をするときは、ケーザイダンタイに入って、大人たちに媚びて、ゴルフとかしないといけないのか？では学生起業家はどうするんだ？オヤジたちがススキノのクラブで根回ししてるとき、女の起業家はどうしたらいいんだ？ジジイの生活スタイ

SAPPORO BIZCAFE

発起人8人で「レストランとしてのビジネスカフェを俺たちはやろうぜ」と
話しはじめた。そういう変なことを真剣にやりはじめる仲間がいたのだ。

ルに合わせないとビジネスができないのはおかしいぞ……。これが「New business from new style」というスローガンになる。（写真3）

2つ目。官庁に依存する奴らがいる。能力がないのに業界で幅を利かせているキソンセーリョクが、一方では支援して下さいとオカミに頭を下げて予算をもらおうとする。官庁には「俺たちがいいことするんで、協力してくれ」と言うのが正しいんじゃないか。

3つ目。新規事業育成のために何億円もかけて企業の入居施設を新設するってのは、

有できたかはわからないが、ともかく俺たちは仕事を終えた夜、飲み屋やレストランで作戦会議をしながら、そんなことを話し、具体的に何をやるかをすり合わせていったわけだ。俺が言い出しっぺなので代表になった。

カフェができた

一方その頃、JR札幌駅の北口にたくさんのIT企業が集積していることが話題になった。企業を束ねていこうということで、経済産業局がそうしたIT企業を集めて庁内でパーティーを開催した（多分、BizCafe発起

意して、俺たちに賃貸すると申し出てくれた。JR札幌駅北口に新・伊藤ビルを建設の予定だが、建設に取りかかるまでの間、そこにプレハブを建てて入居させてくれるそうだ。絶好の場所だ。地元経済界の重鎮・伊藤義郎社長（当時は札幌商工会議所会頭）が若い人を応援してくれた。札幌市の仲介だった。市はさらに、あっという間に建築と営業を許可してくれた。

伊藤さんからの申し出が2000年2月。それから4カ月で建物が完成してBizCafeがオープンしてしまった。プレハブなのに伊藤組は

図1：民間企業の連携による独立採算のスキーム

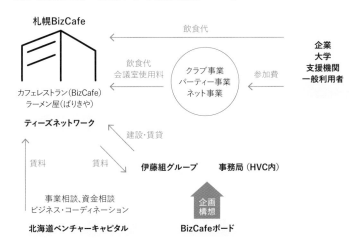

写真2：2階のカフェスペース。大会議用のレイアウト時。机は組み合わせ方式で、部屋に中仕切りを入れることができた

プラスの意味があるのか？　ドケン以外にもっとやるべきことがあるんじゃないか？　俺たちは金をかけないで効率的にやるんだ。

4つ目。ビットバレー（渋谷のハイテク企業の集積。金満だった）って何？　技術はないが儲けたいという奴が、外から技術を安く買ってきて商売する。それが代表的「IT企業」だそうだ。そんなのをIT企業って呼ぶな。俺たちは俺らの技術を世に出して商売するんだ。

俺にとってはそうした不満がBizCafeをはじめるエネルギーになっていた。批判じゃなく、俺たちはこうやるというところを見せないと意味がない。他の発起人とどこまで共

人の一人、高橋昭憲さんの根回しで）。そこで初めてBizCafeの企画書をお披露目した。

パーティーの終わりに、われわれの発起人中最年長のパパ・三浦幸一会長（業界団体の長だった）が「若い人たちがこういうことをやろうとしているんで、どうか応援してくれ」と言ったんだ。病み上がりの、うまく呂律が回らない口調で。誰にも異論はない感じだった。これは本気でやらなくてはならない。

そこから俺たちは2度にわたって店舗の確保に失敗する。それはそうだ。既存の店舗では、俺たちに都合のいい使い方に調子を合わせると儲からなくなるのだ。

そんな中、伊藤組土建が用地と建物を用

しっかり基礎工事までしてくれた。外観もカラフルで活気があっていい感じだった。（写真1）

それまでに、飲食店経営の「T's Network」竹内智一社長がBizCafeの仲間に加わっていた。彼の経営する「ばりきや」というラーメン店が1階に入居することになった。われわれの収益源だ。2階のBizCafeのスペース（50席。写真2）の飲食サービスも担当してくれる。さらに、発起人の松田一敬さんが「北海道ベンチャーキャピタル」（HVC）を2000年4月に始動させて社長となり、オープンと同時に2階に入居することになった。BizCafe事務局長の太田明子さんがHVCに常駐させてもらうことになった。賃料負担の

リスクは竹内さんが負ってくれた。(体制は図1。ボードメンバーは写真3)

こうして100%民間の力で、ビジネスの話ができる飲食店ができた。行政は静かに(しかし、熱く)バックアップすることになった。とくに北海道経済産業局の人たちは、俺たちがBizCafeでイベントをやるときには、自分たちの業務終了後にやってきてスタッフとして働いてくれた。

運営体制と波及効果

カフェの営業期間はわずか2年間と定まっていて、ゴールは見えている。最初からラストスパートだった。イベントやセミナーは、ほぼ毎週開催。表1からわかるとおり、一般向けのイシューとしては、コミュニティづくり、インターネット活用、他地域との連携、ベンチャー育成。一方ベンチャー企業向けには、技術・特許戦略、営業、人材育成、知財戦略、資金調達、助成金獲得、そしてビジネスコンテストなどをテーマにしてきた。

視察したい人の訪問が切れ目なくあった。ちょっと見させてくれ、説明してくれとやって来る人がやたら多かった。道外からの視察は表2の通り。竹中平蔵経済担当大臣を含む現職の大臣が3人も来た。視察対応の効果でBizCafeのコンセプトをまねたビジネスカフェが他の地域にもいくつかできた。うれしいことだ。起業に関心を持つこれだけの人々の往来や交流をつくったのがBizCafeの直接的な成果だと思う。

2001年11月には情報化促進貢献企業・団体として、札幌BizCafeが経済産業大臣表彰された。俺が壇上に登り、平沼赳夫大臣から表彰状をもらった。そのとき「是非ご来店を」と言ったら、きょとんとしていらした。何を表彰したかわかってなかったらしい。

実は俺自身は開店以降、あまり働いていなかった。ほとんど全部、他のボードメンバーがやってくれたのだ。宮田昌和さん、松田さん、吉村匠さん、桝谷稔さん。彼らは自分でイベントを企画して、集客して、当日のMCをやる。タレントぞろいなのだ。一方、日々の視察や問合せは、すべて太田事務局長が対応した。

みんなが走り切って、いよいよBizCafeを閉店し、次のフェーズに移ろうというときに、俺は民主的に代表降板をうながされる。自分の会社の上場準備に忙しくて実質的に何もできないのだ。何もやらない奴が代表ではおかしい。それで俺は宮田さんを次の代表に指名した。俺は45歳で、主要メンバーから見ると年長感があったから、肩書を「隠居」にしてくれと頼んだが、宮田新代表に「顧問」にされてしまった。俺よりも年長の高橋さんと一緒に。

その前の時代

BizCafeの活動が突然生まれたわけではない。それ以前のこの地域の活動や人のネットワーキングがBizCafeを準備したことを言っておかなくてはいけない。もともと札幌にはIT企業の集積があり、人々のネットワークがあった。

1970年代の半ば、北海道大学の電子工学科に万能の技術者・山本強さんが大学院生として在籍していた。山本さんを引き連れ、指導教官の青木由直助教授が勉強会を立ち上げた。青木先生はマイクロコンピュータ応用のエバンジェリスト、山本先生はグル(導師)となった。2人を中心に、教員も、学生も、大学院生も、企業の技術者も、経営者も、同好者も、すべての人が平等なクラブができる。青木先生が設立した「北海道マイコン研究会」だ。アイデア交換のために、研究開発の発表をやったり、セミナーを開催したり、レポートを交換したり。垣根は設けない。参加料なども取らない。楽しく技

表1：イベントセミナー主な実績

2000/07/05 「デジタルコミュニケーション パーティ」
2000/07/07 「将来サッポロバレーとの競争可能性のあるアジア諸国の IT・ソフト系ベンチャー企業集積」
2000/07/19 「インターネット企業経営を変える」
2000/08/04 「NASDQA JAPAN in Sapporo BizCafe」
2000/08/23 「デジタル コミュニケーション パーティ」
2000/08/30 「ビジネス方法の特許について」
2000/09/16 「"人" によるインターネットナビゲーション　リクルート・アバウトドットコム・ジャパンの事業戦略」
2000/09/21 「バイオテクノロジーを学ぶ 〜文系出身者の視点から〜」
2000/09/26 「ネットベンチャー実例セミナー【深水さんに学ぶネットビジネス成功要因とは？】」
2000/09/29 「BizCafe デザートバイキングパーティ」
2000/10/04 「"札幌 BizCafe Boot Camp" 第1弾「学ビズ学園」」
2000/10/12 「『札幌バレー』は誕生したか？経過、現状、そしてこれからについての意見交換」
2000/10/27 「小橋さんに学ぶ顧客コミュニケーションのツボ」
2000/11/10 「インターネットを活用した独立・起業」
2000/11/21 「サッポロバレー・コア・ネットワーク〜集積の効果を得つつある札幌市内 IT企業群の現状と課題」
2000/11/24 「学生と社会人の交流会」
2000/12/06 「SOHO・起業家のためのファイナンシャルプラン」
2000/12/08 「学生ベンチャー起業家実践セミナー【安藤さんに学ぶ学生ベンチャー起業独立ノウハウとは？】」
2000/12/12 「ベンチャー育成塾」
2000/12/13 「Sapporo BizCafeテクニカル・セッション」
2000/12/13 「助成金セミナー」
2000/12/21 「確定拠出年金（日本版401k）について」
2001/05/25 「第3回　Sapporo Bijoux」
2001/06/29 「第4回　Sapporo Bijoux」
2001/07/02 「札幌 BizCafe設立一周年記念「サッポロバレーフォーラム・ブロードバンドテクノロジーの実際」
2001/07/27 「第5回　Sapporo Bijoux」
2001/07/30 「経営トップセミナー　マネックス証券松本社長を迎えて」
2001/01/29 「世界の第一人者による 地域通貨・バーチャルマネーセミナー」
2001/01/29 「時代が求める人材を目指して」
2001/02/02 「札幌 BizCafe雪まつり・全国 iTバトルカンファレンス」
2001/02/03 「札幌 BizCafe雪まつり・ブランチセッション」
2001/02/08 「知的所有権による企業戦略」
2001/02/09 「IBMのソフトウェア戦略」
2001/03/21 「情報セキュリティの動向と ISO15408」
2001/03/26 「第1回　Sapporo Bijoux」
2001/04/27 「第2回　Sapporo Bijoux」
2001/08/31 「第6回　Sapporo Bijoux」
2001/09/28 「第7回　Sapporo Bijoux」
2001/09/29 「Wingの会（個人投資家グループ）と地元企業のミーティング」
2001/10/26 「第8回　Sapporo Bijoux」
2001/11/01 「札幌 BizCafe講演会　アルチザネットワークス 床次社長を迎えて」
2001/11/05 「アメリカベンチャーの現場から、札幌ベンチャーへ告ぐ」
2001/11/30 「第9回　Sapporo Bijoux」
2001/12/28 「第10回 Sapporo Bijoux年末スペシャル」
2002/01/31 「IT-Japanビジネスマッチングセミナー」
2002/03/15 「BizCafeありがとうパーティ」

写真3：札幌BizCafeの1周年に集
まった全ボードメンバー。前列中央
から右回りに竹内智一氏、太田明
子氏、長谷川政英氏、板垣洋氏、高
橋昭憲氏、竹内淳一氏、枡谷稔氏、
村田利文氏、宮田昌利氏、吉村匠
氏、松田一敬氏（2001年6月）

術を語り合う。このオープンでフラットな精神をBizCafeは引き継いでいると思う。

北海道マイコン研究会は、札幌のIT企業集積の源流となる。研究会から起業する人、急成長する会社の幹部になる人が続出した。1980年までに「ハドソン」「DB-Soft」「BUG」など、後に全国にインパクトを与える企業が現れる。こうして札幌で、活発なIT分野の起業や急成長が起こる一方で、さらにこの地域ではマイコン研究会の精神を受け継いで、産官学の有志たちが垣根を越えて協力する自発的なネットワーキングを切れ目なく続けてきた。

たとえば1993年のIntelligentPad Consortium。札幌市のバックアップのもとに、田中譲北大教授提唱のビジュアルプログラミング・アーキテクチャを普及させる活動がはじまり、道内外の50社の企業が結集した。

米国へのプロモーション活動を通じて世界のビジョナリーとの交流もはじまる。「ハイパーテキスト」という概念を生み出したTed Nelson氏が田中教授の呼びかけで札幌に移住し、Sapporo Hype Labを組織して研究活動を行う。またマウスの発明者、コンピュータとコミュニケーションの未来像を圧

倒的なリアリティで世界に示したDouglas Engelbart氏が札幌で講演を行って若い人たちに大きな刺激を与えた。

1995年のNetwork Community Forum。当時出現したばかりのインターネットを有効活用しようと、道内の産学官のキーパーソンが中心となり、地域・業種・年代を超えるコミュニティとしてできた電子メールとオフラインミーティングの組織だ。ネット黎明期なのに参加者は最終的に816人と大変大きな規模だった。チェアパーソンは山本北大教授。

準備はされていたのだ。BizCafeは多くの参加者にとって、テーマとメンバーが変わっただけの、普通に参加できる「その次の活動」だったのだ。

BizCafeは何を残したか

2年間の活動を終えてつくった総括資料の中に「BizCafeとは一体何か？」というまとめがあったので引用する。次の3つだ。

1. **地域経済への関心とコミットメント。理念の共有を重視**
2. **ボトムアップな手法による問題解決。**

自らが行動を起こす
3. **組織よりも人**

とくに新しいことではない。IT分野にかかわるこの地の人々が繰り返しやってきたことだ。ただ、やっていることの意味をより鮮明にして、具体的な目標に向けて前進させたとは言えるかもしれない。これをB2、B3は引き継ぐことになる。

俺個人の貢献は何かといえば、みんなでこれをやろうと呼びかけたことだ。BizCafeの事業実績はすべてボードメンバーそれぞれが主体的に企画して、他のメンバーがそれに協力してできたことだ。そもそもBizCafeがスタートできたこと自体、地域の先輩の方たちに助けられてのことだ。

さらに、ここに具体名を書かないが、リソースや機材の提供、各事業のスポンサーシップや運営協力、施設としての利用、助言等の協力を、約20社の企業と自治体、省庁、第三セクター、経済団体、業界団体、VC、証券、銀行、大学関係者と、それから個人のボランティアからいただいた。

だからBizCafeの成果は言葉通りの意味で、地域の成果だ。　　　（文責・村田利文）

表2：視察実績

2000年
北海道庁企業誘致東京事務所／北海道JA／中小企業庁／宮崎県工業振興会／札幌商工会／山形県議会／NTT関西／**京都商工会議所・稲盛和夫京セラ会長**／電波監理局局長／道企業誘致事務所／神奈川県／自治省／ブルガリア大使館／ベルギー大使館

2001年
金沢市／西川太一郎経済産業政務官／新潟県／堀達也北海道知事／**町村信孝文部科学大臣**／桂信雄桂札幌市長／国土交通省／**日本政策投資銀行・小村武総裁**／半導体委員会（JEITA）／**経団連**／海外プレスツアー（札幌市）／青森県庁／国民金融公庫／竹中平蔵経済担当大臣／日本労働研究機構／**北川正恭三重県知事**／静岡県／日本経済新聞社／中小企業庁／八王子市／横浜国立大学／浜名湖国際頭脳センター／三重県産業支援センター／四国産業技術振興センター／総合研究開発機構（NIRA）／京都リサーチパーク／田中直毅氏／沖縄県／**尾身幸次科学技術政策担当大臣**／**日本銀行・三木利夫審議委員**

2002年
広島大学／金沢市／和歌山県

札幌BizCafe B2時代

活動を終えた札幌BizCafeだったが、再開を望む声は日増しに大きくなる。
伊藤義郎氏からの再度の厚意もあり、2003年10月、新生BizCafe（B2）はスタートした。

B2は、業界や地域、世代、地位などを限定せず、フラットに本音で議論できる土壌をつくっていきたいと考えた。

B1 と呼ばれる、初代の札幌Biz Cafeについては、前章で村田利文代表のお話のとおりだ。村田さんが提唱した卓越したコンセプトとリーダーシップ、そして大勢のみなさんのチカラがあって実現できた活動だった。そうした運動自体が「BizCafe」の本質であり、2年間の期間限定だったからこそ、できたように思う。

2000年6月にB1がスタートして程なく、当時北海道のIT業界として初の株式公開を目指していたソフトフロントの村田代表が公開準備などで動けなくなり、私が運営会議の議長となった。

そして、スタッフみんなで手分けをしてセミナーやプレゼン大会など、新しいことに踏み出す機運を高める活動を活発に行った。そのなかでも思い出深いのが、2001年2月の雪まつりのときに開催した「全国ITバトルカンファレンス2001」だ。当時、全国的に注目を集めていた渋谷ビットバレーのような中央突破を目指す集まりとは異なる、BizCafeのように地域に根差して活動しているITコミュニティが、実は全国各地にあった。今でも活発に活動を続けている福岡の「DK デジタル大名」や広島の「デジタル五空」、札幌BizCafeを視察してできた「金沢BizCafe」「岡山BizCafe」など、そうしたみんなに声をかけて、われこそがと数百名もの方々が大集合する熱いイベントとなった。

当時、札幌・中島公園にあった巨大ビアホール「キリンビール園」を貸し切って、ステージ上でそれぞれが活動紹介をして地域の自慢をし合い、そしてジンギスカンを食らうという、実に北海道らしい内容だった。その際に集まった各団体の連名で「ITジャパン」という会も発足して私が代表となり、その後、数年交流が続いた。

そして、この年の11月の「情報月間」で経済産業大臣賞を受賞し、BizCafeは全国でも認知をされるようになったが、翌2002年3月に閉店したのだった。

札幌BizCafe、惜しまれて閉店

B1閉店後、すぐに始まったのが「後始末」である。プレハブの建物は伊藤組土建が建ててくれたが、地代は月に結構な金額となった。その土地は、伊藤組110周年を記念して建てる伊藤組110ビルの建設予定地であり、BizCafeは終了後すぐに取り壊さなければならなかった。

伊藤義郎会長、伊藤組さんには多大なご協力をいただき、そしてご迷惑をおかけしてしまった。本当に感謝の言葉しかない。

さまざまの反省点、ヒト、モノ、カネ

プレハブ建物の地代家賃を払ってくれていたのは、大部分が1階にあった「ばりきや」と2階のカフェを運営してくれた、飲食店運営のティーズネットワークの竹内智一くんだった。「ばりきや」は竹内くんが博多の有名店「一風堂」と共同事業でオープンしたアンテナショップ的な店だった。それまでの博多ラーメンを超える旨さで、すぐに人気の店となった。

カフェでは、われわれの要望を反映して

すっかりオシャレな雰囲気になったB2時代の札幌BizCafe内部

打ち合わせでも食べられるベーグルサンドやパスタ、そして私の要望（笑）に基づくカレーなどのメニューが人気だった。さまざまなセミナーや会議などで利用してもらい、飲料も売上げに結構貢献してくれた。

しかし、店の什器などは急遽オープンに合わせてリースしたもので、閉店時にまだリースが3年残っていたり、その什器を引き上げて処理したり、とティーズネットワークには大変迷惑をかけてしまった。当初にそうした打合せがしっかりできていなかったのが、このBizCafeでもあった。

B1時の表面的な話題の影で、ティーズネットワークだけでなく、事務局を務めてくれた太田明子さんや北海道ベンチャーキャピタルでお手伝いしてくれた方々にもとても苦労をかけていた。また、人件費その他ではデータクラフトの高橋昭憲社長に助けてもらうことが大きかった。本当にありがとうございました！

ボードメンバーが普段常駐しているわけ

米・サンノゼにできたビスカフェとも提携

ではないので、とくに太田事務局長には物
理的にも精神的にもかなりのストレスをか
けてしまった。でも陽気な関西人であり、前
向きな性格で乗り越えてくれた。心から感謝
しかない。

再開を望む声

閉店後、一段落した頃、各方面からの「こ
れだけ知名度があって利用率も高いのにな
ぜ」「産学官で生まれた新しいつながりを次
の段階に活かしたい」という声や、「業界の
垣根を越えて、しっかりとしたビジネスがで
きる人材の育成も続けてほしい」など、過大
評価も多いが、BizCafe再開を望む声がさま
ざまのところから出てきた。

終わったばかりで「もう勘弁してくれ！」と
いう感じだったが、だんだんと声は大きく
なった。

北海道ベンチャーキャピタルの松田一敬
くんのところでは、JR札幌駅北口の新しい
ビル、ホワイトキューブに移転して、その1階
にできたカフェをBizCafeの後継と称してい
たが、やはり、あのBizCafeのような「場」を
復活してほしいという行政や団体からの声
もあり、ボードのメンバーたちと話合いを始
めることになった。

さまざまな反省点を整理して、もしやると
なれば、これまでのような期間限定の任意
団体のままでは無理であることや、ヒト、モ
ノ、カネの管理や責任を果たし事業を継続
させる体制をしっかりさせなくてはならない
となった。

やるならば

新生BizCafeは「打合せやセミナーができ
るカフェスペースと、それら人々をつなぐ
ネットワーク拠点としてのたまり場機能を提
供しながら、地域の経済活動の活性化の一
助、とりわけアントレプレナーシップ育成、

新しいビジネスや起業の機会創出支援が事
業の目的であることを確認した。

ちょうど建設の始まった伊藤組110ビル
の中に、BizCafeを再開するのであればビル
の横の小路から階段で上がる独立したエリ
アを、伊藤会長がBizCafeのスペースとして
設計に盛り込んでくださったという話が出
てきた。

B2では、B1を継承しつつ、ITのみならずバ
イオ、その他ビジネス全般に対して新しい挑
戦をする若い学生や起業家に刺激を与える
場を提供する事とした。

NPO法人札幌BizCafe（B2）誕生

B2開始に向けて以下の事がらを固めた。

① 任意団体からNPO法人格となる
② ベテランの事務局長とアシスタントによ
る事務局体制
③ セミナーや会議などで使いやすいレイア
ウト、インターネットやWi-Fi、プロジェ
クターなどの整備
④ 簡単なオペレーションのカフェ機能
⑤ 各種調査事業、支援事業の受託体制
⑥ 各種行政機関、他団体との連携強化

2002年3月に閉店して、1年後の2003年春

頃からB2に向けた話し合いがはじまった。

そして、2003年9月に110ビルが竣工し、10
月23日、B2オープニングセレモニーを迎え
た。無事BizCafeは再開され、11月にNPO法
人として認可された。

新しい体制づくりから

NPOを設立するに当たり、準備委員会を
つくりメインのボードメンバーを決めて、私
が代表理事に、そして、B1からの道新トライ
ビーサッポロの吉村匠さんに副代表理事
を、北海道凸版印刷の桝谷稔さんに運営専
務理事、後日HCMの土井尚人さんも理事
に加わってもらった。村田さん、データクラフ
トの高橋昭憲さんらの重鎮は顧問に就いて
いただき、B2の体制ができ上がった。

伊藤組110ビルの側面の専用階段をのぼ
る2階の約20坪のスペースは、家賃を格安に
してくれたが、新しいビルなので共益費と光
熱費だけでも結構なものとなった。

そして、スケルトン渡しなので、中のレイア
ウトの間仕切りや照明、カウンターから事務
所スペース、冷蔵庫スペース、洗い場などは
後から工事をお願いし、中の什器備品など
に最低限の事務局のパソコン、コピー、プロ
ジェクター、Wi-Fiやカフェ用の電源工事な
ど含め、すべてのリースなどを自分の会社で

2003年9月に竣工した「伊藤組110ビル」。専用階段から入る2階の約20坪のスペースでB2は活動を再開した

かけることにした。

カフェの賃料関係、リース関係などの固定費に加えて事務局員などの人件費、経費など毎月の活動の支払いに追われることになった。多くのNPOが赤字で活動停止になる中で、新生BizCafeが潰れるわけにはいかない。最初の時期は結構な持ち出しが続いた。

BizCafeの収益となるのは、

① 法人会員などの年会費
② 個人会員などの年会費
③ カフェ利用者の利用料、飲食代
④ 自主事業としてのセミナー、講演会、懇親会などの収入、講師料など
⑤ 地方公共団体などからの委託事業
⑥ 寄付金など
⑦ カレンダー事業からの収入（2007年〜）
⑧ その他
である

このなかで2007年から新たな収入源として考えたのがシリコンバレーで毎年つくっているスポンサー企業のロゴ入りカレンダーを真似た「BizCafe北海道スーパークラスターカレンダー」である。多くの企業にご協力をいただいた。このハンドブックの表紙もそのカレンダーのなかの1つだ。

絵柄については毎年さまざまの方にデザインをお願いしたり、コンテストで募集したりした。128〜129ﾍﾟにその変遷を見ることができる。

2005年、ロサンゼルス道産子会の岩城裕一会長（当時、写真左から3人目）と意見交換

B2スタート時の「三人衆」

私が代表理事を務めた約10年間、ずっと助けてくれたのが吉村さんだ。彼はB2の副代表として、ずっと協力してくれた私の最大のパートナーだ。

B2と国、道、札幌市などと連携して、いくつもの調査事業が実現したのも吉村さんと彼のスタッフのお陰だ。後ほどで、その中から重要な事業を紹介したい。

もう一人、B2の基本デザインや活動のコンセプトなどを作成し、ある意味で厳しく活動の内容を吟味してくれたのが、B2の専務理事をやってくれた桝谷さんだ。さまざまな活動のニューズレターやカレンダー事業などができたのも、桝谷さんのお陰だ。

この2名なしにはB2は動かなかっただろう。心から感謝申し上げたい。

新しい方向感

BizCafeが果たすべき役割について、ボードメンバーそれぞれの意見があったと思うが、私としては、低迷する北海道経済、新規事業への創造意欲の低調が続く状況下で、「われわれB2は、北海道が元気を出して日本の中で大いに役割を果たしていくための一助となりたい」と強く思っていた。

そこで、次の3つの考え方「富国教育」「知産知商」「再生興業」の方向を掲げた。

「富国教育」は、学生からのアントレプレナーシップ教育・起業家、企業内起業家の教育、育成が必要という考え。学生とは、大学生だけではなく高校生の時から社会やビジネスに興味を持ち、自分の人生を描き、実学となる経験をもっと積むこと。そして、社会人になってからも大学、大学院等へ進み、技術や知識を磨くビジネス・プレーヤーを育成していくことだ。

「知産知商」は、大学、公務員、企業の壁を越えてIT、バイオ、医学、工学、サービスなどの知識・技術をベースとした新しい事業によってビジネスを成功させることだ。ベンチャービジネスを明確に産業の柱として新しい挑戦をすることで、新しい価値をつくる風土や感覚の醸成が必要だ。

「再生興業」とは、北海道の中小企業に必要なのは企業内起業家育成や新規事業開発の推進であるということ。大きなイノベーションではなくても、すでにある製品やノウハウの日々絶え間ない改善や、他の技術や製品との組み合わせ、他社との共同実験や研究開発など、そうしたことに挑戦することなくして新しい事業の創出はない。そのためのヒントを道外、海外の企業や友好コミュニティから得ることも必要だ。

以上の方向性を踏まえ、B2は業界や地域、世代、地位などを限定せず、フラットに互いの価値観の差を認知し乗り越える。そして本音でオープンに議論できる土壌をつくっていきたいと考えた。

3つのビズ事業

B1では大規模なイベント等を開催し、成果も上がったところもあるが、B2では、少人数による「私塾的」なセミナーやミーティングの開催を重視した。B2の目的は たくさんの起業家を出すという「量」よりも、少数でもしっかりとしたビジネスを実践できる人を創出していく「質」的な転換を図った。具体的には以下の事業に取り組んだ。

◆ビズクロニクル事業

各界において地域社会および経済に貢献された企業家による私塾の運営事業。

◆ビズセッション事業

起業を目指す個人および中小企業を対象とする起業法務セミナーの実施。個人および中小企業を対象とする知的財産に関するセミナーの実施。そして、地域における優位性のある技術やその付加価値を見極めるセミナーの実施。

◆ビズコミュニケーション事業

国内交流事業として、他都府県の任意団体およびNPOとの交流および研究会を実施。国際交流事業として、アジア圏、ヨーロッパ圏、アメリカ圏との交流および研究会実施。

韓国・デジョン市との交流

こうした活動の中、札幌市が、韓国の科学技術の中心都市であり副都心でもあるテジョン市と経済友好都市となったことから、テジョンの大徳ネットと札幌BizCafeが友好条約を結ぶことになった。以来毎年のように情報交換と交流を続けている。

それと、ＨＴＢが「南平岸インターネット」というインターネットを啓蒙する深夜番組の後釜に「南平岸inビスカフェ」という番組を制作してくれた。毎週土曜日の深夜24時から、私と桝谷さんがレギュラーで出演する番組をB2で収録。主にＩＴ、バイオなどの新しいビジネスを紹介した。約1年ほど続き、BizCafeの認知が広がった。

Ｂ2の役割は終わった

2014年にNPO法人化して満10年となったのを機に、育ってきている若手のみなさんに後事を託すことにした。

考えてみると、私もBizCafe立ち上がりのときから数えると15年近くがたっていた。これでは北海道のイノベーションを加速はできない。

吉村さんとそのスタッフの長澤真理さん、斎藤拓男くん、そして事務局を手伝ってくれた渡辺一夫くん、濱中裕之くんや会計を後半立て直してくれた田村丈生くん、そしてニーズの石井宏和くん、上山琢矢くんにも感謝だ。

石井くんは、B1時代に北海道大学の学生で参加してくれて以来、自分でも起業してわれわれの活動に入ってくれた。彼が3代目B3を引っ張っていくのに適任であると思い、彼を指名しB2を終えることにした。

Ｂ1の2年間、Ｂ2の10年間、本当に多くのみなさんにお世話になった。そして貴重な体験をさせていただいた。これからも、北海道のために微力ながら貢献できるように精進していきたい。

代表的な調査事業、海外事業

●「BizNews」（2005～10年）

道内のハイテク・ベンチャー分野の企業・研究・行政機関の最新情報を集約し、そのニュースヘッドラインとリンク先情報を一元

2006年、B2は札幌市と姉妹都市の韓国・大田市の「大徳ネット」と友好条約を結んだ（左は大徳ネット代表のリ・ソクホン氏、右が私、宮田）

的に提供・配信する取り組み。

BizCafeらしく、登録フォームから投稿されるニュースを反映表示するだけでなく、各企業や研究機関のウェブサイトをロボットがチェックしてニュースを自動収集する仕組みを、ノーステック財団の支援を受けて開発した。さらに、注目すべきニュースについては独自の取材をし、より掘り下げた紹介を行った。

さらに、札幌市の姉妹都市であり、韓国のIT・バイオ企業が集積するテジョン市で同エリアのハイテク情報を発信する「大徳ネット」と業務提携して、ニュースの相互提供を行った。

●「北米ハイテクジャーナル」（2005～07年）

ブレイクスルーが予想されるサービスモデルや研究技術など、北米のシリコンバレーやボストン、ニューヨーク等のハイテクビジネスの動向収集・情報発信と、北海道とゆかりの深い北米のビジネス人脈を発掘・ネットワーク化する事業。

情報と人のマッチングを通じて道内IT・バイオ企業の技術力向上や新事業展開、新市場開拓を目指した。北海道経済部の支援を受けて取り組んだ。

●「メンターシップ事業」（2008～09年）

道内ベンチャー企業の成長をサポートするために、企業経営の先達と企業成長に求

められる各分野の専門家をメンターに迎え、若い道内ベンチャー企業経営者と真摯かつ気軽に議論を行う取り組み。

問題や悩みを抱える経営者（メンティ）に、的確なアドバイスと必要な気付きを与えながら、経営者のやる気を高めることを目指した。毎月第1木曜日の午前7時30分～9時に実施。

ちなみに第1回目のメンティは記録をたどるとエコモットの入澤拓也社長だった。

●「地域ICT利活用広域連携事業」（2010～11年）

北海道の安全で豊かな食材を生み出す自然環境、そこにかかわる生産者や加工者などさまざまな人々、地域ならではの料理やレストランなど「地域の食」にまつわる情報を、ソーシャルメディアを通じて生産者が自ら発信するとともに、EC事業者や飲食店向けプラットフォームなどへの販路拡大を並行して進めた総務省の直轄事業。

根室管内別海町、稚内市をモデル地域に、口コミによる水産品、乳製品のブランド強化と販売促進に取り組んだ。漁師や浜の仲買が自ら漁場や卸売市場の状況をユーチューブでライブ配信し、それを見て香港の輸入卸が仲買にLINEで航空便による鮮魚の発注を行うなど、情報発信と取引を直結させる仕組みづくりを実現した。

（文責：宮田昌利、事業紹介：吉村匠）

SAPPORO BIZCAFE

札幌BizCafe B3時代

平成の終了とともに活動を停止した札幌BizCafe。最後の代表を務めた石井宏和氏は、大学生時代から今日にいたる人生の約半分をBizCafeに費やしてきた。そんな20年を総括する。

札幌BizCafeとは何だったのか？
その答えは、次の80年後に出ているはずだ。

東 日本大震災とそれに伴う社会システム変革の中で、日本のみならず、世界の中での北海道（札幌）のあり方や社会課題に対応すべくB2からB3へと継承することになった。「New business from New Style」というスローガンを掲げつつも、事業概要は大きく変わったように思う。とくに「IT産業・ベンチャー支援をする」という事業概要は「ITを利活用し、世界を見据えた新事業・新サービスの創出」に変わった。また、起業家精神の啓発・起業家の育成という支援対象は、B1・B2時代の大学生から、B3では高校生を中心としたものへと広がっていった。

事務所・事務局も、コワーキングスペース・ドリノキから札幌証券取引所建物内へと移した。B1・B2時代からBizCafe communityの中で起業した私（石井宏和）、入澤拓也さん、濱中裕之くん、上山琢矢くんを中心とし、事務局長には上場支援を手掛ける大学時代からの友人を据え、B3はスタートした。

BizCafeの仕組みは地域の挑戦と融合へ

B2時代に私が吉村匠前副代表、齊藤拓男理事と一緒に行ってきたチャレンジや起業家が生まれる仕組みを「BizCafeメソッド」と名付け、北海道内、日本各地のコワーキング施設等にスケールアウトする取り組みを再開した。とくに道内においては、北海道経済産業局と一緒に「ITベンチャー支援事業」を展開した。函館、室蘭、千歳、小樽、旭川、北見、十勝、釧路など道内を回り、スタートアップ起業家の発掘と事業支援を行った。

この取り組みを一層加速させたのが、クラウドファンディング「ACT NOW」社である。初音ミクのクリプトン・フューチャー・メディア社の伊藤博之社長と事務局長が立ち上げた同社は、札幌のみならず道内で多数の事業・起業家の種を発掘し、資金調達から顧客開拓や支援者とのマッチング等、支援事例の実績を多数残した。

ACT NOW社の現社長・穴田ゆかさんも学生時代にB1に出入りしていた女性起業家であり、今後もその活動は北海道の挑戦者たちに一層必要とされる存在であり続けることを切に願う。

また、事務局長の尽力で札幌証券取引所と包括提携を行い、上場を目指した起業家支援（札証成長塾）を開始することができた。

B1時代にお世話になった花井秀勝会長のフュージョン社の札証アンビシャス上場をはじめ、BizCafeに関係した多くの企業が上場していることはもちろんだが、何よりBizCafeメンバーである入澤さんの東証マザーズ上場承認をB3のメンバーで朝までお祝いした日は忘れられない1日だ。

起業家教育を高校生へ

B1・B2時代に大学生としてBizCafeに出入りし、実践型インターンシッププログラムに参加、起業家という生き方を選択した私や浜中くん、上山くんは、夜な夜な自分のプロジェクトの目標達成にコ

ミットし、自分の人生・行動を自己責任において決定し、すべてを背負うことを学ばせてもらったように思う。

そんな自身の体験を、大学と連携して大学生向けに機会提供し続けてきたが、B3時代には対象を本格的に高校生にも提供しはじめた。

起業家教育の実践の場を高校生に提供することは、価値ある時間だと認識する一方、「親の理解・承認を得る」ことを課題に残している。2019年、当時高校2年生の高橋君は、ベトナムでのインターン受け入れに向けて、IT.COM.VTNの大塚隆博社長と面接まで終わったのに、最終的にはご両親の承諾がとれず道内でのインターン実施となった。そんな彼に温かいエールを送ってくれた大塚社長は、B2時代に同社のベトナム進出時、ともに汗を流した同志でもある。今後もベトナムでの活躍と、またアジアで事業をご一緒できる日を願っている。

高橋くんはプログラムを無事終え、在学中に仲間と会社を立上げた。そして、学業と起業の二足の草鞋を履いたまま高校を

総務省ICTビジネスモデル発表会北海道大会兼札幌BizCafeメンターシップ・プログラム「Startup Initiative in E20」（札幌・センチュリーロイヤルホテル、2015年）

札幌証券取引所との提携でスタートした「札証成長塾」（札幌証券取引所、2016年）

卒業した。今後も起業家的生き方をしてくれることだろう。

学生時代からBizCafeに出入りし、エンブリッジ社を起業した浜中くんは、B2時代から事務局としてカレンダー事業や各種事業を支えてくれた。本当に本当に感謝している。浜中くんは、学生向けの起業家精神育成プログラムを「Mocteco」として提供しているが、こうしたプログラムや機会を札幌のみならず道内各地で展開し、多くの高校生が起業家的生き方に触れることになるだろう。

私は上山くんと一緒に、山形県小国町で「BizCafeメソッド」を展開し、高校向けに起業家教育を実施してきた。初等教育から起業家的生き方を体験することの大切さと、彼ら彼女らの人生に少なからず影響を与えているかもしれないという緊張感、責任感、ありがたさは、先輩たちの追体験なのかもしれない。今後も高校生向けの起業家教育は、私たちにとってもBizCafeからの「恩送り」として生涯かけて取り組んでいきたい。

国を越えて事業を展開する当たり前

社会の変化の中で、BizCafeの役割も劇的に変わったように思われる。B2の2011年に吉村副代表たちと始めた「CREATIVE HOKKAIDO PROJECT」は、BizCafeが応援してきたIT・クリエイティブ産業のみならず、食・観光事業者と一緒にグローバルビジネスを生み出していくハブ的機能を持った事業である。

札幌BizCafeの会員交流会（札幌・ノルベサ1階旧ミライストカフェ、2015年）

私も中国・上海を皮切りに台湾、香港、ベトナムと海を渡り、多くの企業の挑戦＆失敗を目の当たりにした。私自身も「HOKKAIDO SNOW JEWELS」という食ブランドのグローバル展開を行うことで、楽しさと怖さ、未熟さと可能性を痛感している。

B3になり、対象国もベトナムの集中とともに、タイ、インドネシア、マレーシア、アメリカ、ヨーロッパと、進出エリアが広がっていった。

これまでとの大きな違いは、行政予算を受託して事業を実施していた本事業が、4年目から自己負担、民間協賛等を活用し、「現地で外貨を稼いで旅費や活動費を捻出する」スタイルに変わっていったことであろう。「視察・遊興型」の海外遠征ではなく、本気で進出、海外ブランドサービスを国内・道内で展開する企業のみの少数精鋭グループのプロジェクトへと進化を遂げていったのである。

B3への世代交代を決めた理事会＆総会後の記念写真（さっぽろ大通コワーキングスペースドリノキ、2014年）

BizCafeの役割・存在意義の変化

技術の発達はさらに加速し、SNSで直接誰かと繋がり、セミナーや講演もネットで聞ける。こうした背景を受けて、場としてのBizCafeに求められる役割と存在意義は急速に変わっていったように思う。また、コワーキング施設や起業支援団体は札幌市内にも多数増え、それぞれの特色を出し、活動を展開している。

BizCafeは、ドリノキ（札幌・大通地区）から札幌証券取引所内、そしてスペース360°（同）と移転し、平成の終わりとともに〝場〟としての役割を終えた。

令和になって、入澤さんはスペース360°で、STARSという起業家予備軍や支援者たちを集めた勉強会を行っていて毎回大

海外進出支援＆Networking「CREATIVE HOKKAIDO」北海道報告会（クロスホテル札幌、2016年）

盛況だ。

私は、宮田昌利前代表とともに北海道ニュービジネス協議会にBizCafeの活動を移管して、起業家精神の啓発や新サービスの勉強会を継続しつつ、CONTACT/GOEN（札幌・大通地区）で、北海道TSUTAYAやBizCafeで繋がった道内外の仲間と「関係案内所」事業を展開している。

サッポロバレーの系譜という資料を村田利文さんが作成されているが、場・支援団体の系譜という視点で見ると、1つのアーカイブ、物語もつくれるのかもしれない。

BizCafeとは

BizCafeとはどんな存在だったのか？

この問いを投げかけたときに、かかわった人それぞれが各自の答えを述べるだろう。札幌、北海道にとっての存在や、自分自身の人生にとっての存在や意味。そして、その答えも、20年目の現在と、20年後の未来では変わっているのかもしれない。

この原稿を書いているいま、世界はCOVID-19に悩まされ、価値観・社会構造が大きく変わろうとしている。

歴史は繰り返される。80年周期で訪れるサイクルから読み解けば、これから来るサバイバル時代を生き残り、社会課題を解決し、新たな社会・地球を創り上げていくのが私たちなのだ。BizCafeにかかわり社会に飛び出していった若者の多くは〝これまでの社会〟でも活躍しているが、〝これからの社会〟は私たちが動かしていくのだ。「BizCafeとは何だったのか？」

その答えは、次の80年後に出ているはずだ。

（文責：石井宏和、監修：入澤拓也、上山琢矢）

札幌BizCafe20年史

SAPPORO BIZCAFE CHRONOLOGY

札幌BizCafe オープン

B1時代の札幌BizCafe

経済産業大臣表彰

2000/06/26	「札幌BizCafe オープン」
2000/07/05	「デジタルコミュニケーション パーティ」開催
2000/07/07	「将来サッポロバレーとの競争可能性のあるアジア諸国のIT・ソフト系ベンチャー企業集積」開催
2000/07/19	「インターネット企業経営を変える」開催
2000/08/04	「NASDQA JAPAN in Sapporo BizCafe」開催
2000/08/23	「デジタル コミュニュケーション パーティ」
2000/08/30	「ビジネス方法の特許について」開催
2000/09/16	「〝人〟によるインターネットナビゲーション リクルート・アバウトドットコム・ジャパンの事業戦略」開催
2000/09/18	稲盛和夫京都商工会議所会頭(当時)視察
2000/09/21	「バイオテクノロジーを学ぶ 〜文系出身者の視点から〜」開催
2000/09/26	「ネットベンチャー実例セミナー 【深水さんに学ぶネットビジネス成功要因とは?】」開催
2000/09/28	「BizCafe デザートバイキングパーティ」開催
2000/10/04	〝札幌BizCafe Boot Camp〟 第1弾「学ビズ学園」開催
2000/10/12	「『札幌バレー』は誕生したか? 経過、現状、そしてこれからについての意見交換」開催
2000/10/27	「小橋さんに学ぶ顧客コミュニケーションのツボ」開催
2000/11/10	「インターネットを活用した独立・起業」開催
2000/11/17	自治省視察
2000/11/21	「サッポロバレー・コア・ネットワーク〜集積の効果を得つつある札幌市内IT企業群の現状と課題」開催
2000/11/24	「学生と社会人の交流会」開催
2000/12/06	「SOHO・起業家のためのファイナンシャルプラン」開催
2000/12/07	ブルガリア大使館視察
2000/12/08	学生ベンチャー起業家実践セミナー 「安藤さんに学ぶ学生ベンチャー起業独立ノウハウとは?」開催
2000/12/12	第1回「ベンチャー育成塾」(全4回)開催
2000/12/13	「助成金セミナー」開催
2000/12/13	「Sapporo BizCafeテクニカル・セッション」開催
2000/12/14	ベルギー大使館視察
2000/12/21	「確定拠出年金(日本版401k)について」開催
2001/01/23	西川太一郎経済産業省政務官(当時)視察

2001/01/29	「時代が求める人材を目指して」開催
2001/01/29	「世界の第一人者による地域通貨・バーチャルマネーセミナー」開催
2001/02/02	「札幌BizCafe雪まつり・全国ITバトルカンファレンス」開催
2001/02/03	「札幌BizCafe雪まつり・ブランチセッション」開催
2001/02/05	堀達也北海道知事(当時)視察
2001/02/08	「知的所有権による企業戦略」開催
2001/02/09	「IBMのソフトウェア戦略」開催
2001/03/03	町村信孝文部科学大臣(当時)視察
2001/03/07	桂信雄札幌市長(当時)視察
2001/03/21	「情報セキュリティの動向とISO15408」開催
2001/03/26	第1回「Sapporo Bijoux」(全10回)開催
2001/04/09	小村武日本政策投資銀行総裁(当時)視察
2001/05/29	日本経済団体連合会(経団連)視察
2001/06/24	竹中平蔵経済財政政策担当大臣(当時)視察
2000/07/02	札幌BizCafe設立1周年記念 「サッポロバレーフォーラム・ブロードバンドテクノロジーの実際」開催
2001/07/06	北川正恭三重県知事(当時)視察
2000/07/30	経営トップセミナー 「マネックス証券松本社長を迎えて」開催
2001/09/29	Wingの会(個人投資家グループ)と地元企業のミーティング開催
2001/10/01	経済産業大臣表彰
2001/10/29	経済評論家・田中直毅氏視察
2001/11/01	札幌BizCafe講演会 「アルチザネットワークス 床次社長を迎えて」開催
2001/11/05	財界さっぽろプレゼンツ 「アメリカベンチャーの現場から、札幌ベンチャーへ告ぐ」開催
2001/12/01	尾身幸次科学技術政策担当大臣(当時)視察
2001/12/28	第10回「Sapporo Bijoux年末スペシャル」開催
2002/01/31	「IT-Japanビジネスマッチングセミナー」(札幌後楽園ホテル)開催
2002/03/15	「BizCafeありがとうパーティ」開催
2003/12/26	「伊藤110ビル」でB2再始動・法人化
2004/06/09	「ほぼ研(ほぼ毎日ビズカフェ研究会)」活動開始

北海道クラスターマップ発表	さっぽろ大通コワーキングスペース「ドリノキ」

韓国ビジネスマッチング事業　　「ほぼ研」活動　　ITアプリコンテスト事業

2005/08/06	「Bizbar」活動開始
2006/07/20	九州大学ビジネススクール(QBS)との夏季起業家交流プログラム開始
2007/07/01	理事＆事務局体制変更
2007/10/01	遠隔で慶応義塾大学院・社会人学び直しプログラムを実施
2008/08/01	IT起業家向け支援プログラム「ITクラーク塾」開始
2009/07/01	道内地域プロデューサーの育成支援(3年間)住民参加型企業支援ネットで道内9カ所の行脚(北海道経済部)
2009/07/01	地域コミュニティサイト「LOHABUU!!」事業のスタート地域ICT利活用広域連携事業を活用して道内行脚(総務省)
2010/11/20	韓国・大徳ネットとのビジネス交流＆IT企業のマッチング支援で遠征
2010/12/08	札幌ビズカフェ活動10周年記念フォーラムを実施
2011/03/11	東日本大震災が「札幌市新しい公共の担い手発掘事業報フォーラム」の実施中に発生
2011/05/25-31	海外進出支援＆Networking「CREATIVE HOKKAIDO」上海遠征:道内クリエイティブ企業進とイベント開催
2012/03/30	札幌駅北口「伊藤110ビル」での活動停止
2012/07/01	札幌・大通地区にオープンしたコワーキングスペース「ドリノキ」に移転
2012/07/02	「リーンスタートアップセミナー」事業を開催
2013/07/02	北海道の「Cool HOKKAIDO」施策を中心となって推進
2013/07/25-31	海外進出支援＆Networking「CREATIVE HOKKAIDO」開催
2013/09/11	EOY「アントレプレナーシップオブザイヤー北海道大会」初実施
2013/11/20-28	北海道の「Cool HOKKAIDO」施策を中心となって推進
2014/03/30	ビズカフェB2体制終了
2014/07/05-06	B3体制変更・新役員ボード合宿
2014/07/19-20	メンターシッププログラム「Statup initiative」＠ドリノキQBS(九州大学ビジネススクール)との合同合宿
2014/07/27	ITアプリコンテスト勉強会＠札幌産業振興財団(全2回)アプリ開発人材育成のための勉強会(経済産業局事業)
2014/08/04	未来のデジタルクリエーター育成事業＠ドリノキ(全8回)若年層10人のスキル＆所得アップを図る研修(北海道経済部事業)
2014/08/20-28	グローバル人材育成／ベトナム実学研修(全2回)ベトナムに進出した会員企業への小樽商科大学生派遣研修
2014/09/12	メンターシッププログラム「Stat up initiative」実施(全2回)ピッチプレゼン(総務省外角団体NICT事業)大会に向けた勉強会
2014/09/27	メンターシッププログラム「Stat up initiative」＠札幌証券取引所ピッチプレゼン(総務省外角団体NICT事業)大会運営
2014/10/17	全国メンターシップ交流会参加「Stat up initiative」について発表ピッチプレゼン(総務省外角団体NICT事業)
2014/10/22-27	海外進出支援＆Networking「CREATIVE HOKKAIDO」ベトナム遠征:企業進出支援＆ローカライズ支援
2014/11/05-11	海外進出支援＆Networking「CREATIVE HOKKAIDO」台湾遠征:企業進出支援＆SAPPORO City promotion実施
2014/11/17-18	女性と若者向け知的財産啓発＆コワーキング支援事業北見・釧路遠征:勉強会開催＆起業支援勉強会実施
2014/11/19-23	海外進出支援＆Networking「CREATIVE HOKKAIDO」タイ遠征:企業進出支援＆SAPPORO City promotion実施
2014/12/12-13	女性と若者向け知的財産啓発＆コワーキング支援事業函館・室蘭遠征:勉強会開催＆起業支援勉強会実施
2015/01/06-13	海外進出支援＆Networking「CREATIVE HOKKAIDO」ベトナム遠征:企業進出支援＆ローカライズ支援
2015/01/18-2/28	海外進出支援＆Networking「CREATIVE HOKKAIDO」アイスホテルin当別＆海外ビジネスマッチング(北海道経済部事業)
2015/01/31-02/22	IVLPリーダー育成プログラム参加＆視察(米国国務省主催)世界中のリーダーとのネットワーキング
2015/03/20-30	海外進出支援＆Networking「CREATIVE HOKKAIDO」マレーシア遠征:コタキナバル商業モール開設＆City promotion実施
2015/04/28	海外進出支援＆Networking「CREATIVE HOKKAIDO」年度総会＆2015決起集会
2015/07/18	メンターシッププログラム「Statup initiative」実施札幌市創業支援事業を活用して勉強会実施
2015/07/19	「Teds×Sapporo」参加札幌ビズカフェ理事の石屋製菓・石水創氏登壇等
2015/08/07	メンターシッププログラム「Statup initiative」実施札幌市創業支援事業を活用して勉強会実施
2015/08/22-28	海外進出支援＆Networking「CREATIVE HOKKAIDO」ベトナム出張:進出＆ローカライズ支援
2015/09/02	在札幌米国総領事館主催「TOMODACHI almuni」参加次世代起業家支援の支援＆支援者ネットワーキング参加
2015/09/18	SXSWを北海道で(現NoMaps)立ち上げ準備委員会参加
2015/11/28-12/06	海外進出支援＆Networking「CREATIVE HOKKAIDO」ベトナム遠征:企業進出支援＆ローカライズ支援
2015/12/26	マイコン研究会40周年勉強会開始40年の歴史調査と他都市調査(札幌市経済局事業)
2016/01/11-15	海外進出支援＆Networking「CREATIVE HOKKAIDO」新嘉坡遠征:北海道ASEAN事務所開所式参加、ビジネスマッチング
2016/01/20	メンターシッププログラム「Stat up initiative」＠京王プラザホテルピッチプレゼン(総務省外角団体NICT事業)大会運営
2016/01/31	札幌証券取引所と提携して「札証起業塾」開始
2016/02/01-03/30	サッポロバレーの系譜調査＆派生企業へのヒアリング市内IT企業への追跡調査実施
2016/03/24	サッポロバレーの系譜調査＆派生企業への追跡調査報告会実施IOTやAI産業の可能性についての報告(札幌市経済局事業)
2018/02/01	北欧(フィンランド)のエコシステムの調査と報告会を実施
2018/10/01	札幌ビズカフェ起業家教育プログラム「biz メソッド」を展開開始山形県小国町・小国高校をはじめ道内外の高校に展開
2018/11/01	海外進出支援＆Networking「CREATIVE HOKKAIDO」イタリア出張:フードセッション＆CITY Promotion
2018/12/01	2019年版北海道クラスターカレンダー発刊
2019/01/20	本書制作開始
2019/04/30	札幌BizCafeとしての活動停止

世話役が語る「BizCafe懐古」

「札幌BizCafe」に公の立場から
支援してきた世話役2人が振り返る。

〝旦那衆〟の粋な計らい

山本強　北海道大学先進 IT プロトタイプラボ 特任教授

YAMAMOTO Tsuyoshi

やまもと・つよし／1953年北海道長沼町生まれ。1978年北海道大学大学院工学研究科電子工学専攻修士課程修了。富士通、北海道大学工学部、同大大型計算機センターなどを経て、同大大学院情報科学研究科教授に就任。2019年退職。同年産学連携による産業創出部門として先進ITプロトタイプ研究部門（通称：先進ITプロトタイプラボ）を北大産学・地域協働推進機構内に設置し、特任教授就任。

札幌BizCafeという画期的な〝場〟は、いきなりできたわけではない。そこに至るには長い経緯がある。

1996年、産学官の幅広い人々が集まり、市民起業家の掘り起こしと人的ネットワークの形成を目的に「ネットワーク・コミュニティー・フォーラム」（NCF）という団体ができた。翌年には、札幌の中心部にインターネットをテーマとした産学官のオープンコラボレーションスペース「札幌ネットワークプラザ」が開設された。いうなれば、これらがBizCafeの前身である。ちなみに、私はなぜかNCFの議長を務めていた。

BizCafeを立ち上げた主要メンバーはNCFにもプラザにも顔を出していた。私のほうが彼らより年齢が少し上で、若手側の代表のような立ち位置だった。行政も企業も一緒になって、いかにIT産業を札幌市の基幹産業に育てるかを熱く議論した。

札幌にはIT人脈がずっと以前からあった。層も厚い。その源流は北海道大学工学部の青木由直教授がスタートさせた北海道マイクロコンピュータ研究会、通称マイコン研究会に遡る。1976年の設立だ。そこから24年後のBizCafe誕生まで、人材は途切れることなく続いてきた。

そんなマイコン研究会にいた青木門下生が続々と起業し、一時は「サッポロバレー」などともてはやされた。そういう中の一部の〝とんがった〟人間たちが、シリコンバレーのビジネスカフェを模した〝たまり場〟をつくろうとしたときに、伊藤組土建の伊藤義郎さんが支援を申し出てくれた。道内経済界の超大物が、まさに〝旦那〟の立場で、若者たちの思いに応えてくれたのだ。2年間という時限はあったとしても、日本のよき伝統でもある旦那としての振舞は見事であった。

古いまちに旦那衆がいるのは当然かもしれないが、歴史的に北海道には老舗とか、いわゆる名門といわれる企業はない。そんな北海道でも、旦那衆の粋な計らいは、NCF時代にもあった。「裏で見ているから思いきりやれ」と言ってくれる旦那衆がいたのだ。ただ、われわれの時代の旦那衆は役所の人間だった。札幌市であれば局長だったり、経済産業局であれば部長だったり。いつもわれわれ若輩者を叱咤激励し、政策的な金も付けてくれた。だから役所の若い連中も存分に動けた。まさに官民一体でIT産業を盛り上げようとしていたのだ。

（談）

HOKKAIDO SUPER CLUSTER

札幌BizCafeでは2007年から北海道の新産業（IT・バイオ）企業のPRを目的に「北海道スーパークラスターカレンダー」を制作してきた。その一部を紹介する。

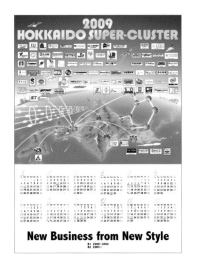

"BizCafe前夜"の追憶

町田隆敏 札幌市副市長

MACHIDA Takatoshi

1 985年頃から札幌市では情報産業を振興分野の1つとして位置付け、さまざまな施策を展開してきた。「札幌テクノパーク」という日本初の情報産業向け工業団地の造成開始もこの頃だ。うまく時流に乗って全部売れた。

当時、札幌市経済局の中は"イケイケ的"なものがあった。私の肩書は係長くらいで、24時間365日働いているような感じだったが、公務員であっても大胆な動きが許容される時代だった。産学官で何か新しいことに向かっている感じがして、毎日が刺激的だった。

北海道全体で産業を見れば、農業や水産業、観光業などが経済を牽引する。札幌は流通業やサービス業だ。これは将来的にも変わらないと思う。しかし、それらの産業をより高度化するためには、情報技術をいかにうまく活用するかがポイントになる。つまり情報技術こそが、これからの地域産業全体にとっての基盤インフラなのだ。だからこそ札幌市は力を入れていた。

1996年に「ネットワーク・コミュニティー・フォーラム」(NCF)が北海道大学の山本強教授を中心に設立された。札幌市もこのフォーラムが持つ産学官の幅広い人のネットワークの中で

IT企業をインキュベーションし、バックアップしようと考えた。

世の中にはNCFを含めIT関連の団体がいくつもある。札幌市は団体の垣根を越えて集える場所をつくるべきと判断した。スポンサー企業を募りながら、都心のど真ん中のビルの一室に「札幌市ネットワークプラザ」という拠点をつくった。まさに産学官が入り乱れて交流を深めた。これが札幌BizCafeの前身ともいえる。私はBizCafe初代代表の村田利文氏ともNCFなどで話をしていたので、彼らがつくりたいビジネスカフェのイメージは理解していた。

いまも渋谷や福岡のIT業界は面白いと言われる。「サッポロバレー」という言葉は、すっかり過去のものになってしまった感もあるが、2030年札幌冬季オリンピックに向け、再興の可能性は失われていないと思う。

2000年に登場した「札幌BizCafe」は、うまく時代にハマったというか、生まれるべくして生まれた機能だった。いまの時代、メールやリモートでの連絡が主流となりつつあるが、やはりお互いを理解するには面談に優るものはない。これは忘れてはならない真理であろう。　　　(談)

まちだ・たかとし／1955年横浜市生まれ。1980年北海道大学法学部卒業。1983年札幌市役所入庁。2001年経済部産業振興部課長職で札幌エレクトロニクスセンター派遣。2006年同部長職で札幌市北京事務所駐在。その後、総務局秘書部長、市長政策室広報部長、教育委員会教育長などを経て、2015年から副市長。

編 集 後 記

　札幌BizCafeがスタートした2000年からの2年間はあっという間に過ぎたような気がする。2004年からの伊藤組110年記念ビルでのB2から2014年B3にバトンタッチした。それから5年。2019年4月末をもってBizCafeの活動は停止した。ちょうど20年である。振り返ると、その20年もあっという間だった。カッコいい村田利文B1代表や道内経済界の重鎮である伊藤組の伊藤義郎会長、当時北海道経済産業局長で後に北海道知事となる高橋はるみさんをはじめ、多くの行政や大学のみなさん、とくにIT企業のみなさん、学生さんはもとより、BizCafe運営にかかわってくれたボードメンバーはじめ、運営や事務局にかかわってくれた多くみなさんのお陰である。心から感謝申し上げたい。

　そのBizCafeの活動のことも残したいし、それだけではなく、これからの高校生、大学生、若いビジネスパーソンのみなさんに何かプラスになるようなものを残したという思いで、10年ほど前にこのハンドブックの企画が持ち上がり、ついに完成をみることができた。

　今回、「志編」「マネジメント編」の中では、特別にご協力や寄稿いただいた先生方が大勢いらっしゃる。易経の竹村亞希子先生、九星気学の佐藤法佚先生、マンダラチャートの松村剛志先生、エニアグラムの鈴木秀子先生、マーケティングの西根栄一先生、バランス・スコア・カードの加藤郁夫先生、そして、戦略MQ会計の西順一郎先生方には格別のご高配を賜り、心から感謝を申し上げたい。

　また、インタビューや取材に応じていただいた北海道を代表するイノベーター9名の経営者のみなさん、そして20年にわたりBizCafeを見守ってくれた町田隆敏札幌市副市長、北海道大学特任教授の山本強先生にも感謝を申し上げたい。

　出版・編集をお願いした財界さっぽろの鈴木正紀編集局長、八木沢考司企画情報部長、デザインワークのサングラフィックスの柏谷択司さんには、特段のご配慮をいただいた。この場を借りて感謝申し上げたい（写真は私とその3名との編集会議のもの）。また、一連の制作活動にかかわっていただいたすべてのみなさんに心から感謝申し上げる。ありがとうございました！

　まだまだB/SやC/Fなどの会計のことや、事業計画や中長期経営計画など書き足りないことが多々あったが、時間や誌面の制約もあり今回はここまでである。

　最後に、このハンドブックが、多くの若い人や、若くない人にとっても（笑）、何かしら新しいことや勉強のきっかけになって、これからの北海道、さらには日本の進化・発展につながる一助となれば、この上のない幸せである。

2020年7月

札幌BizCafe・Bizハンドブック製作委員会
委員長　宮田昌利

参考文献（順不同）

『超訳 易経 陽 ―乾為天―』　竹村亞希子　新泉社　2020年
『40億の借金を抱えたお坊さんがたどり着いた幸せになる方法』　佐藤法佚　サンマーク出版　2020年
『経営を活かす曼荼羅の智慧　ビジネス活性化の本質』　松村寧雄　ソーテック社　1984年
『仕事も人生もうまくいく！【図解】9マス思考 マンダラチャート』　松村剛志　青春出版社　2018年
『9つの性格』　鈴木秀子　PHP出版　1997年
『思考は現実化する』（上・下）　ナポレオン・ヒル　きこ出版　2014年
『渋沢栄一「論語」の読み方』　渋沢栄一、竹内均　三笠書房　2004年
『マネジメント　基本と原則』　ピーター・F・ドラッカー　ダイヤモンド社　2001年
『チェンジ・リーダーの条件』　ピーター・F・ドラッカー　ダイヤモンド社　2015年
『今日から即使える コトラーのマーケティング戦略54』　中野明　朝日新聞出版　2011年
『コトラーのマーケティング・コンセプト』　フィリップ・コトラー　東洋経済新報社　2003年
『コトラー&ケラーのマーケティング・マネジメント 第12版』　フィリップ・コトラー、ケビン・ケラー　丸善出版　2014年
『ヘルスケアビジネスの図本』　西根英一　ヘルスケア・ビジネスナレッジ　2020年
新装版『一倉定の社長学シリーズ』　一倉定　日本経営合理化協会出版局　2017年
特装携帯版『社長の売上戦略』　牟田學　日本経営合理化協会出版局　2002年
『利益が見える戦略MQ会計』　西順一郎他　かんき出版　2009年
『【決定版】バランス・スコアカード』　吉川武男　生産性出版　2013年
『論語に学ぶ』　安岡正篤　PHP研究所　2002年
『論語　現代に生きる中国の知恵』　貝塚茂樹　講談社　1964年
『面白いほどよくわかる論語』　石田琢智　日本文芸社　2008年
『現代訳 仮名論語　全』　伊與田覺　論語普及会　2009年
『知識ゼロからのビジネス論語』　前田信弘　幻冬舎　2011年